U0792627

藏

中国画收藏 CHINESE PAINTING COLLECTION

2010中国画收藏年鉴

河北美术出版社

主　　编：曹兴武
执行主编：庞丽娜 尹光辉
特邀编辑：张　静 高　绢
　　　　　赵　捷 朱琴瑶
责任编辑：李菁华 赵小明
技术编辑：毛秋实
责任校对：王素欣
版式设计：刘雨潇

图书在版编目（CIP）数据

2010中国画收藏年鉴/曹兴武主编.—石家庄：河北美术出版社，2011.2
ISBN 978-7-5310-3841-2

Ⅰ.①2… Ⅱ.①曹… Ⅲ.①中国画—收藏—中国—年鉴—2010 Ⅳ.①C894-54

中国版本图书馆CIP数据核字（2011）第013434号

2010中国画收藏年鉴
主　　编　曹兴武

出版发行：河北美术出版社
（石家庄市和平西路新文里8号 邮政编码：050071）
设计制版：北京立新兴业文化传媒有限公司
印　　刷：北京全景印刷有限公司
开　　本：889mm×1194mm　1/16
印　　张：42
印　　数：1-10000
版　　次：2011年2月第1版
印　　次：2011年2月第1次印刷
定　　价：198.00元

2010中国画收藏年鉴

目录

年度名家聚焦
Annual masters focus

2010中国画收藏年鉴

目录

年度推荐艺术机构
Recommended Art Institute Annual

年度收藏热点
Annual collection of hot spots

2010中国画收藏年鉴

目录

独尊图 96cm×89cm 1991年

年度名家聚焦
Annual masters focus

石齐

1940年2月2日生于福建福清，1963年毕业于福建工艺美院，1976年进北京画院为专业画家。原北京画院艺委会副主任，人物画创作室主任，北京市高级职称（美术）评委，中国石齐艺术研究会会长。主张绘画艺术形态三象（具象、印象、抽象）并举和“中国画多面体”的理论。其中历经数十年探索创立了前无古人的“三象合一”的大视觉画风。石齐中国画、油画、书法皆精，从1972年成名至今，其作品深受社会赞誉，十多年来润育学子数百名，有完整终身制教学方法，与清华大学清美创作中心合办“石齐新中国画高研班”。在国内外举办个展28次，出版画集26种。曾获联合国教科文等四个组织颁发的“世界和平奖”。现有石齐美术馆和石齐艺术馆。

天使 68cm×68cm1992年

鱼儿游白塔 180cm×96cm 1995年

趣 68cm×68cm 2006年

年度名家聚焦
Annual masters focus

贾又福

1942年生于河北省肃宁县，1960年考入中央美术学院，1965年毕业，师承李可染先生，以中国北方太行山为创作基地，从事山水画创作以及美术理论研究。主要任职：中央美术学院教授，博士生导师。

贾又福作品

贾又福作品

贾又福作品

贾又福作品

杜大恺作品

年度名家聚焦
Annual masters focus

杜大恺

1943年8月8日生于河南叶县，祖籍山东黄县。现为中国美术家协会会员，北京市美术家协会副主席，中央工艺美术学院教授。1978年10月考入中央工艺美术学院，师从祝大年、袁运甫先生，攻读装饰绘画。1980年10月研究生毕业并留校任教，现为清华大学美术学院教授、博士生导师。

杜大恺作品

杜大恺作品

西出阳关 68cm×68cm

年度名家聚焦
Annual masters focus

刘大为

1945年生，祖籍山东诸城。1968年毕业于内蒙古师范大学美术系。1980年毕业于中央美术学院中国画系研究生班。现任解放军艺术学院美术系教授、主任，中国文联副主席、中国美术家协会主席。

瑞雪 68cm × 68cm

漠上 100cm×100cm

草原上的歌 130cm×160cm

郜宗远作品

年度名家聚焦
Annual masters focus

郜宗远

祖籍河北昌黎，1942年6月13日生于辽宁沈阳。毕业于北京教育学院美术专业。曾任教于北京东城师范，北京教育学院。1978年进入出版界，历任中国大百科全书出版社美术编辑、美术部主任、荣宝斋总经理、人民美术出版社社长、中国美术出版总社社长。1985年创办北京工艺美术出版社、1991年被评为美术编审，1992年开始享受国务院“政府特殊津贴”，1992年创办荣宝斋出版社，1998年参与组建中国美术出版总社。参加中国大百科全书图片编辑工作、参加中国书法全集的组织工作、参加中国美术分类全集的后期组织工作（总编委会副总编辑）、参加中国现代美术全集的再版工作，主持编辑《新中国美术50年》及《新中国出版50年》、主持策划编辑出版《中国近现代名家丛书》、《中国美术百科全书》、系统规范了《荣宝斋画谱》和《荣宝斋古代画谱》。主持编辑《中国美术家人名录》等一些近年来重要美术出版物，策划了第一、第二届中国美术出版界美术作品展。

中国美术家协会第5届理事、第6届理事、主席团成员、现为中国编辑学会副会长（中国编辑学会美术编辑委员会主任）、荣宝斋顾问、中国美术馆顾问委员、中国美协连环画艺委会副主任。

工作之余进行美术创作，作品参加百年中国画大展。作品《瀑》《峡江放舟》被中国美术馆收藏。出版个人作品集有《郜宗远作品集》《郜宗远画集》等。

我心中的郜宗远

文／刘大为

我印象中的宗远不仅仅是一位很有成就、很有影响的出版人、文化活动家，还是一位著名山水画家。

宗远早年任教于北京教育学院，1978年进入中国大百科全书出版社，因工作细心钻研、兢兢业业，1987年他被破格升任副编审。由于在此期间他展露出不俗的经营才能，1992年他被调到荣宝斋担任总经理，于是他的经营、管理才华得到彻底释放。他在荣宝斋创造性地设立交易大厅——荣兴艺廊，此后荣兴艺廊成为荣宝斋的一个主要利润来源。1997年他又开始兼任人民美术出版社社长，此后又兼任中国美术出版总社社长。在这几十年的工作中，他参加《中国大百科全书》76卷的编辑工作，主持了荣宝斋的百年庆典，举办了不少重大美术活动，参与、主持了《新中国五十年》《百年中国画集》《中国近现代名家画集》等重大出版工程并多次获得国家图书奖。

宗远信奉“认认真真工作，勤勤奋奋画画、兢兢业业做事”，虽然在工作上忙忙碌碌，但宗远还是利用工作之余，挤时间，勤奋作画，笔耕不辍，他总是忙里偷闲去浏览各地风景，了解当地民俗，并随时用相机记录下来，为绘画累积创作素材，他这样既抓好本职工作，又不耽搁自己的艺术创作，是需要顽强信念和拼搏精神来支持的。

面对宗远的山水画，我犹如来到了鬼斧神工的大自然世界。这个世界是如此的让人应接不暇，变化多端，有时满纸烟云，千岩万壑；有时春意盈纸，山花烂漫；有时悬崖陡壁，咄咄逼人；有时细流如带，如云如雾——其境或雄奇险峻、气势磅礴，或刚劲雄逸，或平淡幽深。其作品构图饱满，画面充实而有张力。布局上，常常以满取胜，大幅满纸，千山万水云集于画面中，几乎不留空白，但安排错落有致，井然有序，满而不塞，繁而不乱，茂密中见厚重，总体给人一种平稳内敛、充实饱满但又融注着浑厚刚建的感觉。

宗远喜欢对近景进行细致刻画，对远景进行概括处理，并且在两者之间总能借助云雾来衔接，视角转换干脆利索，从而使画面更厚重、浓郁，一如贝多芬的交响曲，节奏感十足。如《湘西印象之五》，使观众一见到画面就犹如被一番凌厉的气势所震撼，无不为大自然的雄奇而惊叹，其中夹杂着让人动容的惊悸、壮美之情成为画面的主宰。远山在四周弥漫着浓雾的遮掩下，在观者不经意的视角中悄然显现，更突显了画家的匠心安排。这种开门见山的处理方式，充实了整幅作品的意境，并使之在画面的每一处细节的刻画中喷薄而出。作者将近景、远山、绿树、云雾等恰到好处的统一在整幅画面中，让人激奋，让人过目不忘。整个《湘西印象》系列，贯穿着画家热爱祖国大好河山的自豪、欢乐情绪和深沉、质朴的情感，一如他的为人。

在宗远的作品中，瀑布、云雾是常见的题材，这也许是他

郜宗远作品

郜宗远作品

深受传统文化影响的缘故。郭熙《山水训》中云："山以水为血脉，以草木为毛发，以烟云为精彩。故山得水而活，得木而华，得烟云而秀媚，水以山为面，以亭榭为眉目，以渔钓为精神。故水得山而媚，得榭亭而明快，得渔钓而旷落。"宗远笔下的云雾时而轻拢慢涌，时而彤云密布，时而轻如薄纱，时而叠峰如浪。宗远笔下的瀑布，有的如江河倾翻，直落而下，气势磅礴；有的如珠帘垂落，漫漫飘舞；有的则层层叠叠，聚而复散，姿态多变。以我所见，在今日山水画界，宗远对此类题材的表现，应是幽境独辟。这不是说他对云雾、瀑布的描绘如何写实生动，虽然他的油画功底非常好，而是指他将"自然界中的山光云影由写真到写意，墨色借助幻化点染而生氤氲之气使山川物象转化为心像"从而获得了难得的生动气韵。云雾、瀑布皆为水之化物，时而无迹可遁，时而又似有形可寻。清芳熏有"画云不得似水，画水不得似云"之说，可见其对画家的功力才情要求之高。宗远写云之变幻、瀑布之激荡，实际上是将自然汇入到个人风格的特征，达到胸纳百川、心平气和的境地。

郜宗远作品

郜宗远作品

郜宗远作品

宗远的画似乎有些拘谨，但认真严谨才是他画的内在。深藏若虚的宗远对于中国画论、画史有着深切的研究，因此他特别讲究一个“度”字。在他看来“中国画的出路在于中西艺术的融合，这是社会发展的使然。一是扎根传统，继续汲取中国传统绘画中的笔墨精华不断的加深对传统的认识和理解；二是借鉴西方艺术继续学习西方绘画中的造型”。“探索、创新中国绘画的语言、形式，既要与传统拉开距离，又要与西方艺术保持距离，完全告别传统、全部找回传统和西化都是不可取的。”因而，性格平和的宗远，虽对传统文化满怀敬畏之心，但他对于传统和艺术界时下流行元素的选择特别谨慎，即便是因为工作的关系，他与近现代的一些名家如黄胄、叶浅予、宋文治、吴冠中等人近距离接触。甚至对于他的老师宋文治先生，他也只是学其神。这也就不难理解为什么宗远的画看起来总是那么平稳了。其实，在这些乍看似内敛冷峻的画面中，却包含着作者炙热的情感。

目前，宗远虽然还担任荣宝斋、中国美术出版总社顾问，但是相对以往主持大局的事务繁忙，而今他终于可以有更多时间来潜心研究他的画了。愿在不久的将来，他能推出更多更好的作品来奉献社会。

郜宗远作品

秋声-丝瓜蟋蟀 138cm×69cm 2006年

年度名家聚焦
Annual masters focus

何水法

1946年8月生于杭州，1980年毕业于中国美术学院中国画系花鸟画研究生班。现为中国美术家协会会员，中国商业联合会艺术市场联盟副主席，文化部中国艺术研究院研究生院客座教授，文化部中国艺术研究院中国美术创作院研究员，中国美术家协会浙江创作中心常务副主任，浙江省花鸟画家协会副主席，西泠印社社员，浙江画院艺委会委员，福建省画院名誉院长、福州画院名誉院长，浙江省民建书画院名誉院长，杭州师范学院美术学院名誉院长，国家一级美术师，享受国务院特殊津贴专家。

先后在日本、马来西亚等国家和北京、上海、山东等地举办大型个人画展。出版有《何水法花鸟画集》、《当代最具升值潜力的画家·何水法》等20余部。何水法曾对两宋的花鸟画作过精深的研究，因此，他的工笔花鸟结构严谨，用笔圆润自如，设色典雅秀逸，写意画则受青藤、八大之影响，因而所作写意花鸟气旺神畅，笔墨华滋，浑然天成，厚实灵动，相映成趣。

留艳待人来·木桃 138cm×69cm 2007年

凝雪 105cm×65cm 2007年

斜依春风·碧桃 46cm×46cm 2006年

听蝉 35cm×35cm 2002年

冻雨 138cm×70cm 2008年

年度名家聚焦
Annual masters focus

方楚雄

1950年生于广东省汕头市。现为广州美术学院中国画系教授、硕士研究生导师。中国美术家协会会员，广东美术家协会理事，广东中国画艺委会委员。方楚雄自小随王兰若先生学画，1978年毕业于广州美术学院并留校任教。他先后在澳大利亚、新西兰、新加坡、英国、美国等国及香港、台湾、上海、南京、济南、广州、汕头等地举办个人画展。作品入选第六届、第七届、第八届、第九届、第十届全国美展。其作品被北京人民大会堂、全国政协、天安门、中南海、国务院、钓鱼台国宾馆收藏。1997年被中国文联、中国美术家协会评为“′97中国画坛百杰”，2004年荣获“黄宾虹奖”及广东省南粤优秀教师奖。

喜报丰年 215cm×145cm 2009年

花荫鸡群 220cm×124cm 2007年

萱花猫蝶 137cm×70cm 2009年

高士图

年度名家聚焦
Annual masters focus

吴泽浩

（铁塔轩主），著名中国画家。1943年7月15日生于广东省汕头市。自幼随中国工艺美术大师叔父吴松岭学画，1961年毕业于汕头艺术学院美术科，师承海派刘昌潮老师；1966年毕业于广州美术学院中国画系，师承岭南画派关山月、黎雄才、杨之光教授。1968年到山东省从事美术创作与文艺领导工作至今。擅长中国人物、山水画、书法，曾在中国美术馆、中国军事博物馆、中国香港、中国台湾、日本、美国、新加坡举办画展、讲学。现为国家一级美术师，中国美术家协会会员，中国书法家协会会员，山东省美术家协会顾问，山东省政协联谊书画院副院长，济南市美术家协会名誉主席，济南市文联主席，原济南市政协副主席，山东省文史馆馆员，中央文史馆书画院研究员，九三学社中央书画院副院长、全国九、十届人大代表。全国政协当代国画优秀作品展——山东十画家之一，2007年度和谐中国十大画家之一。享受国务院政府特殊津贴专家。

草原群牛来天际

春风吹绿江南岸

风物总是家乡好

天山牧场

南风榕荫牧歌声

牧归 68cm×68cm 2010年

年度名家聚焦
Annual masters focus

李桂泱

号开山公、苦吟齐主，1946年1月19日生，河南省许昌市人。中国美术家协会会员，河北省山水画研究会副会长，河北省石家庄市美术家协会副主席。《自有天地在人间》入选全国第七届美展，获河北省美展一等奖；《秦时明月汉时关》获中国日本美术交流90展银奖；《黄土魂》入选全国建党七十周年美展，获山西省美展一等奖；《路漫漫》获全国铁路美展一等奖；《信天游》等三幅入选全国第九届新人新作品；《一方黄土一方日月》获全国首届中国画展佳作奖；《日头从坡上走过》获全国首届山水画展金奖；《多情谁似塬上秋》获时代风采全国写生画展佳作奖；《好山好水好人家》入选全国第九届美展，获河北省美展一等奖；《晚秋》入选第二届全国画院双年展；《暮云飞》入选第四届全国画院双年展；《古风依旧》等八幅入选全国当代国画优秀作品展，河北十人展晋京展出。

清幽 68cm×68cm 2010年

秋空一碧无古今 68cm×68cm 2010年

夕晖图 68cm×68cm 2010年

无尽塞塬待春风 68cm×68cm 2010年

东流无尽 68cm×68cm 2010年

秋塬无语 125cm × 245cm 2010年

饮源 21.6cm×41.5cm 2010年

年度名家聚焦
Annual masters focus

蒋志鑫

号蛮牛，艺名黄土魂。1949年生于甘肃平凉，祖籍山东牟平。1974年毕业于西北师大美术系。1983年入北京画院进修，师承王文芳、贾有福、周韶华导师。中国美术家协会会员，法国国际美术家协会会员；亚洲书法家联合会中国理事会理事；国家一级美术师。其作品以原始的野性与壮美为表现手段，气势磅礴，耐人寻味，是中国画坛以书入画，以大写意手法表现西部风色的开创性艺术家。

1987年1月在中国美术馆举办“黄土魂——蒋志鑫个人书画展”。1988年5月在上海美术馆举办个人艺术展。1989年在韩国美术馆举办个人艺术展并出版画集。1992年在江苏美术馆举办个人艺术展，1992年7月在香港艺术中心举办个人艺术展。1994年在美国洛杉矶举办个人艺术展。1995年在香港文化中心举办个人艺术展并出版画集。1995年中央电视台“东方之子”栏目专题介绍蒋志鑫和他的艺术。1995年－1997年在巴黎艺术城等画廊举办9次个人艺术展，参加6届法国大皇宫秋季沙龙展，其中《牦牛》获法国“艾琳娜·范海”奖，获法国“纯艺术家银质十字勋章”，获法国“艺术、科学、文学、银质与金质奖”。2001年8月在中国美术馆正厅举办“西部追魂——蒋志鑫艺术展”。2001年12月《天泻铜液》参加百年中国画大展。2002年由人民美术出版社出版大型画集《追魂香巴拉——蒋志鑫作品集》。2004年3月应邀在今日美术馆举办大型个人艺术展。2006年－2009年先后三次应邀在美国芝加哥、德国慕尼黑、艾莎风堡、柏林等画廊举办个人艺术展。2007年蒋志鑫著《心随天籁》由敦煌文艺出版社出版。2008年应北京会议中心特邀为奥运会会议中心创作《雪域雄风》《昆仑九牛图》。《西域雄风》参加奥林匹克国际美术大联展。2009年6月《五牛图》参加6国当代画家作品展。2009年8月在威海博物馆举办“写意西部——蒋志鑫艺术展”。2009年作品《凤凰涅磐》载入《中国美术60年》。

巍巍昆仑 186cm×96cm 2010年

无敌 138cm×68cm 2010年

名家点评

王文芳：他的画里燃烧着一股炽热的火焰。

水天中：黄土高原的歌手。

尹瘦石：黄土魂。

王个簃：无声诗。

谢稚柳：新奇。

程十发：意境雄浑、气势磅礴，仿佛黄钟大吕。

唐　云：推陈出新。

方增先：外师造化，中得心源。

程大利：是感情加上入骨的体验。

陈大羽：浑厚质朴，画如其人。

魏紫熙：风格独特，俊逸清新。

周韶华：像火山熔岩喷发一样的有力。

刘国松：创造与表现。

苏锡文：中国画的新希望。

刘勃舒：西部追魂。

邵大箴：把新观念新知识融合到中国的传统艺术中。

薛永年：天人合一。

刘骁纯：激情逐笔，心潮追浪。

刘曦林：魂魄式的山水。

王　仲：豪放里面有内敛，挥洒里面有抓拿，充满内在的张力。

张延风：魂与火的熔铸。

贾浩义：气贯山河。

翟　墨：从人籁到天籁。

徐　虹：大山大水。空灵、飘逸与气势相结合。

郭晓川：豪放，并且雄壮，每次看到作品都感到在推进、往深度走，激情与创作欲望洋溢在纸上。

韩　朝：是表现性和书写性的长笔大墨，如草书之狂，故挥洒之美，笔墨急骤挺拔，开张有度，山水形象和笔墨节奏巧妙结合，是对山水崇高感的引吭高歌和痴情赞美。

大山的呼唤 69cm×138cm 2010年

万籁俱寂 125cm×250cm 2002年

崔炳植（韩国美术评论家）：透过画面可触摸到千万年生息在这块土地上的祖先的灵魂。

郭德力（法国莫奈博物馆馆长）：中国的美好山川河流，被这位敏锐的艺术家表现的淋漓尽致。

奥加德（法国国际美术家协会名誉主席、法国新闻部前部长）：体现了全部的诗意和力量。

希拉克（前法国总统）：我饶有兴趣地从您的作品中发现了您对中国绘画的创新能力及技巧，他强有力地展现在您的作品中。

布鲁诺（法国国际艺术城主席）：我想他的画是中国文化深沉的体现。

程抱一（法国文学院院士）：这就是我梦寐向往的那片黄土地，美极了！太出色了！

郑广兴（《中国书画》杂志社社长、总编）：志鑫兄的艺术，是从大自然的广袤、神奇中汲取灵感与养分，以艺术家的激情与热血溶铸喷薄而成。

康　征（北京画院美术评论家）：他是艺术王国里的一头野生动物，画作简约而辉煌，充满了野性的美感和张力。

魔鬼城 68cm × 138cm 2010年

王阔海作品

年度名家聚焦
Annual masters focus

王阔海

原名王克海，1952年出生于山东招远市，1970年入伍，1989年毕业于解放军艺术学院国画系。现为中国美术家协会理事，中国工笔画学会常务理事，第二炮兵政治部创作室专职画家，国家一级美术师，全军高级职称评委，中国人民解放军八一书画院副院长，中国汉画艺术研究院院长。几十年来，他潜心于中国画美术理论及传统笔墨技法的研究，并主张全面继承中国的绘画传统，更为崇尚汉代博大雄浑德文化精神，并汲取了汉砖、汉瓦、汉画像石刻艺术的精华，沟通了汉画像石与中国画笔墨之间的灵魂，兼收并蓄了浮雕、壁画、唐三彩、剪纸、皮影等民间艺术的精髓，将古汉画之石刻形态转换成新汉画之笔墨形态，将刻意变写意，以笔代刀，整合成为现代的水墨图式，被美术界誉为“王阔海的新汉画艺术”。其作品古朴典雅，狂放而不失精微，洒脱而有力度，形成了自己独特的艺术风貌。

王阔海作品

王阔海作品

王闊海作品

雪狼突击队 250cm×230cm 2007年

年度名家聚焦
Annual masters focus

苗再新

1953年生，山东栖霞人。毕业于解放军艺术学院。中国美术家协会理事、北京美术家协会理事、北京美协中国画艺委会副主任、中国艺术研究院国画院创作研究员、解放军美术书法研究院艺委会委员、中国人民武装警察部队总部创作室副主任，武警部队美术书法研究院副院长、国家一级美术师。

美术书法作品多次参加国内外大展并多次获奖，代表作品《雪狼突击队》获第11届全国美展金奖暨首届中国美术奖创作金奖；《热血男儿》获第九届全国美展银奖及解放军文艺奖新作品一等奖；《师生》为第八届全国美展获奖作品并参加2001年“百年中国画展”；《天使在人间》获第二届全国中国画展银奖；《儿女英雄》获全国画院优秀作品展最佳作品奖、解放军新作品一等奖；《井冈山革命斗争》（与刘大为合作）入选国家重大历史题材创作工程；《生死挺进》入选北京国际双年展。作品为中国美术馆、军事博物馆、人民大会堂、国家图书馆、北京画院等诸多文博机构和海内外人士广泛收藏。

矿工 225cm × 200cm 2009年

白玉兰 136cm×68cm 2010年

听香 136cm×68cm 2010年

刘进安作品

刘进安

1957年出生，1982年毕业于河北师范大学美术系，留校任教。1999年调入首都师范大学美术系，现为首都师范大学美术学院院长、首都师范大学美术学院现代水墨研究所所长、研究生导师、中国美术家协会会员。

刘进安作品

进安水墨

刘进安作品

在海边 100cm × 90cm 2003年

年度名家聚焦
Annual masters focus

袁武

1959年9月生于吉林省吉林市，1984年毕业于东北师范大学艺术系，1995年毕业于中央美术学院国画系，获硕士学位。

现任北京画院副院长，中国美术家协会理事，享受国务院政府特殊津贴。作品《大雪》曾获全国第七届美展铜牌。作品《没有风的春天》曾获全国第八届美展奖牌。作品《天籁》曾在首届枫叶杯国际水墨画大赛中获金牌奖。作品《凉山布托人》获首届全国国画人物大展优秀奖。作品《九八纪事》获全国第九届美展银牌奖。1997年被全国文联评为中国画坛百杰。作品《亲人》获1998年全国抗洪英雄赞美术作品展一等奖。作品《凉山布托人》入选百年中国画大展，作品《生存》获解放军文艺奖，作品《夜草》入选2003北京国际双年展。作品《抗联组画——生存》获全国第十届美展金奖。多件作品曾在《美术》杂志、《国画家》杂志、《中国书画》杂志、《中国画》杂志、《美术观察》杂志、《朵云》杂志发表。

大山水之四 130cm×65cm 2008年

大山水之五 300cm×120cm 2008年

北方秋天的肖像之六 160cm×90cm 2006年

接天立地居庸关 136cm×68cm 2010年

年度名家聚焦
Annual masters focus

王界山

1963年出生于山东省青州。先后毕业于解放军艺术学院、首都师范大学。

现为清华大学美术学院杜大恺教授访问学者、中国美术家协会理事、中国书画收藏家协会学术委员、北京美术家协会理事、全国青联委员、空军文艺创作室副主任、全军美术高级职称评审委员、全国青联委员、第六次全国美术家代表大会代表、第八次全国文学艺术界联合会代表。曾获第三届北京中青年文艺工作者“德艺双馨奖”、空军精神文明建设先进个人标兵、“繁荣首都文艺事业作出突出贡献者”称号等。

高山上下固雄关 136cm×68cm 2010年

雨后代家坪 136cm×68cm 2010年

秋风荡尘人心净 68cm×68cm 2008年

秋风送爽昆明路 68cm×68cm 2008年

苍郁雷泽 330cm×580cm 1997年

年度名家聚焦
Annual masters focus

上官超英

1957年生，山东省美术家协会副主席，山东省文联委员，中国美术家协会会员，国家一级美术师，中国国际友好联络会理事，中国友联画院画家，山东工艺美院客座教授，广西艺术学院客座教授，中国人民大学书法研究生，曹州书画院副院长。1987年首创中国超大写意画，获“中国花鸟画成就奖”“俄中友谊贡献奖”，柬埔寨“国王文化奖”金奖、“皇家文化奖”金奖、“吴哥文化奖”金奖，“山东省泰山艺术奖”。2006年被读者评为“当代20位最具学术价值和市场潜力的青年国画家”及“中国书画报道”年度人物。

近年来，作为中国美术家代表团成员赴30余个国家考察办展，参加以“保护人类文化遗产，维护世界和平”为主题的“世界著名华人艺术家环球绘画和平之旅”，在世界各地举办个展40多次，其中，俄罗斯中国文化年期间应邀在莫斯科举办展览，于中国美术馆两次举办个展，于中国国家画院举办个人画展，作品彩墨牡丹“国色天香”被希拉克总统收藏，百余幅作品被中国国家博物馆，德、韩、罗马尼亚及中南海、怀仁堂、人民大会堂等收藏，国画《将军之风》被俄罗斯特季亚科夫美术馆收藏，这是该馆150年来首次收藏中国人的作品。2007年作品《伏尔加河颂》（合作）由温家宝总理作为国礼赠送给俄罗斯总理。

《美术》杂志、中国艺术研究院美术研究所等举办上官超英画展理论研讨会16次，人民美术出版社等出版上官超英画集八部，《美术》《中国画》《美术观察》等刊发作品400余幅。中央电视台播放“上官超英与超大写意”10分钟专题，并作为央视特邀嘉宾现场作画，接受80分钟“国色天香话牡丹”的专题采访。山东电视台《收藏天下》播出40分钟专题节目《意之大者——上官超英》，新华社、《人民日报》多次报道。2008年，作品《国色之尊》参加由国际奥委会举办的“奥林匹克美术大会”，同年参加由中国文化部、中国奥委会举办的“永远的奥运”画展，为该展惟一入选4幅作品的画家。

富贵春秋 220cm×200cm 2009年

江南有麗人

江南有丽人 360cm×870cm 2005年

红藤 38cm × 68cm 2001年

芭蕉红果 38cm × 68cm 2001年

方方圆圆 68cm×68cm 2002年

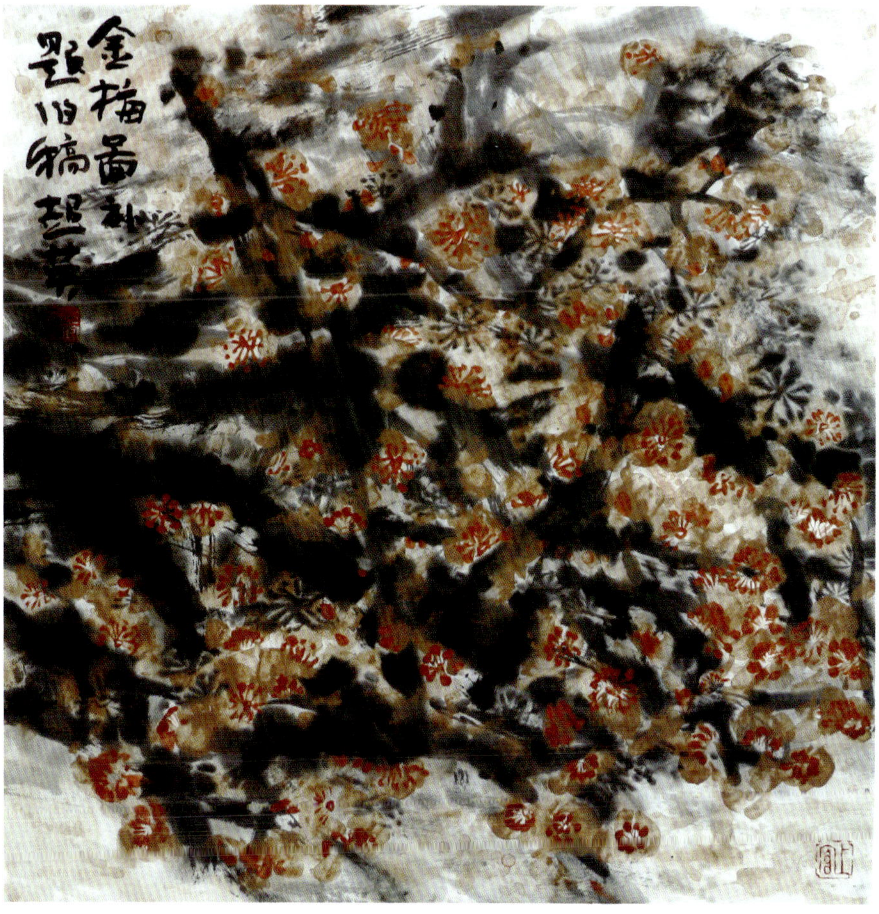

金梅 68cm×68cm 1995年

钱宗飞作品

年度名家聚焦
Annual masters focus

钱宗飞

中国美术家协会会员、河北省美术家协会副主席、国家一级美术师、十一届全国人大代表。

1999年《民兵史画长卷》(局部)合作获第九届全国美展金奖。2004年《潮——2004》入选第十届全国美展。2009年《天际一横》获第十一届全国美展提名奖。2008年《七月流火》入选第三届中国北京国际美术双年展。

钱宗飞作品

钱宗飞作品

钱宗飞作品

钱宗飞作品

钱宗飞作品

桃花溪里可耕田 55cm×52cm 纸本设色 2010年

年度名家聚焦
Annual masters focus

范扬

1955年1月生于香港，祖籍江苏南通。1982年毕业于南京师范学院美术系。曾任南京师范大学美术学院院长、教授、博士生导师。现为中国国家画院山水画研究室主任。

石堰坪 55cm×33.5cm 纸本设色 2010年

又见炊烟升起 41.5cm×60cm 纸本设色 2010年

快雪时晴 180cm×98cm

年度名家聚焦
Annual masters focus

谢砚

原名谢应星。1966年生于桂林。先后就读于中央美术学院，北京荣宝斋画院。现为中国现代青年书画家协会理事，中国砚研究会理事，北京东方大学传统文化学院客座教授，北京大学资源学院文物系客座教授，中国画创作研究中心研究员，荣宝斋画院美术馆馆长。

山涧争流 68cm × 136cm

笔墨性灵　林泉怀抱

—— 谢砚画作有感

文／王铁全（中国美术出版总社总编辑、荣宝斋画院院长。）

我与小谢的相识缘十数年前荣宝斋画院在黄山的一次写生之行。谢砚原名应星，因嗜好砚台，藏砚颇丰，索性更名为“砚”，以彰爱砚心诚。砚台是文房四宝最后一味，但作用之外的余味却数其为上，犹如书画之道，不全在于作品的成败，还有怡情养性，以品为先。由于同是喜好品砚之人，又其性情厚雅颇为投缘，回京后常有交流，遂发现其于鉴赏一道亦有见识，故其作品中颇多文雅之意，却不失磅礴之感。

在中国画的科目中，山水画虽不是最古老的画种，却无疑是最显赫的一种。自古以来，山水画大都在表达静谧、旷达、深邃或悠远的意境，映射出的是画家的思想与灵魂，谢砚的画作表达的是一种情在景中，情隐于景的意境。他的作品取宋人温文尔雅之意，却更看重宋人笔墨皴写的精妙；其注重画面的章法形象，但更注重画中情境的表现，看似逸笔草草一挥而就，细细品来却都是构思精巧，一皴一染间使观者顿生“林间如可步入”“山下宛似经过”之感！而尤可圈点之处是画作中对水的描绘与表达。

中国人对水有一种特殊的感情，上善若水，真水无香，幻化为云烟更是让人顿生缥缈之感。郭熙在《林泉高致》中就曾细细描绘过四时烟岚之不同：“春山淡冶而如笑，夏山苍翠而如滴，秋山明净而如妆，冬山惨淡而如睡。”清代邵梅臣在《画耕偶录》中评到：“画山以此四语为诀，能领悟四‘如’字，则墨落情生，斯为无声之诗。”谢砚对“四如”之法当有所悟，不管是古木幽亭的独存孤贵，还是千岩万壑的翠黛烟鬟，皆以墨为形，以水为气，寓刚健于婀娜，水墨晕张，元气淋漓。细心去看，你会发现每一幅画卷中水的不同：或溪流淙淙而过；或雾气迷茫漫漫；或飞瀑气势如虹；或纵横蜿蜒曲回　笔笔用意，生灵活趣！

画家的个性往往会决定笔墨的侧重，倪云林、沈石田以及后来的弘仁都是重用笔之人，他们讲究用笔的轻重偏正、曲直疾徐；米襄阳、吴仲圭、龚半千则注重墨的浓淡干湿，烘染晕托之法，各有妙处。在吸取前人的基础上，我们可以看到在谢砚的画作中，湿笔晕染里犹可见一枝一叶，一点一拂无不追心取势，软硬婉折的变化，侧笔、圆笔的变通，更体现出他的笔性资质。

另外渲染的妙处在于增加画面的灵动感，却也会容易把握不住形象的准确性。五代荆浩说“取象不惑”，赵孟頫讲“到处云山是我师”，董其昌强调要“行万里路”，石涛更是“搜尽奇峰打草稿”，这些都无一例外地要求山水画笔墨塑造的形象要和自然真实相吻合。然听音不能仅仅以耳听之，更听之以心，同样，面对山川河流，不仅要观之以目，还需心观，中国人审美的重要特征是“圆览”，即“兼本末、包内外”，缘物寄情，形神皆备。谢砚克服此困难得益于其长期坚持写生。面对真山真水，置陈布势，收敛众景发之图素，含毫渲染之间仍有苍深浑古之色。

谢砚还很年轻，祝愿他尽享艺术的快乐，在未来的艺术经历中真诚的感受自然，探求书画艺术的本源，通悟道理，积硅至远。

幽谷天籁 180cm×98cm

山高水长 180cm×98cm

云山诗意 98cm×60cm

山亭天籁 68cm × 136cm

云谷流响 180cm×98cm

溪山朝云 68cm×136cm

砚田笔耕自有度

文／樊波（南京艺术学院美术学院教授、博士生导师）

我与谢砚先生只有几次面晤，后又有幸能拜读其山水画作，从而对其人其画都有了一定了解，再经几度洽谈，遂对其性情才调更有了一层熟悉。谢砚的名字似乎就与画有缘，特别是与中国画似有一种天然的威合。他虽供职于荣宝斋画院，身置京城画师名流之间，但他的山水画却不为时风所裹挟，而自有一种风度意态，用笔率意洒落，功夫自蓄其间，构图多变出人意表，时有奇境焕然而显。在我看来，谢砚尤善用墨，喜用泼墨、湿墨兼之淡彩，画面绸之气弥布四表，层次分明，格调不俗，法度自存。从其笔性路数来看，他大约承继了南宋和浙派的手法，刚健奇幻，但整个作品却笼罩着一种温润的气象，平和而清雅，这使我觉得他的性格与其画作之间还是具有一种内在联系，大凡与谢砚相识相知，皆可感觉他那谦和平实的待人之风格，这一切皆可在他的作品中找到某种契合因素。谢砚正值风华峥嵘之年，他的现有成就，他的学养及他那谦谦君子之性格，皆能促使他日后画艺必有大成。

夏山如醉 98cm×98cm

云外仙踪 98cm × 98cm

裴开元作品

年度名家聚焦
Annual masters focus

裴开元

江苏省泗阳县人，毕业于解放军艺术学院美术系中国画专业和中央美院造型研究班。现为中国美术家协会会员、空军装备研究院创作室副主任、中国美协创作中心委员、中国美协蒋兆和艺术研究会会员、中国长城画院理事、吉林师范大学美术学院特聘教授。

1991年作品《白山黑水》入选建党70周年全国美展；1993年作品《高原情》获国际水墨画大展银奖；1994年作品《直线·方块》入选第八届全国美展；1996年作品《红色记忆》获总参谋部美展一等奖，同年在北京举办个人画展；1997年作品《抗英团》入选建军70周年全国美展；2000年在广东肇庆举办个展；2002年作品《通天路》获中国美术家协会提名展优秀奖；2003年作品《丽日》获国际水墨画年展二等奖、《长空枭雄》入选全国第二届中国画展；2004年参加中国艺术研究院中国画名家邀请展，作品《暖日》获中国美协中国画提名展优秀奖，参加中国美协会员精品展、中国书画名家精品展获银奖，并在苏州举办个展；2006年参加“水墨·河东”中国画名家邀请展、作品《胜利》参加建党85周年全国美展；2007年《试飞英雄李中华》参加建军80周年全国美展；2008年《向前！向前！》参加中国美协抗震特展；2009年《回家》参加“纪念蒋兆和诞辰一百周年”中国画学术邀请展，《邓小平》参加“长城文化万里行”全国中国画名家巡回展；出版有《裴开元画集》《中国美术家·裴开元》《中国画名家·裴开元》等。

裴开元作品

裴开元作品

裴开元作品

王淼田作品

年度名家聚焦
Annual masters focus

王淼田

又名王芝良，号路渺。
1964年6月8日出生于江苏无锡市。
1984年毕业于无锡商业学校。
1985年师从北京画院院长王明明先生。
1993年入北京画院研修班。
1996年毕业于北京煤炭干部管理学院美术大专班。
2001年考入中央美术学院中国画系普进班。
2002年考入中央美术学院中国画系第一工作室研究生课程班。
现为中国美术家协会会员。
1989年《曹雪芹著书图》获“无锡市青年美展”优秀奖。
1990年《春眠·秋箫》获“北京亚运会扇面艺术大赛”铜奖。《羲之赏鹅图》获“山东羲之杯书画大赛”铜奖。
1991年《江南渔歌》获“陕西国际现代艺术大展”银奖。
1993年 参加“北京东村艺术家联展”。在北京举办“西厢画廊个人展”。
1994年《赏荷图》参加香港石景宜“情系中华”书画展。
1995年 参加北京“中国艺术博览会”。
1996年《花影》参加汉城“中韩艺术家邀请展”。在北京举办“夏之梦”个人画展。
1997年 在德国海德堡举办“东方之韵”个人展。

王淼田作品

1999年《诗韵梦痕》参加中国美协“中国画三百家”展。《夏之韵》《荷之香》参加立陶宛“中国扇面精品展”。《最忆江南采莲歌》参加中国美协“迎99澳门回归中国画、摄影作品大展”。4幅作品参加荣宝斋“新世纪当代中国画扇面精品专场拍卖会”。参加山西“世纪情怀”五人展。参加山西省城中青年实力派邀请展。

2001年《梦忆江南曲》参加中国美协“亚享杯”全国绘画书法精品大展。《林泉高致》《风花雪月》参加北京画院“王明明工作室研修生作品展”。《听松清音图》参加山西美协“首届人物画展”。《林泉高士图》获中国美协“二十一世纪中国画澳大利亚展”银奖。

2002年《林泉养正图》参加中国美协“迎奥运中国画大展”。《林泉养心图》参加中国美协“十六次新人新作展”。《梦约水乡》获中国美协“同里——保护世界遗产国际中国画大展”金奖。

2003年 参加北京“′03水墨人物过程展”。《梦里水乡》参加中国美协“全国第二届中国画大展”。参加首届中国青岛艺术博览会。

作品被编入20余种画集。出版有《觉悟与印证》等个人画集。数十家报刊杂志发表作品及专题介绍。

王淼田作品

王淼田作品

王淼田作品

王淼田作品

王淼田作品

王淼田作品

泉聲松韻圖
淼田寫
林間松韻石上泉聲靜裡聽來識天地自然鳴佩草際烟光水心雲影閒中觀去見乾坤最上文章
淼田並題

王淼田作品

王淼田作品

年度名家聚焦
Annual masters focus

刘怀勇

别署历下山夫，凹斋，1960年2月生于济南历城。毕业于山东大学历史系，结业于中央美院国画系。山水画作品曾获中国美协“西部辉煌”全国中国画大展银奖，“庆祝建国四十周年全国书画大联展一等奖”，2000年至2005年全国中国画大展、全国中国画提名展入选、获优秀奖，特邀参加中国美协第五届“秦皇岛之夏”全国中国画名家邀请展；花鸟画作品曾入选2004年全国中国画提名展、2005年全国中国画提名展、2006年全国中国画百家作品展、入选全国首届写意画大展。书法作品入展中国书协“全国第八届中青展”、“首届青年展”、“全国六届篆刻展”。入编《中国书法百家作品集》、《中国山水画百家作品集》，中国文联出版社出版《凹斋课稿》，清华大学出版社出版《中国画高级研修班——刘怀勇课稿》河北美术出版社出版《刘怀勇花鸟课稿》《刘怀勇书法课稿》。曾任山东省美术家协会创作培训中心主任，山东艺术设计学院国画系主任、教授。现为中国美术家协会会员、中国书法家协会会员，清华大学中国画高级研修班主讲导师、教授。

万葫图 244cm×1240cm（局部）

万葫图 244cm×1240cm

大乐·海殇1 240cm×97cm 2010年

在“悟”中前进

——读刘怀勇的画

文／邵大箴（中央美术学院史论系主任、教授、博士生导师）

怀勇君要出画集，让我写一点文字。2000年，我看过他在中央美术学院国画系举办过的书画展，那时就感觉他的画有一定的水平，还突出地感觉到他的创作有不小的潜力。这是因为首先他的画实实在在，有内容，有意味，不空泛。这说明他有生活体验，有积累，作画是有感而发。其次是他的画起点不低，有文化品味，不拘泥于形式技巧和技法，不小气，更不匠气，无疑这与他的艺术修养有关。在绘事上他是多面手，山水、花鸟均擅长，还对绘画理论感兴趣。他似乎边画边思考，边琢磨问题，在画作中能看到他的这种探索精神。还有一点，他的画有传统功底，笔墨、章法都有‘来路’，都蛮讲究，可又不显‘老’气。看的出来，他把画与书法联系在一起来理解，来钻研，他找到了正确的路子。试想，不谙书法的人怎能画得出传统真谛的水墨画来？我看，他画中的‘文’气、‘骨’力、‘拙’味和灵动感，莫不与他在书法上所作的努力有关。

读过怀勇写的一篇文章，是谈‘悟意’的，他认为要做中国画的创造，必须了解中国画独特的表现形式和审美情趣，必须熟悉传统的品评标准和审美方式。他主张不孤立地临习传统大师的形式语言，而要深刻理解他们作品中内在的道理，他强调‘悟’。他从读画、用笔、用墨、营造、达意五个方面谈‘悟’什么和怎么‘悟’。他说的是有道理的。艺术家不懂得‘悟’或没有悟性，是很难有作为的。要进入‘悟’的境界，必须要沉下心来，有虚静的心态、心情，否则是‘悟’不进去的，对传统的学习也只能停得在表皮上。我之所以说刘怀勇的创作有潜力，也就是基于前面说的几点：注意从自然中汲取创作灵感 ，作品有生气；有传统功力又不保守，经常保持着可贵的探索状态；工作勤奋又懂得‘悟’的道理。我以为，只要怀勇君在市场的诱惑前面保持清醒的头脑和在艺途上不浅尝辄止，他的艺术前途应该是光明的。

转瞬之间已近十年，怀勇君不负众望，笃定的坚持学习，坚持创作、坚持研究、坚持“技”与“道”的双修。将一己的才情、学养、修为融为笔墨，融为画面，逐渐靠近并树立了自己“正大、圆融、深邃、自然”的美学品格。十年间，怀勇君不仅使自己的创作走向了成熟，还在全国范围内培养了一大批学生，逐渐建立起了一个相对完善的中国画教学体系。他正值旺年，精力和体力正是出大作品、好作品的时候，我们有理由相信，时间一定会给这样一位有全面修养并有大家气象的“行者”一个更合适的评价。

大乐·海殇2 240cm×97cm 2010年

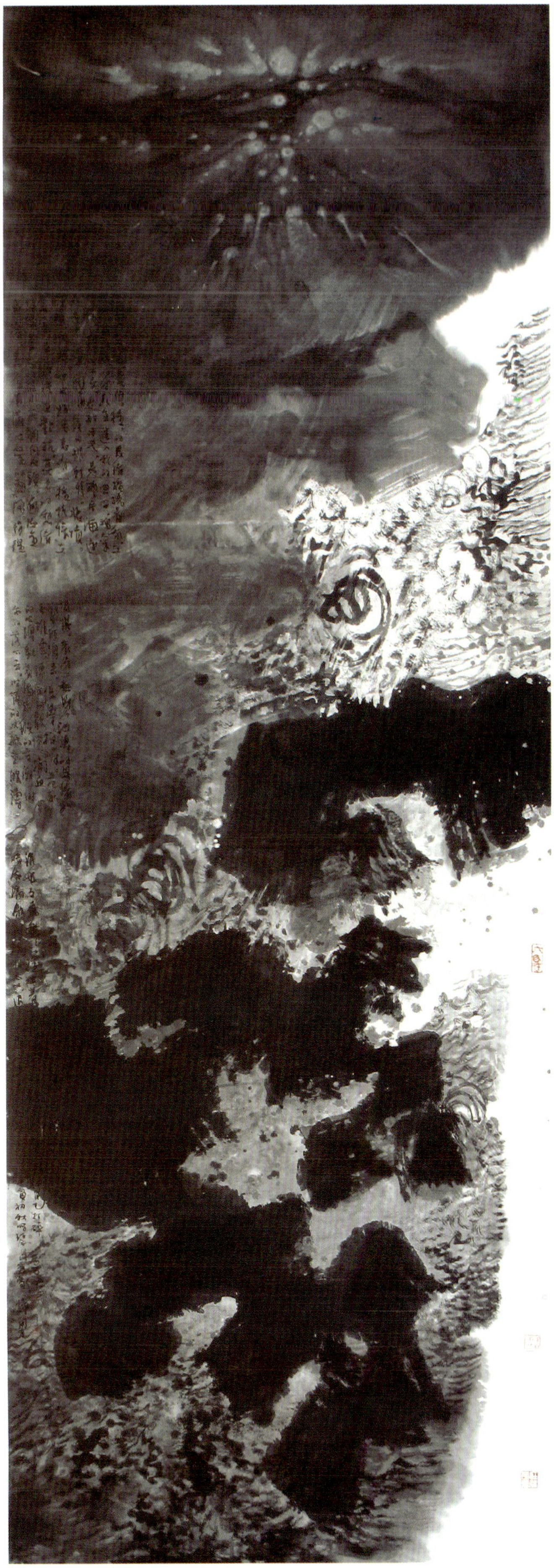

大乐·海殇3 240cm×97cm 2010年

大乐·海殇4 240cm×97cm 2010年

世世清白 136cm×34cm 2010年（右图）
大福禄 136cm×34cm 2010年（左图）

珠光图 136cm×34cm 2010年（右图）
榴香 136cm×34cm 2010年（左图）

野风2 240cm×62cm 2008年（右图）
野风1 240cm×62cm 2008年（左图）

野风2 240cm×62cm 2008年（右图）
野风3 240cm×62cm 2008年（左图）

目极万里游大荒 136cm×68cm

年度名家聚焦
Annual masters focus

王西洲

1950年生，西安市人，为中国美术家协会会员、文化部中国画研究院院士、国务院紫光阁画院院士、中国国家画院刘大为工作室精英班画家。现为西安中国画院艺术部主任、长安国画院名誉院长、河北美术学院教授。

醉仙乐道图 68cm × 68cm

笔墨韵致 人文情趣

——小议王西洲的水墨人物

文／刘大为

王西洲是我在中国国家画院开设的工作室的学员之一，在来我工作室学习之前，王西洲就是一位颇有造诣的中青年人物画家了，任西安中国画院艺术室的主任，中国美术家协会会员、专职画家。在当地、甚或是全国王西洲都有较好的影响。近年来，随着在工作室的系统学习，王西洲无论是从观念理论上还是艺术创作实践能力上都有了明显的进步，这一方面得益于其勤思善悟，另一方面也得益于其踏实专注的为艺做人的态度。我想，这是王西洲不断沿着自己的既定目标，走向艺术高峰的一个重要的前提与基础。

中国写意人物画有三个重要因素，那就是形、意、神。当然，由于大家对这三要素的不同理解与追求，在创作中即使是面对同一题材，也会呈现出不同的构图立意、设色和笔墨取

春到草原 68cm×340cm

向。王西洲的大写意人物画，是在有着深厚的传统功力的基础上，运用写意与意象的表现手法来呈现作品的艺术效果。他的作品中田园、质朴的气息扑面而来，充溢着浓郁淋漓的墨韵，画面人物生动形象、性格刻画深刻到位。王西洲的写意人物绘画，可以说属于“幽默写实”倾向。“幽默写实”有写实的因素在其中，也有表现的因素在其中。也就是说，当代的诸多文艺思潮对绘画形式及语言的介入、干预与影响，促使王西洲的写意人物画对当前绘画理念与技术进行整合与再造。更重要的是，从王西洲的作品中，我们看到的是善意的“幽默”，这种“善意的幽默”是以其严格的写实训练的功底为基础，而不是在“幽默”的掩饰下胡涂乱抹，从而更进一步在“幽默”式的审美中，去达到陶冶心灵的目的。

我们知道，人物画的创作，特别是大写意人物画，关键是对人物的理解与创作主题的提炼、升华。当然，要做到这一点，必须要有一定的学识和娴熟的技巧作为支撑。而王西洲恰恰具备了这方面的一些条件。他生在城市，但有长期的农村生活基础，当过工人，曲折的经历丰富了他的人生阅历，这种历练使他对不同的人物有了更加广泛的接触和深入的了解与观察，从而为他的艺术创作不仅积累了丰富的素材，更加增深了他对社会的理解与认识。纵观他的作品，呈现给观者的是一种勃然的生命气息，这种气息或飞扬躁动，或轻灵纤秀，或泼墨直扫，或小笔细勒，但都气感十足，韵味绵长，给人一种启迪式的震撼于蕴藉式的美感。

纵观王西洲的绘画作品，可以看出他用笔及用墨的沉厚与凝练，造型把握的准确，能够恰如其分地刻画出人物对象的体貌特征和神经特质，使画面洋溢着这一种鲜活的生活异彩。王西洲在追求画面整体架构与笔墨块构的同时，着意于刻画人物的神态，体现笔墨的情趣。于是，在他笔下的钟馗，剑拔弩张，仗剑而立，威震寰宇，正气凛然；而八仙、七贤等又悠游儒雅，神态怡然；仕女则妩媚清丽，恬静温柔。尤其是近年来，王西洲又以游学的心态，走遍了祖国西部和南部少数民族聚集的地方，并对具民族特色的形象、服饰、环境和生活习俗做了详细的考察，创作出了一大批有着鲜明个性的作品。这些作品构图独特新颖，笔墨中透出一种人文情怀，既有鲜明的地域特色，又有强烈的生活气息，给人以耳目一新的艺术感受。另外，也是很重要的一个方面，那就是王西洲在创作中十分注重绘画因素的综合运用，以及由此所营造的气场的作用。他善画大画，创作时善从大处落笔，细处着眼。尤其是在构图布阵时，用笔讲究笔笔相递，用墨也重视洒脱有力，从而使用笔的速度、力度、强度灵活运用，用墨尽最大可能发挥着大写意人物画的自由畅达。这样，在衣服作品中，大笔与小笔、长线与短线、粗线与细线，形成了强烈的对比。在对墨的运用上，王西洲更加恣肆浑厚，酣畅淋漓，通过水的调和，笔的传递，时差的运用，水与墨色的渗化，墨和墨色的叠加，浓淡干湿的映衬，形成画面上绚丽的墨彩世界。王西洲这种倾心的艺术探索风格，是其艺术成就的重要因素。

王西洲写意人物画关注的是笔墨与造型的关系，他追求的是一种意象化的造型。即经过对生活物象的接触后，通过内心的感受与深刻的体验，从而将这种感悟上升到一种人文的感怀与情感的抒发，再用大写意泼墨的挥洒，去传达一种体现着文化内涵的意象造型，表现一种精神指向。所以我们说，王西洲的大写意人物画是一种精神性的意象造型与表现，它在不断突破人们的习惯性审美体验，并力图在盛行的单一“写实”模式的创作方法上取得突破，从而开始强化其艺术个性，并在这种个性中，不断深入与表现主体的“写意”精神，以充沛的创作热情，积极融入到当代的生活和文化的情境中，从而不断寻求与开拓中国大写意人物画发展的新路子。

王西洲来自有着悠久历史文化传统的古城西安，生于斯，

秋韵融融 136cm×68cm

高原春讯 136cm×68cm

长于斯。陕西厚重的文化传统培养了他热情、坦率、豪爽的西北人性格，具体反映在绘画上，就是粗笔大墨，以如椽大笔走线塑形、泼墨造境，从而使得他的画如安塞的锣鼓，陕北的信天游，观之痛快，听则淋漓。当然，这还与在当代绘画史上占有重要地位的长安画派的影响与培育分不开。王西洲早年就读于专业美术院校，不仅接受了西方造型的严格训练，又在长安画派“一手伸向传统，一手伸向生活”的理念的感召下，直面生活，向传统笔墨学习，使得他的人物画在造型上采取了中西融合的方式。在笔墨表现的过程中，王西洲成功地融合了西画的明暗光影关系，吸收西画的表现手法，在水墨人物画创作中打破了既定的“模式”，消除表现中的“障碍”，以新的审美情怀和言语方式，逐步地构筑起了鲜明的艺术表现风格。

王西洲正值壮年，我相信，随着认识的不断提高，生活积累的不断丰厚，他的艺术实践一定会更入佳境。对此，我充满信心。

弘道养正 136cm×63cm

海波浪中尽悠然 98cm×98cm

消夏图 68cm × 68cm

八仙过海图 98cm × 196cm

笔墨与造型的关系，一直以来都是水墨人物画解决的最重要的课题，所有有关中国水墨人物画的论争，几乎都是围绕着水墨人物画笔墨的处理与造型的关系而展开的。王西洲在用笔、用墨上直接受到徐悲鸿、蒋兆和、石鲁、黄胄、方增先、周思聪、刘文西、王西京等艺术家的影响，笔墨沉厚凝练，造型准确而深刻，注重人物造型的体积感，采用素描使之于色彩渲染和谐，在注重轮廓线“用笔”的基础上，不忌复笔，大胆落墨，以“皴擦”或“积墨”来处理体面的转折关系，形成他豪迈、奔放的笔墨语言。王西洲笔墨的造型，是一种意象的造型。通过对物象的接触，通过内在的深刻体会而上升为一种情感抒发，再用大写意泼墨的挥洒，极为生动地捕捉合传达了人物丰厚而坚实地造型体量以及这种体量充满地内在活力、动势合节奏。

对于王西洲地笔墨与造型能力，其导师刘大为有曰：“王西洲写意人物画关注的是笔墨与造型的关系，他追求的是一种意象化的造型，即经过对生活物象的接触后，通过内心的感受与深刻的体验，从而将这种感悟上升到一种人文的感怀与情感的抒发，再用大写意泼墨的挥洒，去传达一种体现着文化内涵的意象造型，表现一种精神指向。

文章节选自：西沐——《笔墨中的文化体验》

和合二仙图 90cm×68cm

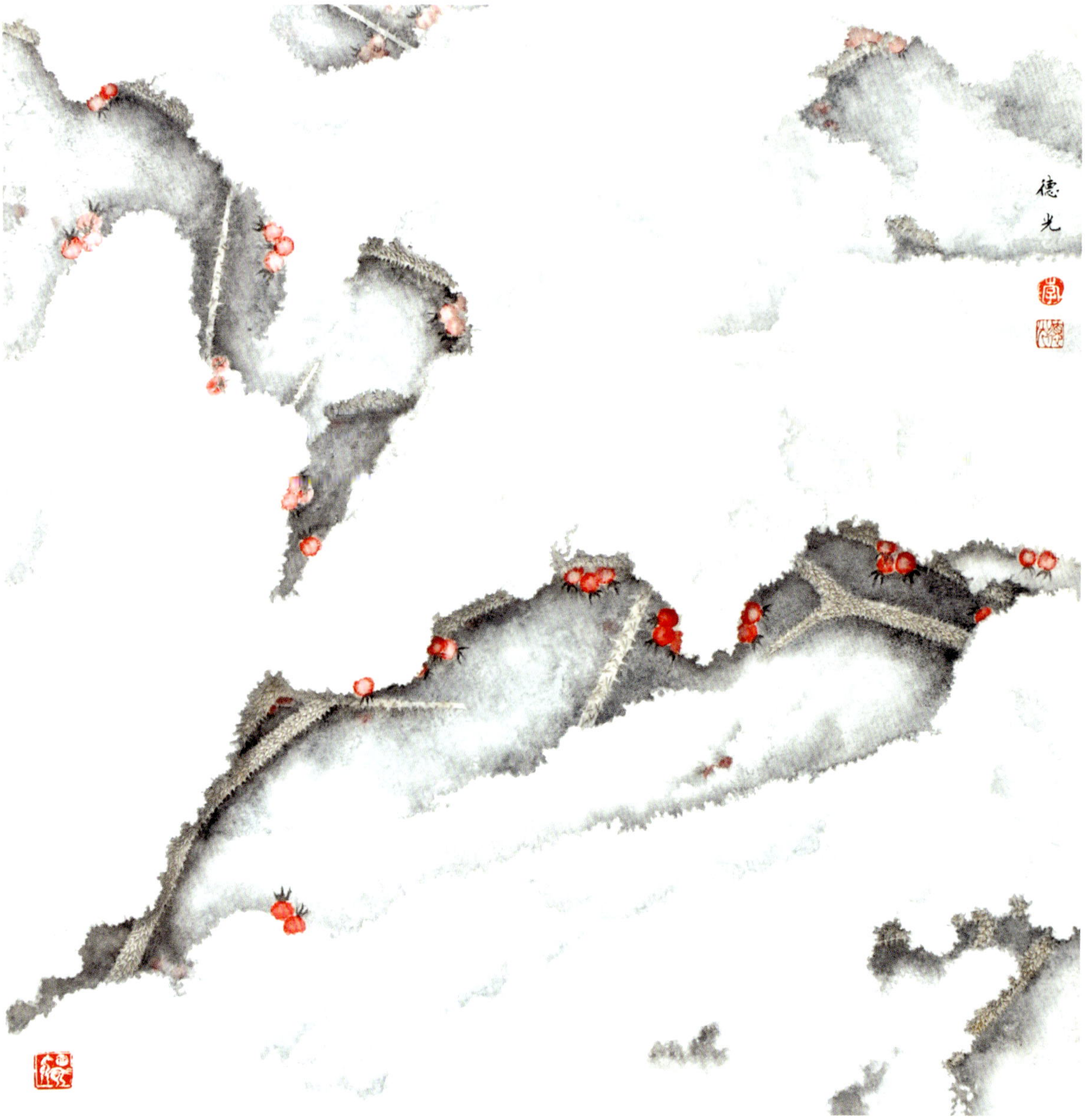

北国红豆

年度名家聚焦
Annual masters focus

李德光

1954年出生于山东胶南。中国美术家协会会员，国家一级美术师，青岛市美术家协会理事。青岛市城阳区美术家协会主席，青岛城阳画院院长，历届青岛市城阳区政协委员。青岛市城阳区专业技术拔尖人才。作品《山珍》1985年3月由中国美术家协会在北京中国美术馆主办的全国林业美术大展中荣获优秀作品奖；1995年12月、1997年12月连续两届被评为“青岛市十佳美术新人提名奖”；《花好月圆》1997年10月被北京中南海收藏并出版；《早春图》1998年4月被北京人民大会堂收藏；1999年被中央电视台等部门评为“东方之子”《雪野》2000年4月入选中国美术家协会主办的“迎接新世纪全国中国工笔画大展”在北京中国美术馆展出并收藏；《盼》《无处不芬芳》入选2000年8月中国美术家协会主办的“第十四次美术新人新作展”；2000年9月作品《绿遍天涯》入选中国美术家协会主办的“全国第一届美术金彩奖”并获优秀作品奖；《秋风》入选2002年“第五届全国工笔画大展”并获奖；2003年作品《渴望》入选中国美术家协会主办的“全国第二届中国画大展”；2005年9月作品《渴望》荣获北京中国书画收藏家协会主办的“中华魂——纪念抗日战争胜利60周年翰墨作品展”金奖。《朝夕相伴》入选2006年4月由中国美术家协会主办的“全国第六届工笔画大展”许多作品在日本、美国、韩国、加拿大、澳大利亚、英国等国家和香港、台湾地区展出并收藏。传略和国画作品被编入多种书画集和大辞典并多次被国内外报刊发表并专题介绍。

朝夕相伴

流失的岁月

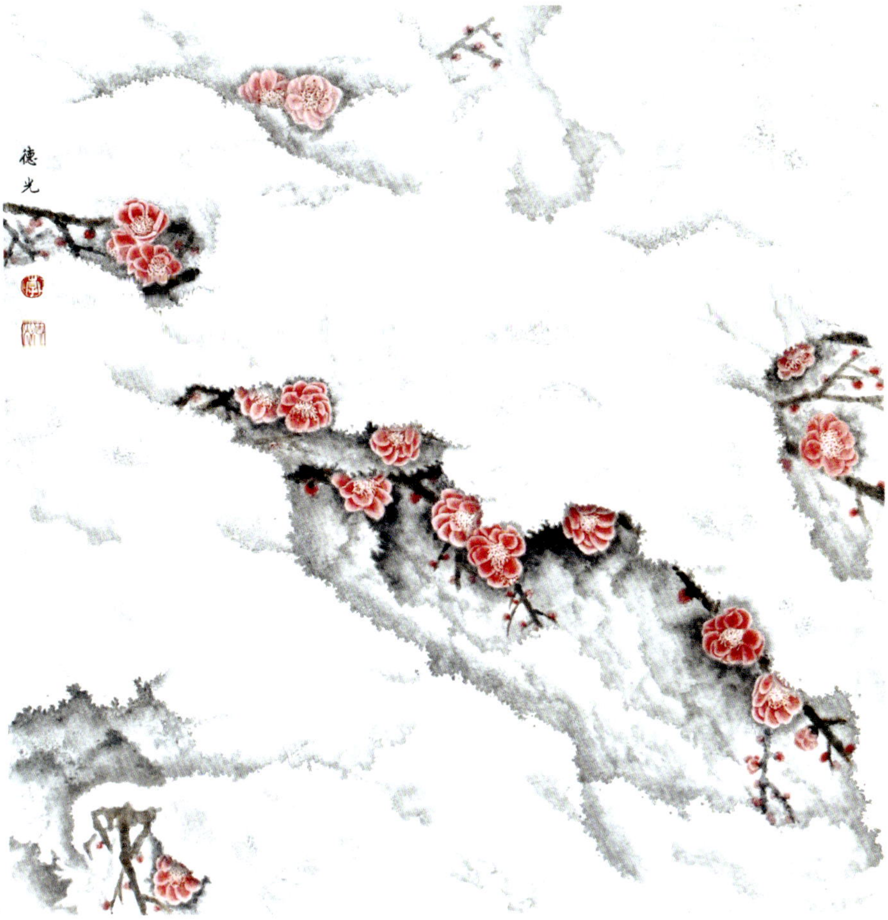

红梅迎春

初来的梦雪

绿遍天涯

雪野

初雪

郝凤先作品

郝凤先

1945年生于辽宁新民，毕业于鲁迅美术学院研究生班。现为北方画院院长、文化部专职画家，中国美术家协会会员、中国书法家协会会员、国家一级美术师、中国友联画院画家。曾先后在韩国、泰国、新加坡、日本举办个人画展及艺术交流活动。2001年在中国美术馆举办个人作品展。其作品在国内外大展中多次获奖，并在《人民日报》《光明日报》《人民政协报》《黑龙江日报》《世界日报》《国体资源报》《经济日报》及《国画家》《世界英才》等多家报刊上有专题报道。

中国画《八女投江——花祭》获2005年纪念抗战胜利60周年全国中国画大展铜奖，《乡情》《春天来了》《苏武牧羊》《太湖之春》《话说长江》获中国美术家协会举办的提名展及“菜乡情”“长江颂”“太湖情”等展览优秀奖，《伫马太行》获建军85周年铜奖，《期盼》参加中国美协举办的建党85周年提名展，《龙江情思》获1999年全国建设书画大展银奖，书法作品入选2005年中国书法家协会举办的全国正书大展和全国书法新人新作展。多幅作品被人民大会堂、中南海、毛主席纪念堂、中国美术馆收藏，国画长卷《昭君出塞》《金陵十二钗》分别被菲律宾、泰国总统收藏。其艺术成就被收入世界出版社出版的《中国当代艺术家辞典》及《中国名画家辞典》。出版有《郝凤先画集》《郝凤先书画作品集》《郝凤先写意人物画集》等。

郝凤先作品

郝凤先作品

郝凤先作品

郝凤先作品

郝凤先作品

郝凤先作品

郝凤先作品

郝凤先作品

王朝永作品

年度名家聚焦
Annual masters focus

王朝永

又名芝龙、东波，字麟峰，号清玄，斋名水园、逸风堂、芳原庐等。1964年生于江苏无锡，毕业于江南大学美术系，结业于北京画院研究生班、师从王明明先生和中国国画家画院程大利工作室，擅长人物、山水兼花鸟及书法。中国扬州鉴真书画院副院长，中国无锡绿波美术馆名誉馆长，中国鉴真佛学院客座教授，中国民建中央画院画师，中国民建江苏文化委员会委员，中国民建会员、江苏美协会员，山东黄河美术馆顾问，现居北京。

王朝永作品

王朝永作品

我刚从扬州鉴真杯展览会回来，金奖获得者朝永兄要我对他的作品做些说明，我知道的是他要我说说绿波美术馆收藏他最近两年的美女作品：以中国画的水墨，出奇不意的油画效果，把画面处理的非常之美，背景处理的非常干净，以我的孤陋寡闻，在中国画中似乎还没有出现过。

然而，更令人感动的是画面的感染力，不仅仅表现的70、80后的形式美，而是作者试图表现70、80后的美丽姑娘积极向上的一面，在我的藏品中有一张是朝永客居北京的时候，有一天路过一个胡同，看到一个姑娘坐在藤椅上看书，很出神很认真，侧面看非常之美，这一刻朝永非常感动，征得姑娘同意，拍了两张照片，回到画室连夜就画；还有一张是朝永在内蒙古采风之后，心中一直涌动着一腔热血，创作的冲动非常之强烈，但就是难以下笔。后来朝永先生再次回到内蒙古采风，在临别大草原的时候，

王朝永作品

突然看到一个蒙古姑娘在放羊期间，拿起小提琴，悠扬的乐曲荡漾在广袤的草原上，这一刻，朝永的心快奔出来了，泪水绽满了他的眼眶。

这样的故事很多，相信读者一定能从朝永的作品找读懂作者的深刻思想内涵。这是一个伟大的年代，又是一个充满希望、充满想象力的年代。不管从“一低头的温柔”的唯美到“徘徊在寂寥又寂寥的雨巷”的少女情怀，作为读者的我，看着这些作品，我是心动的！我们这个时代，很多画家已经走入形式主义的巢臼很久了，远离读者很久了，远离我们这个时代很久了。

从最近二年的销售情况来看，朝永是非常成功的，一百多幅现代美女图，除了绿波美术馆馆藏作品，已经散落在收藏者手里了。看来充满时代气息的作品还是非常受大众欢迎的！

我有的只有深深的祝福！

文／尤耀明（无锡绿波美术馆馆长）

王朝永作品

王朝永作品

王朝永作品

王朝永作品

王朝永作品

王朝永作品

老秋色愈浓

年度名家聚焦
Annual masters focus

赵忠仁

别号养知斋主，1957年生，祖籍山东青州。毕业于辽宁大学。现为中国美术家协会会员，中国人民书画院副院长，中国人民书画院艺委会副主席，中国画研究会理事，闾山画会常务副会长，锦州市美术家协会副主席，清华大学访问学者。

曾在中国美术馆、北京民族文化宫、中国香港、中国台湾和新加坡、马来西亚、日本、加拿大、意大利、俄罗斯成功举办个人画展和联展，作品多次在中国美术家协会、文化部、公安部主办的大展中展出并获奖，很多新闻媒体进行专题专访。

2000年作品《听泉》入选中国美术家协会主办的“迎接新世纪中国工笔画展”获优秀奖。作品《峰峦叠翠》、《仙境》二幅作品在文化部、中国对外艺术展览中心主办的“情系西部国际书画大展”中荣获特别荣誉奖，并在首都展出。

2001年6月中国画《笑傲江湖》入选“中国画名家百虎大展”，并在河南郑州展出，同年参加在太行山美术家写生创作基地举办的“中国虎文化及中国画学术研讨会”。

2002年6月作品《山高水长》入选纪念毛泽东“在延安文艺座谈会上的讲话”发表60周年全国美术作品展。

2003年2月作品《山居图》被家乡北宁市人民政府评为名作品。

2004年作品《青山有约》获公安部、中国美术家协会等主办的“卫士之光”书画展绘画二等奖，并在首都展出。

2005年由香港出版《赵忠仁山水画集》。

2006年由北京工艺美术出版社出版《当代名家赵忠仁写意山水》。

2007年2月与著名画家王界山、顾大明、徐旷达、柴博森在中国沈阳举办“中国画五人联展暨慈善义卖展”。由北京工艺美术出版社出版《赵忠仁写意山水画精品》。同年11月四幅作品《青山披翠》、《山居图》、《老屋图》、《松泉图》入选中国美术家协会第20次新人新作展，并在苏州胥口中国美术家协会胥口展览中心展出。同年12月作品《老秋色愈浓》入选中国美术家协会主办“‘07年全国中国画展”被评为优秀作品，被中国美术家协会收藏并在中国盐城展出。

2008年作品《初绿图》、《紫秋》入选中国美术家协会主办的“‘08年全国中国画展”在中国广西展出。与著名画家顾大明、崔东 、王国兴、马志刚在秦皇岛举办“‘08水墨山水画展”。

2009年多幅作品入编《中国画收藏》、《中国水墨60年》大型刊物。作品《追忆两弹——星英雄》、《巡》入选“庆祝新中国成立60周年中国人民解放军美术作品展览”。

2010年作品《河曲春色》入选全国中国画展。作品《辽西山居》入选中国美术家协会“红色太行中国画展”。作品《美丽家园》获得中国美术家协会第二届全国线描展优秀奖。

鸣泉图

溪山林静图

独居图

山韵

青山苍翠图

紫秋

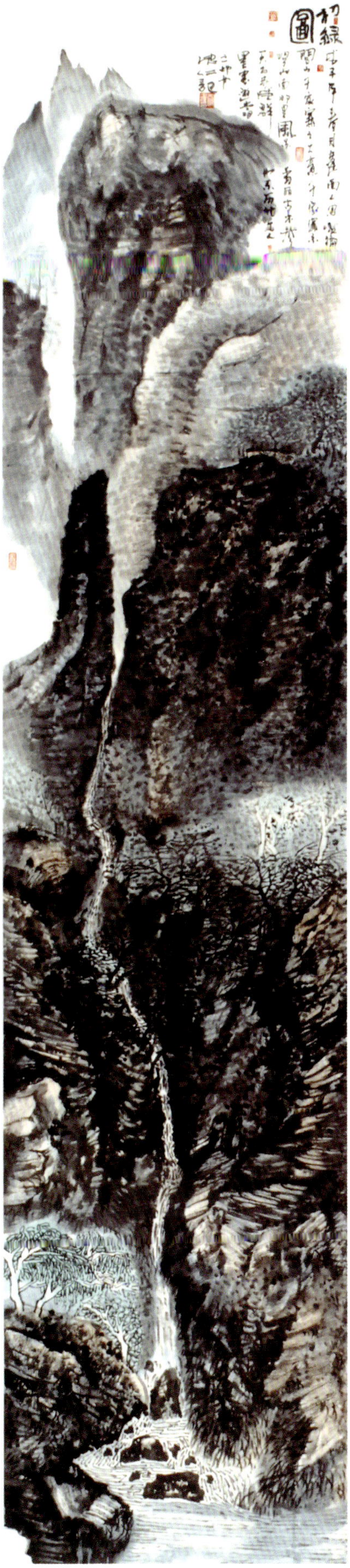

初绿图

清江微雨 138cm×69cm

年度名家聚焦
Annual masters focus

孙恩道

1950年生，河南巩县人，毕业于武汉大学中文系，结业于中国美术学院中国国画系研究生班，原任湖北美术出版社社长，编审委员会主任，现任湖北美术院画师，湖北文史馆馆员，湖北省文联委员，中国美术家协会会员，中国美协连环画艺委会委员，湖北省美协副主席，中国商业联合会艺术市场联盟人物画创作中心主任。曾创作出版了大量连环画和工笔重彩插图，作品先后参加了第七届、第八届、第九届、第十届全国美展及中国美协会员中国画精品展并有获奖，1995年后在国内外多次举办个人画展，并被海内外人士广为收藏。

出版有《孙恩道水墨人物》《当代名画家册页——孙恩道》《当代名画家作品集——孙恩道》《中国名家扇面——孙恩道作品集》《丹青典藏——孙恩道卷》等作品专辑。

掀起你的盖头来 136cm×69cm

西班牙海岸 160cm×110cm

园中开满红玫瑰 160cm×147cm

唐人游春图 147cm×360cm

玉局弈出兴盛来 147cm×336cm

吉祥之歌 136cm×68cm

福德无量 220cm×85cm

年度名家聚焦
Annual masters focus

刘树枫

1957年生于中国黑龙江，祖籍山东。中国美术家协会会员、一级美术师，中国石齐艺术研究会副会长，广州清远职业技术学院客座教授，广西师范大学艺术学院客座教授。作品曾多次参加国内外重大学术活动。大量作品以佛教题材为主要创作方向，创作出庄严与肃穆、圣洁与祥和、古朴与典雅、神秘与梦幻，传统与现代和平面石刻，残缺斑剥的原创艺术效果及以线造型的强烈形式感，把线发挥到极致的独立画法。在当代中国画坛上树立了特有的学术地位和一代画风。作品被中国国家博物馆和各地方美术馆等各大收藏机构收藏。2007年被评为“当代最具学术价值与市场潜力的30位人物画家”之一。曾在北京、上海、广州、福州、郑州、兰州、南京、南昌、西安，夏门、洛阳、徐州、扬州、无锡、哈尔滨、桂林、张家港、惠州、泉州、金华、天水等几十个大中城市举办大型个人画展。出版有《二十一世纪中国画名家经典——刘树枫画集》《中国画廊推介画家精品——刘树枫》《二十一世纪有影响力画家个案研究——刘树枫》《当代最具学术价值与市场潜力的中国画家——刘树枫》《中国画名家精品粹编——刘树枫重彩佛像》专著。

向佛 124cm×124cm

名家点评

文化的历史就是这样奇特，它从一个低谷走向高峰又反复波动，呈现万般风采。对于树枫先生的国画艺术而言，也未背离这条规律，他从他当初的原创性至稳定期后，不安分的他又一次开始他的突进行为，由重彩形式向水墨世界的过渡，使他的创作出现了大的转机。他从装饰化向自由王国逼近，这一步使其艺术感染力大为加强。他在平面的规划中找到了自己独特的语素，使水墨语汇呈现出墨彩交辉的场能，并效应于观者的心灵，这是十分可贵的。他在继承传统线性艺术的同时，将平面构成的要素巧于应用，使作品更具有时代气息。在色彩应用上他把叠彩、晕染并用，使色彩的力量支撑起兴奋的拱门，就像彩虹高悬在雨湿的天际，似乎那里有佛陀在“拈花一笑”，梵音漫过万里云影，花絮飘飞出诱人的气息。非佛非人的身影晃动着，伎乐齐鸣，音声相和出时代的名模在霓虹晖光中走来；非古非今，“恍兮惚兮，其中有象”是那般道通自适。这是一个美女歌乐的世界，美化之人成了佛仙亦空亦色，无情的岁月消散在落叶般的零屑幽梦里，就像画中那片片残云一样，漂泊在人寰与圣徒之间是那般的精确有形，这有色有形的艺术中又透出色空形消得气息，那气息正是艺术的审美所有，只有通心者可知可解。我为能有这样的神遇而欣慰深感自足。

甘肃画院专业画家 理论部副主任 甘肃省美术家协会理论委员会副主任／曹文海

刘树枫是位艺术家，他之所以是个艺术家，是因为他用他自己的方法，而不是前人和他人的方法去发现、去表

佛心 200cm×200cm

现他所开掘出来的主题。在他的作品中，最常见的有两种形象符号：其一是为菩萨造像，肃穆、庄严，手法严谨；其二是为美女传神，飘逸、抒情，手法浪漫。在这两种手法中，画家都没有脱离“以线造型”的骨法用笔，所不同的是，前者在工笔重彩画创作中融入水墨晕染的表现语汇，借鉴古壁画的佛像符号，一改传统的先勾后填、单线平涂的模式，代之为朦胧和光影，并将多重“肌理”结构在画面中，以追求远古的斑驳、沧桑的效果。他把水墨、石色、现代材料与线型的结构交汇融合，成功地塑造心中的想象与大胆的创造。后者却以工兼写的轻松白描，简洁而又富于装饰性的笔调，刻画古代少女的歌舞、奏乐、闲适的情态，辅以抽象色彩或水墨写意构成的背景，使其作品产生一种诗一般的迷人意境和梦一样的飘然欲仙，给人带来一种圣洁、吉祥、富贵、典雅之感。

其实，刘树枫的题材与手法并不局限于此，往往交错映带、互为生发，而拓展为多种题材和多种手法的尝试。因为他是一位对中国传统文化深层次的探索者，是一位善于思考、不断追新求异的艺术家，他并不在意别人怎样看待和评价他的作品，而更在意的是自己在创作中究竟注入了些什么，并从中得到了些什么，特别是那些震撼自己心灵的东西，是不是真的得到了充分的表达。他也是一位画了几十年的画都不想定格的人。他说他之所以无法把自己定格，源于时代的变化和生活给予得太多。也许是由于以往生活过于苦涩，他更珍惜瞬息的美好；也许整体的东西不便于细细咀嚼，他才把小东西拿来细致入微地刻画；也许人们更易看重现实和浓重，他才把以往与清淡无关的东西拿到人前，让人品味。

刘树枫走进了人类历史，同时也走进了一个清醒而思辨的世界。他在思考人类走向的同时也思考艺术的未来，他把线条作为生命元素去舞蹈，他让笔墨不再文质彬彬，他让镂金错彩的宗教文化回复到水墨的单纯与洁净，他用圆润的线条描写动态的旋转与飞升，他把点线墨色合而为一，在梦境里自由往

美玉为华 124cm×124cm

来，让人们感受古典和现代，让喧闹和宁静在一起接受人们的选择。刘树枫就是这样让心象导引他的创作，又让创作为他的心象开启出一条路来，周而复始地探索。

著名美术评论家／贾德江

如今，在供职于绘画这一神圣的专业中，画家们都面临着一个课题，这就是接受市场的检索和考验，市场对画家来说是个双刃剑，既能促进画家发展，也能制约画家进步。为此画家能否坚持以学术为主线发展，决定专业的成败。刘树枫的画无论是玉女还是佛像，都是以其独特的艺术魅力，影响了市场，引领了市场，在艺术品流通中深受大家喜欢。

坚守自我，坚守本真，才能使画家个性鲜明地自立于美术之林，完善着艺术追求。

刘树枫的艺术之路给我们又一启发，就是他坚定地走自己的路。这种坚定是以文化自信为基础的坚定，他坚持画自己绘画的风格和内容，不断强化自己作品的鲜明个性，以作品的独特艺术内涵来拉动市场，以画作的艺术质量和审美取向强烈地吸引着受众、在走向市场上占了先手，使画家始终处于主动地位。

能够先入为主地走向市场，始终保持着作品的艺术性，这在当今画坛上是不多见了。可以说相当一部分名家也包括许多大家在内都在市场中或多或少地受到冲击、震荡，而使自己坚持的学术主张得到某种改变。这种令艺术家才华受到制约的现象，许多画家都在努力尽量摆脱，市场对画家的制约与画家对市场的反制约，始终没有停止过。

应该祝贺刘树枫，他在走向市场和坚持自己创作审美方向上已取得丰硕成果，成为用作品影响市场的画家。这使得他前行之路呈现良性循环势头，使得刘树枫的艺术之路会越走越宽。

能够在艺术创作中坚持自己的审美理想，坚定地沿着自己认定的方向前进，画自己想画的画，爱自己所爱，这是艺术家

天籁之音 200cm×200cm

高原的天空 200cm×200cm

最高的追求。刘树枫这份拥有成为他进取的动力，鼓舞他在艺术上会不断精进，拥有美好的艺术人生。

《美术》杂志编委／李人毅

画家刘树枫立足当代，以艺术家深邃的目光，穿越时代隧道，去“仰观宇宙之大，俯察品类之盛”。他的作品将传统中国画的笔墨情趣和现代审美意识相结合，孕育出富有黑白、阴阳变化和“残缺美”的艺术构成和形式美感，产生一种强烈的艺术震撼力。如万马奔腾的横幅巨制《源之流》和群鹰奋飞的巨幅四条屏《腾》，以写实具象的造型，塑造了在红色背景衬托下青色骏马的勃勃雄姿和红色神鹰在长空中竞自由的万种风情，是一曲曲充满生命活力、腾飞气势的赞歌。在饱满的构图上，画家运用或似东汉画像石、或似敦煌画残缺的艺术处理手法，从而产生一种岁月沧桑的历史感。树枫君的国画艺术构成，属于高品位的高雅艺术。画家通过色墨的巧妙组合和线面的空间分割，以或具象或抽象、或现实或浪漫的艺术形象，来营造变化莫测的意境氛围，使其作品产生诗一般的深邃意境和梦一样的迷蒙神秘，耐人品味琢磨。

中国著名美术理论家／宫大中

中国画仿佛是太古老了，在它那漫长的路程上，涌现过那么多的大师，积淀了那么多高妙的作品，好像是一座座山横亘。即是说要爬上其中的一个峰头又谈何容易。故有人避让，有人退却了，有人彷徨……但终有一批艺术的勇士，坚信民族艺术有着丰

千秋屹立 200cm×200cm

富的土壤，也坚信古老的艺术可以绽放出新奇葩，他们勇敢的走进了这座巨峰林立的深山，不仅作着攀登的努力，还看着那山外的山，去采摘那云外的云。

树枫君就是这攀登者中的一员。在我的印象中，他是位少言寡语的汉子，不是狂飙式的青年。他只是默默地在这笔墨的天地里漫步，构想着一些神秘的形象，挥洒着一片片奇妙的色彩，不期而然地将传统和现代的审美意识化为他自己的构成。我想，正是在树枫这样一批富有才华又肯踏实用功的画家身上，看到了古老的中国画艺术的青春。

中国著名美术理论家／刘曦林

中国画尽管有深邃的历史，而在现代艺术形态的走向之时，仍然需要投注更多新的观念和形式。开放以来，东北出现了一批出色艺术家，他们以自身的实力正向外拓展。画家刘树枫为其中一员，一举在北京、上海、广东、江西、甘肃、福建、河南、黑龙江等地举办个人画展，我们从这些明快、灵气和洒脱的作品中，领略了他对中国画的执著的追求。预祝他画展成功，并给大家带来美的艺术享受。

中国著名画家／石齐

竹影

年度名家聚焦
Annual masters focus

郭丰

1962年生于北京。中国美术家协会会员，中国书法家协会会员，中国民主建国会会员，中国艺术家生态文化工作委员会委员，北京书法家协会展览工作委员会副主任，北京市海淀书法家协会副主席，2002年入读中国艺术研究院第三届中国画名家班。

他以书法入画，用笔肯定而鲜活，单纯中有变化，朴拙中见神采。他善于运用笔触的力量大小和快慢的交替变换，运用逆顺笔，长短线的穿插交错来创造节奏韵律，还善于在点擦皴染中充分发挥写意水墨的自由抒写性，增加笔墨情趣。

书画作品被《世界名人录》《中国当代艺术界名人录》《中国当代名家书画宝鉴》《北京书法家名鉴》《中华人物辞海》《中国绘画年鉴》《中国绘画遗产年鉴》《共和国功勋人物》等数十部辞书介绍并被多家博物馆及文化教育机构收藏。

西域灵种

竹石友

书法画法即佛法 不求形似求神韵

——郭丰禅画解读

文／李泽民

郭丰的写意花鸟画是地道的传统中国画，不仅有传统文人画的基本特征——具备人品、学问、思想、才情四者，注：（陈师曾有此论说）。还有笔墨，有气度，有品位，有神韵，文人画自王维、苏东坡至董其昌、文征明、沈周、徐青藤、陈道复、八大、石涛乃至近现代齐白石、陈师曾，可谓一脉相承，文脉不断。明董其昌即以禅入画，著有《画禅室随笔》，对禅学颇有造诣。郭丰的画，也可以说是“现代禅画”，因他本身即是学佛参禅者，又能将参禅悟道与绘画创作自然融合，而其作品画风又与传统意义上的文人画和禅画有区别，因为他的写意花鸟画中既有禅学中追求的“自性”“玄妙”“禅境”，又有现代花鸟画的特征，他的章法吸收了现代构成的艺术规律，其画面形式感，构图章法有现代人乐于欣赏的时代感。笔法、墨法、章法、画境皆不为传统禅画所囿，所以我说他的画是“现代禅画”。

某日，诸友小聚间，一老者问郭丰：“请问你的老师是谁？”郭答：“我的几位老师早已过世了。”

问：“那是哪几位先生呢？”

答：“徐渭、八大、吴昌硕。”

看来有些幽默、戏谑，实则已道出其画路的渊源家数。广而言之，其心源则来自对佛家、禅宗的顿悟与渐修。郭丰属在家修行之居士。佛学、禅宗对郭丰绘画艺术的发展有着至关重要、极为深刻的影响。他的确是“众善奉行，自净其意”的修行者。他待人以礼，感人以恩，助人以诚，所以友人称其为“及时雨”并非虚言。他在修行中“明心见性”，深信“书法、画法即佛法”“万法皆从自性中流出”。从而悟出适合自己心性的笔法与画风，追求豪爽、刚健、自在、萧散、清新、雅逸的风致。当此画界浮躁多于虚静，功利多于超脱之时，选择以禅学为旨作画，若无定力，是难以施行的。受书画市场繁荣之影响，不少画者忘却自性。正如清人刘熙载所云：“后世为文者，于彼于此，左顾右盼，以求当众人之意，宜亦诸子所深耻与！”（《艺概·文概》）要作澄明虚静之画，须有神闲意定之心，“神闲意定则思不竭而笔不困也。”（宋•郭若虚语）“左顾右盼，以求当众人之意”者，必堕低俗之境。为物欲所牵，铜臭所薰者焉能登大雅之堂！艺术家应了解、熟悉大众之欣赏趣味。有引导和提高群众欣赏水平的任务。对于此消极适应者衰，积极引导者昌。历代大师的高雅艺术最终得到历史的肯定，这也是艺术发展的规律吧。然而如何做到澄怀观道，神闲意定，决非易事。顿悟不易，渐修也难。澄怀先须涤虑，剔除杂念，做到心无挂碍，才能远离颠倒梦想，以达澄明之境。有多高的心

秋实

空溪兰秀

境，便有多高的画境。

从郭丰近作的几幅扇面中，我首先看到了他画兰花、菊花、芭蕉等多采取下垂式，由画面顶部直泻而下。可见他于章法、构图上均有打破常格之意。其思路即已打破传统绘画章法中的思维定式。是一种以逆向思维力图出新的章法。他首先关注的是画面的气和势，统而观之，皆气脉流畅贯通而不滞塞。其枝叶穿插，花朵安排又具回转向上之势。吴昌硕先生主张"画气不画形"，郭丰于此领悟颇深。

郭丰的修炼是多方面的，他的画能如此清新、刚健，运笔畅达而萧散，得益于他多年来对书法的研修。少年时，他即对书法、诗词等有浓厚兴趣。钟鼎铭文，汉简帛书，晋唐书法，皆有涉猎临习。不仅求结体点划之似，亦揣摩古人之用心，师其意而不师其迹，力求得其神韵。"法"者"筏"也，渡水之具也，如能登彼岸，何须恋船。"法"字，"水""去"二字组成，有识者自当视"法"为东去之水，逝者如斯。焉能"以指为月"，自当求"无法而法，乃为至法"（石涛语）取古法以适吾之心，变古法合吾之时，方为真得法而能变通者。郭丰之书法于书之时不拘一格，即书之后不留一格，以破格之态寻求自我之心性，终使其书法步入自由萧散，劲健朴茂，率意天真的较高层次。"书，心画也"，以笔作书者，易得法失心。以心驭笔，方能情神俱得。余观郭丰之书，皆自其心性中流出。笔力刚健遒劲，干湿浓淡，大小粗细，轻重疾徐，错落有致，颇多意趣。放笔直书，自由奔放，气度不凡。馆阁、闺秀、板刻之书岂可同日而语。郭丰以书入画，确有青藤、八大之神韵，"当其下笔风雨快，笔所未到气已吞"，以此称之不为过也。

余又忆及李苦禅先生的名言："书至画为高度，画至书为极则。"郭丰之画皆直抒胸臆，笔笔写出，观其书有画之趣，赏其画有书之韵。例如其扇面新作《蕉荫图》章法奇崛，两片蕉叶自画面中部直冲而下，中部似有堵塞，已属险局，然而自右而左横出一丛竹叶，顿使画面化险为夷，形成鲜明的块面与点线之对比，蕉叶用墨丰富多变，用笔疾中有涩，力透纸背，自非用扫笔、刷笔所能奏效。其笔墨效果拙中有巧，放中有矩，刚健中含婀娜。

郭丰的墨法，于兰花、菊花等画中可见其氤氲润泽。用笔用墨原为一事，笔法中含墨法，墨法中亦有骨法。无笔之墨，墨中无骨，称为"墨猪"，应于点染中见骨力神魂。此乃与勾勒用线多之技法相区别而名之。笔墨之变按黄宾虹先生之言，应做到"浑厚华滋"。其中焦墨、破墨、积墨、宿墨等法，郭丰在画作中均有应用，且能于对比中求得和谐统一。而郭丰又似有新创，我称之为"冲墨法"。他有时用清水冲墨，有时用色水冲墨，使画面墨色层次丰富，奇诡多变。使背景或空白处有些说不清的抽象因素，将背景、衬景变得模糊、朦胧、迷茫、淡远，增加了画面玄妙幽深、耐人寻味的肌理效果。画中梅花，水一冲似绒团团，菊花，水一冲变得水淋淋，颇得迎风披露之姿，一捏似有一股子水儿出来，真有"元气淋漓幛犹湿"之感。再看那画面中横出的老梅干，用笔果断刚决，于焦墨飞白中见岁月之沧桑，而此干笔绝不是"做"出来的，而是"写"出来的，其用墨之变"干"则"干裂秋风"，"湿"则"润含秋雨"。

含翠摇风

以禅入画，须先有禅心，得禅悟。禅宗讲：“不悟即凡夫，一悟即至佛地。”“佛即是心，心即是佛”，“自身作佛，自身即佛。”应以平常心体察自然，感悟生活，做到“物我俱化”“天人合一”，在艺术实践中培养自己的艺术直觉，开掘灵感。艺术的直觉不是靠推理论断的逻辑思维。应在厚积薄发的艺术实践中开掘创作灵感，并在禅定中不断开发自己潜意识中存在的无尽智慧。用现代语曰：发扬人的主观能动性。在研究探索外界大自然的奥秘时，更要探索研究人的本质和人的“自性”。以禅宗美学融入中国画，在郭丰的作品中还体现出他的非理性创作思维方式。兰花为什么朝下生长？石头为什么下小上大？那画面中的一块块淡墨渍痕是水？是花？是土？似是而非，不可说，不可说……非理性并非排斥逻辑推理，而是非理性中含有理性。非得要回答这是什么？那是什么？只好用苏东坡老先生那句话回答了：“论画以形似，见与儿童邻”。我看画中是芭蕉，别人也不会说是荷叶；我看是菊花，别人也不会说是向日葵。“作画应以不似之似为真似”，（黄宾虹语）以此为基点再看芭蕉时发觉多了些神韵。单纯追求形似应是中国写意画，特别是文人画的敌人（人物画、肖像画另当别论）。明·李日华也说：“凡状物者，得其形不若得其势，得其势不若得其韵，得其韵不若得其性”（《中国历代画论》上编85页）。郭丰在写意花鸟中有意识加强了一些抽象因素，反而增加了画面效果的朦胧感和现代感。其画面中那一块块淡墨渍痕，说不清是什么，但却给人以审美愉悦，这即是英国艺术评论家莱夫·贝尔所说的“有意味的形式”。这种“意味”是指一种极为特殊的不可名状的审美感情。对此的欣赏，也需要具有一定的审美能力。总之，郭丰禅画的不求形似，正体现了中国画中强调的写意精神，追求的是气韵生动，是对客体高度感悟的神韵。

外国有学者称“中国是当今世界上传统文化断裂最严重的民族”（大意）。当今中国画界写意精神的缺失，画家文化素养的不足，以为国内识者所公认。因此，郭丰能有此胆略，有此探索是难能可贵的。那刚健雄强富有禅意的写意花鸟画，个人风格已初步形成。要达到炉火纯青之境，不仅要顿悟，仍需渐修。有此人品，有此画品，十年磨一剑，功成之日，非“干将”“莫邪”也定是一把“湛卢”，（莫邪、干将、湛卢皆为古宝剑名）。吾将拭目以待之。

（本文作者系：河北工程大学艺术专业教授、中国当代艺术协会副主席、中国国画院名誉院长、中国现代国画研究院副院长。）

秋趣

年度名家聚焦
Annual masters focus

朱臣

亦名朱辰，1965年9月生于长春。中国美术家协会吉林省美协会员，吉林省美术家协常务理事，长春市美术家协会副主席，长春市青年美术家协会主席，吉林省青年联合会委员，政协长春市委委员，民革吉林省委委员，长春市政协画院副院长，民革中央书画院理事，吉林艺术学院美术学院院长、教授，中国画硕士研究生导师。

作品《清夏听松图》参加“中华扇面艺术展”（中国美术家协会主办），《心愿》获“全国民间工艺美术大展”优秀奖并被命名为“海峡两岸德艺双馨艺术家”称号，《朗秋》参加“首届《国画家》中国水墨画小品精作展”，《晚秋初晓》参加“世纪风情”——中国画大型画展（中国美术家协会主办）并入选作品集，《厚土无忧》参加“全国第九届美展（吉林展区）”，《黛玉含珠》参加选“全国市花美术作品展”，《霜邑秋红》获“中华魂”首届中国画作品大赛金奖，中国书画百杰《朱臣国画作品》选集出版发行，《阳光·马市》参加“全国第十届美展（吉林展区）”，《惠风鸣瑞》参加全国书画名家提名作品展获“齐鲁奖”，《大吉祥》获“国际墨彩画美术大展”大奖，与画家简介在国际刊物《THAT`S CHINA》刊载发行，《向大师学国画》丛书（五册）已出版发行，编撰《写意动物画技法》丛书已出版发行，主编《当代北方青年美术家作品集》已出版发行，联合编撰《乙酉画鸡》国画作品集已出版发行，被国家人事部授予“当代中国画杰出人才奖”，CCTV《书画艺术周刊》“走进名家”专访介绍，于山东《李苦禅艺术馆》举办“东北风”书画名家联展。出版《当代中国画家——朱辰》作品集。

紫玉青花-1

朱臣画中的传统

文／王驰涛（长影著名导演、画家）

当今中国画界争论不休，使用言语最多的是“传统”两字。一些人言必称传统，并强调中国画要源于传统而创新；一些人言传统阻碍了中国画的发展，希望从西方艺术中寻求出路；还有一些人甚至认为正是传统笔墨导致中国画停滞不前。如果我们冷静下来，认真分析时下的一些作品，包括一些名家之作，就不难发现，很多自称忠于传统的人，其作品并没有多少传统的东西，有的只是一些丢不开、放不下的笔墨功夫，所言创新也只是志气，其实未有。而一些反传统的人大都针对这样一些人的作品而言，他们反的是缺少传统的“传统”，如同堂吉柯德与风车作战。那么，我们的传统呢？

近日我看了朱臣先生的一些作品，我的心产生一种愉悦，这种感觉如同我看那些老画一样。不过，朱臣不老，其画也不老。那是一些什么东西使我有这样的感觉呢？

朱臣的画给人一种新意。他画的《黛玉含朱》表现的是长春市市花君子兰。在中国画兰花的多，但画君子兰的少，少的几乎不见。一个重要原因可能是因为君子兰的叶子肥大厚实，又对称而生，缺少变化和野逸，难以入笔。朱臣勇于探索这个题材，他不追赶当今中国画界“玩线”的时尚趣味，“屈辱”地利用大墨块和重色，使画面的红黑对比产生出一种交响感，夺人眼目。在大墨块中他仍不勾线，而是利用书法行笔的飞白效果，表达出叶脉的律动，给人一种厚重的富贵感。君子亦不辞富，似乎应该是今日的时代精神。年轻的朱臣在这里没有那种“为填新词硬说愁”的幼稚，回避了装扮“闲隐”的虚假。这幅作品从选树立意到笔墨传达，可谓气运一体，于是也就让人眼目一新。

我一向认为，画的新意来源于一种称为价值判断的东西。忽视这一点，创新只能是一句空话。新意不是只靠笔墨功夫可以达到的，靠的是画家对所表现对象的一种全新的感觉，这种感觉首先表现在立意上。无意则无象，无象则无悟。由此而言，新

紫玉青花-2

意是一种心意的表述，而心意必定来源于个体的文化养成和道德修炼，价值判断就这样出现了。这一点，就是中国画的第一个传统特征。历史和当代的中国画大师无不首先在这方面厚积而被后人尊敬。有什么样的价值判断就有什么样的画，赵佶的《瑞鹤图》充满着皇帝的祈求，而徐渭的《墨葡萄》体现着徐渭的悲愤境遇，朱耷的《鱼》表现着朱耷的苦游与无奈，齐白石的画亦传达着他的身世情趣及后天的雅俗，画如其人。

语言可以欺世，画却不能，这是中国画传统的百丈之根。那种纯艺术、纯技巧之论是违背中国画传统的。

朱臣的画给人一种生意。朱臣喜欢画鸡，也以画鸡而闻名。他的画作《香雪图》画的就是鸡。看了这幅画，立即使人进入一种意境，这意境非大吉祥之类的拜年语演，而是一种蓬蓬勃勃的生命玄机。画中游闲于似有香气漫天的白梅之间的七只鸡，让人感觉到生活的美好，生存惬意。这里，鸡不再是庖中之物，而是天地之间另一类伟大的生命。这个生命传达着活生生的人的感觉．这种感觉是人类的自信和灵慧。在这幅画中，朱臣一改画《黛玉含朱》时的笔墨，不用墨块，不追求墨的氛宏效果，而改用线的组合与排列，无论是表现每只鸡，还是表现梅的枝干与花朵，全部使用线条。他这样做可能是为了躲避他人画鸡大都使用大墨块对比的习惯，但我看到的是画面用笔的统一，意境的清新与美丽和谐。这种清新与和谐给人一种时代感。

可以说，画的生意是中国画的又一传统标准。米芾《画史》中说："……岚色郁苍，枝干劲起，咸有生意。"董逌《书徐熙牡丹图》中说："世之评画者曰：妙于生意……故能成自然。"韩拙《山水纯全集》中说："本乎自然气韵，以全生意，失于此者，疾矣。"对这些大家的论述，朱臣领悟颇深。那么，画之生意的文化之根来自何处？这就进一步深入了中国画的传统问题。朱臣的画给人一种

紫玉青花-3

文化。朱臣认为，画中的生意来自画家对中国传统文化的理解。他说，很多研究《易经》的人把《易经》之易理解为变化，既日月变化之意。其实，易乃造化也，乃日月生生之意。前一个“生”字为动词，意为孳化，产生之意。后一个“生”为名词，即生命。故有“生生之谓易”之说。画生就是在感悟与表现“生之理、生之质、生之道”，画家必须感谢天地造化。我们知道，“造化”一词源于《庄子大宗师》：“令一以天地为大炉，以造化为大冶》”生之有气，手执笔墨，就是要写造化之象，抒造化之大境界。”朱臣画《野逸图》中的猫绝无宠物之娇，生发出的是虎之生气。《祥和永年》画的是两只羊及一棵松，那羊之温和及松之浪漫，又生发出一种无限的恬静与美妙。《临风图》中的两匹马傍梅而立，引发出画外的世间意境。《天凉好个秋》的两只猿凝视太空，发出自己的疑问和探求，其表情的生动让人心动。

当然，画的生意不在于画了什么，但在于画的意境指向何处，到达何处。朱臣画花卉鸟兽的意境指向是大自然的造化之工，到大的境界是对生命的崇敬。中国国学的核心价值观是个“仁”字。这就必然生发出中国画的一个“生”字。仁在先秦儒家那里本是道德观念，而后历代的思想家创造性地将它解释为万物之生意。现生意即观仁，在生意之物中亲证仁的道德境界，因此，中国画传统的核心既是哲学智慧，又是伦理情怀，从而形成中国独有的艺术精神和表现方法。我有幸亲眼看到一位法国雕塑大师的雕塑过程，她手拿卡尺和卡钳，量过眼前的模特儿，再量案上的那块泥巴，准确程度犹如数学计算。逼真倒是逼真，这是他们的艺术思维习惯。而中国人的象思维是观物取象，几块泥巴上手，大象即出。

于是外国雕塑家们看到王朝闻先生的雕塑《民兵》时，惊呼中国四十年代就有了“后现代的作品”。其实，这只是中西的文化差异而已，朱臣坚守着自己的传统文化，将自己的生命感受与自己的花卉鸟兽熔为一炉，并由此获得一种生命的喜悦。

在朱臣的画中，没有愁苦，没有孤独，没有隐逸，有的是生命的上进，是充溢流荡于花卉岛与人心之间的生命激情。至此，朱臣的画实现了他“天人之际”的思想的完善和自觉。历史学家刘墨博士说：六朝隋唐间人注重于高度敏锐的审美感受力与表现力，而宋人更注重于人、艺术与自然之间的关系。朱臣既吸纳了前者，更吸纳了后者。我要说的是，除此之外，难道还有更高妙的传统么？

朱臣的画还有一种笔墨的韵味。艺术是创造，是一种文化思维的表达，因此我说笔墨不能陷入技术，它必须以文化为根本，为支撑。然而，忽视笔墨就是忽视了笔墨在中国画中的脊梁作用。朱臣深刻地认识到这一点。他的笔墨灵性明显地表现在他的用笔，无论是对线的处理，还是对墨的使用，他的笔都是在老老实实地“写”。他画鸡的每条线，画猿留下的飞白，画羊出现的墨氲，都是那样的虚实得当，气脉贯通。画家赵经武说，笔墨说到底是虚实，是气韵。这是真知灼见。但这虚实，这气韵只能是“写”出来，而不能是描出来，故要笔之有根。

所以说笔墨之道大于写，中于画，小于描。眼下一些国画作品在创新和多元文化的接口下，已经越来越多地失去这个传统，而影响着人间的审美取向。朱臣的文化根基使他没有受到这种影响，他把他们笔墨流向自然，他运笔时的心态自然，情绪自然，从不强而为之。《祥和永年》中的松针，《黛玉含朱》中的兰叶，虽然在行笔时变化多端，却又显得那样的不经意，于是一种韵味就出来了。再看《临风图》中那马的鬃毛，似乎是不经意的几笔，但它的律动，它的韵味，无疑是给人听了一段京剧名家的唱，甚过喝老酒一壶。笔墨韵味仍然关乎着性情和文化，它既是画家个人修养的展现，又是集体记忆的呈现。在中国，还有人不认识白石老人的笔墨韵味吗？老人画的虾可以不学，可老人的笔墨韵味却需要深深地领会。

最后，我引用一句评论家的话：“笔墨中所蕴含的能量所以感动人心灵，就因为它是人心灵的产物，它从心灵中来，又到心灵中去。”

紫玉青花-4

郭德昌作品

年度名家聚焦
Annual masters focus

郭德昌

野谷草堂主人，专业画家，1960年生，祖籍河北武安，定居北京，中国美术家协会会员，北京金大都画院常务院长、《中国艺术》杂志副主编，北京汉唐华夏美术馆副馆长，北京汉唐华夏美术馆山水画创作研究部主任，北京涉外经济学院特聘教授。作品多次参加由文化部、中国文联、中国美协办的大展和学术邀请展。曾获第二届全国青年国画年展金奖，首届中日艺术展金奖，第三、四届中国美术家协会会员精品展最高奖，参加国际奥委会《2008奥林匹克世界美术大会》上海世博会。

出版有《二十一世纪有影响力画家个案研究·郭德昌》《中国当代艺术名家郭德昌作品集》《郭德昌水墨山水集》《郭德昌花鸟画集》《画境——当代中国画名家选集郭德昌》等，《美术》《美术报》《中国书画报》《人民画报》《美术界》《艺术名家》等数十种媒体专题介绍。多幅作品被海内外博物馆、专业机构和个人收藏。入选《美术报》2008年度当代最有潜力的十位画家。及世界艺术品网·2009年度中国优秀艺术最具人气、最值得收藏与关注的艺术家。

郭德昌作品

诸家点评

德昌作品朴实、纯真、亲切，清淡古雅。有传统又富新意，用线用墨丰富，路子正。

——刘大为

近些年来，德昌的作品在颇有古意笔墨于章法中有一种浑然整体的美感，在观察体验客观对象的基础上，努力用传统笔墨的技巧，写胸中丘壑，写内心情怀有自己的个性风格，也显示出作者的匠心，所反映出表现的内在的力和美，给我留下深刻的印象。

——邵大箴

在武汉展出的这幅作品，感受到德昌的艺术创造力、想象力，平远有深，高远有势，线在涌动，墨在升腾，交相辉映，因势利导的创作方式，有自然造化之神妙，呈现天籁之美。

——张复兴

郭德昌太行山图卷，山石沉雄，林木葱郁，野谷草盛，峡底幽深，笔与墨皆灵性，心与意俱相融，师古师心，深有体会，此卷可谓佳作也。

——范扬

在郭德昌的山水画中，尤重心灵与外物相交的一种感发作用，强调运笔与施墨新鲜活泼的性情化与灵感性。因此他的山水气象着力捕捉大感觉、抒写大印象、把握大调子、营构大境界，展现博大雄浑，幽冥静谧，朦胧幻化，迷蒙浑然的意境，用笔雄劲，灵动多变，墨沉淋漓，苍润相济，颇有笔墨魅力与技巧。其构图起伏跌宕，开合自如、虚实相间、层次丰富、且多湿笔入画，笔饱墨足，气韵充溢，并且始终以性灵驾驭笔墨，使之在灵动、率意、洒脱中见出了画家的心性与审美取向。

在郭德昌花鸟画的整体风范中，我们分明感觉到他对大自然的悉心体悟与本能亲和，以不定于某家某派的固定模式，笔法、墨法为特点，不墨守前人以往的笔墨成规，也不遵循一成不变的创作方法，而代之为不拘一格，随心所欲的天真本色，他灵活地综合了古今艺术之长，独出机抒地领悟了自我的表现形态，形成了“无法之法为至法”的强烈艺术风格。因此，笔墨之间，意象之间始终流动着生命精神与文化情怀，乃至对水墨材质的熟练把握，使他的作品在独特的取向上收到了全新的艺术效果。

——贾德江

德昌的作品，洒脱灵动，生机勃勃，耐人品味，无论巨幅画作，还是小品，其画格之清，源于他心地之清，在艺术处理上，处处其匠心。他理解深、悟性高、画路宽、放得开、收的住，扎扎实实地画自己的感受，追求自我作品完善，也正是这种苦心与虔诚，使他能得其实彩而淡远虚华，成其大业。

——李智纲

德昌除了他具有聪慧的禀赋与勤奋不辍的努力外，对中国艺术传统的感悟和理解，对中国画写意精神的不懈追求，对笔墨个性的自觉张扬，是他艺术品位不断提高的重要原因。

清代刘熙载在《艺概》中说：“文尚华者日落，尚实者日茂”。德昌的艺术实践正应了这句话。他对中国画传统的感悟是开放性的，在创作中，而是将花鸟于山水两科的艺术形式，笔墨技巧相互借鉴，融合互补，不仅在笔墨上，也在章法与意境的营造上互相渗透与结合，找到这些契合点并在艺

郭德昌作品

术效果上相得益彰，应该说是某种意义上的突破。

在当今画坛，能于墨海中坚持主见，尊重自我感受，把握写意精神实在是难能可贵。我愿与德昌共勉。

——李泽民

郭德昌先生的童年大部分是在太行山区度过的，惟有看山入骨髓，方能写山之真，这些童年的美好记忆已根深蒂固地植入了他的精神世界。成为了他心灵远游的落脚点，是他取之不尽，用之不竭的创作源泉。

他绘制丘壑自然之理，笔墨遇景随缘、随机生发、自然天成地写出心中之山、心中之象、心中之音。黄宾虹曰“江山本如画、内美静中参”。郭德昌先生的画中蕴含着一种静气，观之，玲珑剔透；读之，满目文章；品之，其味无穷；思之，情趣盎然。气韵悠远、鲜趣无边。

德昌先生是一位具有慧眼慧心的画家，他重师造化、常寻迹山林，体验感悟自然之灵性。面对真山真水饱游饫看、中得心源，走造化于毫端，他不照搬山之一隅，而画中的每一处景致又都给人似曾相识之感。将苍凉、疏淡、含蓄、幽远的意境，从写生带入创作之中，凝结和折射当代人的精神感受与审美取向，别开生面，新人耳目。

德昌先生在创作中追求缁素分明的独特风格面貌，不定于某家某派的固定程式，代之为不拘一格，用我家笔墨，写我家山水，塑造了一个谈笑有鸿儒，往来无俗客、高雅生灵、诗意栖居的理想境界。细观德昌先生的画作，那从容

郭德昌作品

淡远之笔，古朴而又清朗、力求旷达而又含蓄空灵、在飘逸之中寻觅大自然的灵性：古雅鲜活之墨，轻而不浮，重而不浊，苍润相济，呈现出润含春雨，干裂秋风的气象，起伏跌宕的构图，开合自如，虚实相间，丘壑稳而不板，烟云虚而不飘，表现出大的山水气象，抒发出大的写意精神。在很大程度上还得益于他在写意花鸟画方面深厚的造诣，观其写意花鸟作品，最大的感受便是元气淋漓、笔墨洗练，一枝一叶洋溢着大自然的无限生机，表现出了一种“大花鸟”的境界。花鸟画的一些笔墨技法被他成功地引入到山水画创作中，丰富了山水画的笔墨语言和文化内涵。

——安卫华

德昌擅长鸟画和山水画，蜚声画坛。娴熟而老到的笔墨技巧，以意趣深邃而传神。笔简意赅，寓情于景，触景生情，以简洁纯朴，生动活泼的笔墨表现自悟与个性，创造了多而不乱，少而不疏，删繁就简，清丽幼峭，气势夺人的独特风格。

他力追“道法自然”的美学思想与“天人合一”情韵的统一，致力于把深刻地再现自然生活与强烈的主观表现结合在一起。他博众家之长，间习近代画坛群贤，“外师造化，中得心源”。寻找自己的艺术方位和语言。以意成象，德意相参。读《太行风情》组画等，流风逸云，咫尺千里，令人进入“鸢飞唳天者，望峰息心；经纶事务者，窥容忘返”的无尽遐思之中，德昌的艺术作品最主要的还是取决于他的悟性灵感和深厚的艺术底蕴。他的画生活气息浓厚，表现手法多样，师法自然而非自然，学传统而不拟古，格调高古而有自家面目，显示出大手笔、大气度，大家风范。

郭德昌作品

郭德昌作品

天道酬勤，德昌得前辈之热望，获同道之嘉许；融国魂于彩墨，抒豪情于笔端。钟情不渝，执着不息。其艺德之美、艺技之精，已广为画界认知，画也自然，人也自然，他和气谦逊，平易近人，虚心好学，不骄不馁，临池不辍，成就不俗。作品拟人品，作画如做人，德艺求双馨，昌我国画魂！

——郭俊

一个画家往往为寻找适合自己的表现题材而煞费苦心，而郭德昌却有一种幸运感，作为太行山人的后代他用画笔去表现太行，视作自己天然的缘份和人生的使命。

顺着生活、传统、现代情趣的线索，使他的艺术手段获得了自由和超脱的品格，他所思、所悟，总系太行，几多风雨苍桑、激情所至，灵感飞动；他既潜心表现太行外在的形式之美，更注重挖掘太行内在的神韵之美。一草一木，不乏平中见奇之趣，点划皴染，尽入抒怀写意之道，挥洒酣畅，墨气淋漓，太行之朴实坚毅，温良敦厚，沉雄和阳刚之美，跃然走进了他的一张张、一沓沓写生画稿之中，也走进了他的心灵之中。

——文辉

郭德昌是当今中国画坛中青年实力派画家当中的中坚代表，是非常优秀的山水画家，他不仅山水画画的好而且他的花鸟画也有其独到之处，个人风格非常强烈。郭德昌传统功力深厚又不拘泥于传统，他刻苦勤奋，研读画史画论，经过长期的艺术实践形成了一套自己的笔墨语言。他的作品近年来在全国性的美术大展中频频获奖，得到专家和收藏家的重视与好评，其作品价位也随之迅速上涨。郭德昌是极具市场潜质的画家。

——陈前武

2004年到中国美术馆看法国印象派的展览，当时第二届全国青年国画年展在美术馆的二号厅展出，本来我对当今中国画不是很感兴趣，觉得现在年轻一代的中国画家学术风气不正，都喜欢跟风，哪个人的画容易上展获奖哪个人的名气大就学哪个，并且还是一窝蜂的学。有自己独特

郭德昌作品

语言的画家非常少。所以我很少关注现在举办的一些国画展览，本来不打算进二号厅看青年展，但是随行的朋友硬是把我拽了进去说要陪他一起看，我也只好跟着他漫不经心的看着。当走到一幅获金奖的山水画前，我停住了脚步。画中，云腾致雨，雾障千岩，自山下而至山巅，云气蒸腾。势若游云。呈现出一种氤氲自然、浑然整体的气象，当时被这幅画深深的吸引住了。没想到当今国画界还有这么优秀的青年画家，从此就记住了作者的名字——郭德昌。

——胡炜

摘自人民画报：《期待新的三十年》文章毫不夸张地说，呈现在本刊里的，是改革三十年的一座丰碑。除宏观总结，简述外，我们主要从改革的主体中，选择了安源区、应县、冠山镇、后西村等。作为地方政府及村民自治组织代表；上海港、兴百轩公司等，作为企业代表；新余市中级人民法院等，作为执政机关的代表；中清研则代表科研院所，物泰网代表新经济等。包起帆、王五星、刘作文、周声波、郭德昌、钱建恒等分别代表企业家、人民公仆艺术家等群体，从他们身上，观照这三十年的成就，更直观、更生动、更多精彩。

——洪春

郭德昌一贯坚持抒性灵、重意趣，其山水笔墨苍润，纵横捭阖，酣畅淋漓，气势雄强，在传统与现代之间进行了深入的探求。他的作品显示了在美术界所俱备的实力。

——赵虹升

曾经山野牧牛羊系列之一 136才cm×68cm 纸本

年度名家聚焦
Annual masters focus

杨国平

号湘西山民，1958年出生于洪江，毕业于怀化师专美术系、湖南师大美术系。师从著名画家易图境、杨晓村、王乃壮诸先生。现为湖南科技大学艺术学院院长、教授、硕士生导师、中国美术家协会会员、湖南省美术家协会副主席、湖南省教育厅艺术教育委员会委员、湖南省书画院特聘画家、湖南潇湘书画院院长、《中国画》杂志特约编委、《美术家》《中国画清赏》《画坛》《中国美术》（香港）杂志编委。

山川孕秀 68cm × 136cm 纸本

秋声 68cm × 136cm 纸本

曾经山野牧牛羊系列之三 68cm×136cm 纸本

江云吹散水风凉 136cm×68cm 纸本

山野牧羊图 68cm×136cm 纸本

山居幽赏 68cm×136cm 纸本

曾经山野牧牛羊系列之二 68cm×136cm 纸本

在那遥远的地方 136cm×68cm

年度名家聚焦
Annual masters focus

陈华

生于1964年，1990年毕业于东北师大美术系国画专业，2000年至2002年进修于解放军艺术学院美术系，2006年结业于中国画研究院人物画高研班，2008年结业于首都师范大学现代水墨研究生班，现为文化部青联美术委员会副主任，中国美术家协会会员，吉林省美术家协会副主席，吉林市美术家协会主席，吉林市画院院长，吉林市美术馆馆长，国家一级美术师。吉林省有突出贡献的专业人才。

艺术成就：

《春韵》获加拿大第二届枫叶奖佳作奖。《春天、有阳光的中午》入选中国美术家协会第十五届新人新作展。《红尘》入选21世纪中国画赴澳大利亚展。《春寒》入选迎奥运全国中国画大展。《关东春晓》参加2003年中国美术家协会中国画提名展。《大雪》参加今日美术馆当代青年美展。《烽火少年》获第十届全军美术作品展览铜奖。《有阳光的中午》入选中国美术家协会2001年全国中国画展。《热土》获中国美术家协会"西部大地情"中国画大展铜奖。《早春、那片土地》入选中国第二届美术金彩奖。《塞外春晓》获中国美术家协会"海潮杯"中国画大展金奖。《待》参加中国美协"菜乡情"中国画大展。《关东春雪》获中国美协2004年中国画大展铜奖。《春到塞北》入选中国美术家协会会员精品展。《关东春潮》获第二届中国人物画大展优秀奖。《烽火少年》入选第十届全国美展。《北方冬天的肖像》参加中国美协“黄河壶口”中国画提名展。《高原春雪》参加第二届中国美协会员精品展。《北方春天的肖像》参加第三届中国美协会员精品展。《羲之小像 》获纪念王羲之诞辰全国书画展铜奖。《春雪》参加第十六届国际造型艺术美术特展《春天里的雪》参加中国美协长江颂中国画提名展。《畅想春天》参加中国美协“太湖情”中国画提名展。《关东烟》第二届齐白石奖优秀作品奖。 《北方春天还很寒冷》叶浅予诞辰100周年美术作品展优秀奖。《春分时节》参加2009中国国家画院学术邀请展。《北方印象》参加中国国画家协会学术邀请展，获优秀作品奖。入选当代最具学术价值和市场潜力的100位人物画家之一。2010年被评为“最具学术价值和市场潜力的30位人物画家”之一。2010年获吉林市政府文艺最高奖——松花湖文艺奖终身成就奖。《美术杂志》、《美术观察杂志》、《中华名流》、《中国画家》、《中国书画博览》、《今日美术》、《中国书画报道杂志》、《中国书画报》、《美术报》、《神州诗书画报》、《羲之书画报》、《西部美术报》、《山西工人报》、《吉林日报》、《济南日报》、《江城日报》等大量报刊、杂志对其艺术成就做过专题报道。出版个人画集《当代实力派画家艺术研究·陈华》等个人专集。

高原母子 136cm×68cm

冬捕系列二 240cm×240cm

高原灵光 136cm×68cm

和敬大美 180cm×97.5cm

年度名家聚焦
Annual masters focus

刘德扬

成都画院二级画师，《成都画苑》主编，成都花鸟画会副会长。书法作品入选《1978－1998中国书法选集》《1949－2000中国书法选集》；绘画作品参加：“中国四川——中国画邀请展”，参加中国美协主办：“中国西部大地情——中国画展”；出版：《凝近望远——刘德扬画集》《中国画精英人物——刘德扬》。

自在其中 173.5cm × 90cm

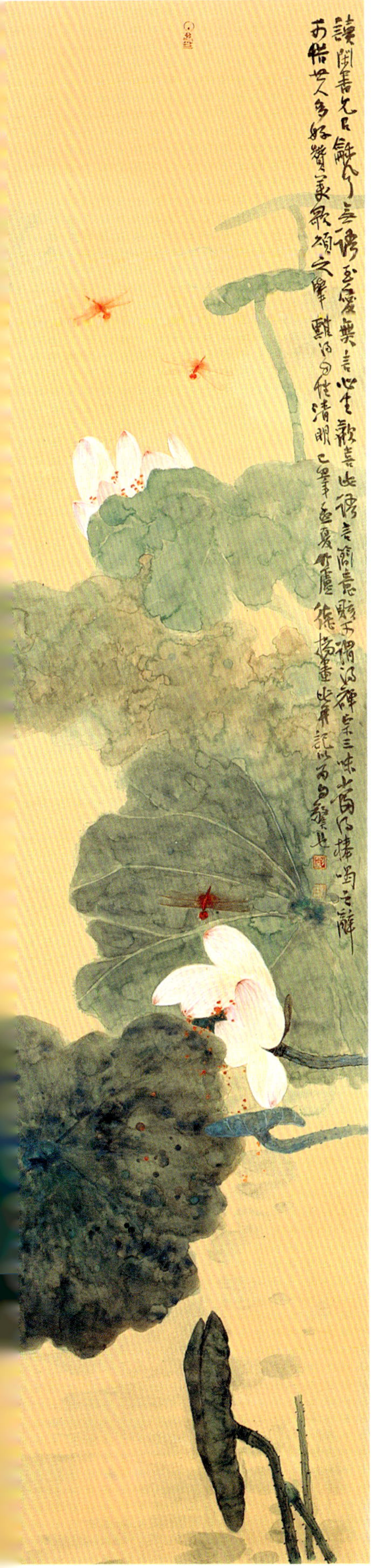

和风无语四条屏 136cm×34cm×4

攀西绿石林 173.5cm×90cm

和气满塘 雨意空蒙 173.5cm×90cm

张风塘作品

年度名家聚焦
Annual masters focus

张风塘

字法舜，号种竹者。当代著名的中青年书画家，为中国书法家协会会员、中国美术家协会会员、山东省美协理事。现供职于青岛市文联，负责青岛美术家协会的驻会工作，任青岛市美术家协会副主席。著有诗集《上升的太阳》，散文集《我的家园》，艺术评论集《半亩塘随笔》。

张风塘作品

张风塘作品

张风塘作品

张风塘作品

张风塘作品

张风塘作品

秋艳艳 138cm×69cm

年度名家聚焦
Annual masters focus

惠升碧

中国美术家协会陕西分会会员，榆林市文联委员，榆林市美协名誉主席，陕西上林苑书画院副院长、研究员，一级美术师。

鸽乡飞魂 90cm × 90cm

黄河行印象 90cm×90cm

梅梅 69cm × 69cm

陕北人物 69cm×69cm

三阳开泰 69cm × 138cm

灞桥挑袍 136cm×68cm 2005年

年度名家聚焦
Annual masters focus

李铧

1947年生于重庆，毕业于四川美院附中、西南大学美术学院中国画专业。结业于中国美院中国画高研班，师从刘国辉先生，进修于冯远人物画创作高研班，为中国美术家协会会员、省文联委员、省美协理事、国家优秀专家，享受终生政府津贴。

曾任教于西南大学、海南大学。现为清华大学中国画高研班教授。

1997年获中国文联、中国美协授予“百杰画家”称号。

作品多次入选国家级美展并被美术馆收藏。2009年与冯远工作室成员8人在中国美术馆举办《水墨形相》画展并出版画册。

出版个人画册专著等8部。

白门楼 136cm×68cm 2008年

曹操与关羽 68cm×68cm 2008年

暮归 68cm × 68cm 2008年

夏河汉子 120cm × 110cm 2006年

凤凰集 68cm×68cm 2008年

雄鸡报晓 纸本设色 136cm×68cm 2010年

年度名家聚焦
Annual masters focus

公丕炎

山东泰安人。山东泰山国画院副院长，泰安美术家协会主席。中国美术家协会会员，中国版画家协会会员，国家一级美术师。

一唱雄鸡天下白 纸本设色 68cm×136cm 2008年

日常诗意的表现

—— 公丕炎花鸟画

文／徐恩存

今天的花鸟画，在总体上无不漾溢着现实生活的诗意，特别是画家在日常生活中的诗意发现与表现，已经成为一种普遍的绘画现象。无疑，这是时代氛围使然，因为当代现实生活及其精神反映，是以直接呼唤生命的感性形式为特点的，这对于历来的阴柔为美、以和谐为美的中国画传统风格、心理态势是一种断然的超越与挑战。

花鸟画家公丕炎近几年的创作，以鲜明的视觉效果与极强的当代样式，给人留下深刻印象。画家通过笔下的意象、符号与笔墨方式，强调对生活感性的理解，表现感性的生命与心态，其实质在于表现日常诗意显出的无限生机与活力。这是我们解读公丕炎作品的切入点。

公丕炎的近作，基本以"鸡"为表现主题，以花卉树石为背景，以写意表现为手法，且赋予作品以情景交融、形神兼备的特点，使意象、符号、笔墨所表达的现实生活的生机与活力，指向当代生活的诗意与美感。这是公丕炎作品的突出特色。

因此，画家的作品在总体审美特征中，获得了充满力度的欢快与激情，在画面中漾溢着特有的朴实明朗、奔放豪爽的精神意味，这一切，不但溢出了画外，延伸了审美空间，还直接呼唤着生命的感性形式，使之在欢快中流露出激情，在奔放中不失精微，在率性中表达诗性。

一个明显的事实是，公丕炎的作品已告别了传统的中庸平和与惨淡苍白的心态，放弃了水墨渲淡、宁静淡泊的伤感与怀旧的传统风格意境；画家致力追寻与求索的乃是当代感性生动的审美意向，传达丰富、复杂的现代心理感受。

公丕炎大自己选择的艺术道路上，渐入佳境，并成为他矢志不渝的艺术取向。

由于画家始终把自己的艺术建构在这样的两端——在浩瀚的传统宝库中取我所需，在丰富的现实生活中激发灵感与创意，使他的笔墨与语言愈加贴近时代，使他的作品图式愈加反映出特定的生命形态与精神氛围。公丕炎笔下的"鸡"，因此成为生命活力的象征符号，展示为热情、欢快、活泼、明朗的现代审美趣味；就此而言，他已脱离了传统樊篱的束缚，而跻身于中国画转型的潮流之中，他的作品说明了一切，也是最好的佐证。

公丕炎潜心于画鸡，有着他挥之不去的文化情结。中国文化中的鸡，乃吉祥的象征，其所引发的"闻鸡起舞"蕴含着中国人勤奋刻苦的精神内涵；而五更报晓更显示了其勤勉美德；鸡头之红冠，乃文之象征也；足有距，乃武之象征也；黎明即啼，乃诚信也；有食相呼，乃仁也；敌前勇斗，乃胆也；可见，画家以鸡为题作画，是深寓内涵与明确的象征意义的，同时，也表明画家的平常心与朴素的艺术境界追求。

画家的写意的笔法、墨法画鸡，使画面中主体意象——鸡，形神兼备、笔墨淋漓酣畅而气韵生动。

一家人 纸本设色 68cm×68cm 2010年

欲近晓天啼一声 纸本设色 68cm×68cm 2009年

公丕炎之所以选择写意手法作为自己的艺术表现方式，不是偶然的；因为出生在齐鲁大地的画家，深得齐鲁文化的孕育，而且积淀颇为深厚的齐鲁文化给了他的生命以品格和质量，酿成了他真诚朴素、坦率大气的性情，况且生命本色的使然与表现，又驱使他在人生之路上选择了贴近自然、贴近生活的艺术表现方式，在艺术之路上选择了率性而为，洒脱随意的方式；因此，以写意笔墨手法入画便是他极其自然与必然的选择了。

意象，源于生活，并给对象以变形、夸张的提炼与处理，最后凝定为充满美感魅力的笔墨符号，是公丕炎作品的特点。公丕炎画鸡，不是单纯的摹仿与重复，而是从观察入手，悉心了解、揣摸对象的性情特点，肢体结构，从形体动态中提取神韵意象，在“似与不似”之中转换为笔墨、语言秩序，进而以简洁、洗炼的笔法、墨韵给表现。那一只只“鸡”，便在浓墨重彩之中，获得了鲜活的生命力，而跃然纸上。

写意的笔墨，其运动形态与以意取形的特点，使公丕炎作品呈现出笔墨酣畅、淋漓生动的气息，率意的几笔深抹，在焦、浓、重、淡、清中体现出结构与动势；而墨色的黑、白、干、湿、浓、淡，则给对象以不同性情与神韵；概括的说，画家用笔简洁，用墨如点睛，笔墨勾勒、挥洒之中，往往以形断意连、意到笔不到去给以栩栩如生的意象表现，鸡身、鸡胸等处，多以淡墨侧锋、中锋写之，鸡尾则以浓

枣林双友 纸本设色 136cm×68cm 2008年

墨大写为之，一波三折，节奏韵律，尽在其中，而藏锋与飞白的书法用笔为意象凭添了生动之感与精、气、神，使各种鸡——公鸡、母鸡、小鸡等，不但生动活泼，呼之欲出，还回归了中国画笔墨的本体之美——即笔中有墨、墨中有笔，笔墨都成意象，意象又成笔墨；譬如《双吉图》中，两只鸡、雌雄对比，用笔用墨均以气力、气势、气机为之，即以笔墨运气力，以气力驱笔墨，使笔墨生精彩，从这件作品来看，公鸡多以侧锋写成，笔中含气，形成厚积薄发的态势，尤其公鸡尾巴的寥寥数笔，极见质量，率意之中见出力度、节奏、韵律，使笔与气相连，赋予形象的神韵光彩之感。与此同时，意象表现中墨与韵同在，如《双吉迎春》中，两只雄赳赳，神态昂扬的公鸡，均以中、侧锋写就，墨色的浓、淡、干、湿亦随形态、结构铺排，并形成笔墨秩序；细加分析，不难看出，这里的生动之情与生动之致，乃至形神兼备与气韵生动，都是以气运笔使墨而产生的，只有如此纵其笔力，才能使气魄雄厚，达到张力四溢的效果。

公丕炎显然十分注意这样的原则——笔法是产生生动之情的根本，墨气是造就生动之致的源泉。画家在一系列作品中，表现出其笔墨运用的特点，即气行于笔间，由灵动的运笔而生发出气韵的效果。几乎在所有的作品中，我们都看到，他用笔简洁洗炼，单纯而疏秀，意象表现的笔与墨舒展爽快，圆润和舒缓，在舒朗和秀雅之中蕴含着强悍之气与奇崛精神。

在《金秋图》《一家人》《迎春曲》《双吉图》《蕉荫情深》等作品中，便看到画家重在以气力用笔的特点，公丕炎用笔在连绵相属中生发出一种韵致，如鸡身、鸡尾用笔的系统性与秩序性，使意象成为一个整体，用笔下手时总有“势态”在前，从而笔笔相连，构造出一个气势连绵的韵致形态，亦即起伏变化、跌宕有序、意蕴连贯的审美效果。从上述作品中可以看到，在情景交融之中，主次呼应的秩序中，墨色与线条都化为笔，以立形质，以传神情，以抒气韵；在笔笔实而又笔笔虚之中，使气息流贯，进而为造势服务。公丕炎用笔的浑合自然，在于将“法”合于自己，然后合于自然抒发，以提高作品中笔墨表现的境界。

在公丕炎的作品中，笔与墨的运用是相辅相成的，在实践中，画家视墨为气韵的沃土，把“气韵发于墨”广泛应用于创作之中。在中国画中，墨依托笔出，没有无笔之墨，公丕炎画鸡始终黑色分明，似虚似实，不可端倪，以达到气韵的体现。如《金秋图》中，两只雄鸡，黑白相间，互为映衬对比，且黑色变化以湿润体现，达到一种深浅有致、灵动活泼的生动效果。在作品中，我们分明看到，画家以湿墨取韵的表现手法，特别是在鸡的表现、山石的韵致，花丛的勾勒点染中，以干、湿、浓、淡的墨色造成神韵，风彩浮动于其间，成功地写出了画面的气韵光彩。

热爱生命，热爱生活的画家公丕炎，置身在现实生活中，从周围世界中汲取灵感与诗情，在直面现实世界中永葆创作的激情；因而，他的艺术、艺术语言，形式风格、美感魅力都属于当代审美范畴，所以，他的作品是喜闻乐见的，是雅俗共赏的，是有感而发与真诚的。

公丕炎的艺术理想，包孕在他的作品中，他的作品因而让我们嗅到了为之动情的时代精神与生活气息。

（本文作者系《中国美术》主编、《美术观察》栏目主持、著名美术评论家、中国画研究院研究员。）

望君图 纸本设色 136cm×68cm 2010年

双友图 纸本设色 136cm×68cm 2010年

年度名家聚焦
Annual masters focus

张扬

1961年生，沈阳市人。1985年毕业于辽宁大学经济系，毕业后分配到金融系统工作，后从事专业美术创作，师从鲁迅美术学院教授许勇、中国国家画院李宝林老师。长期深入内蒙古大草原和新疆等地写生，收集了大量的有关马的创作素材，所以他笔下的骏马千姿百态、栩栩如生，被国家有关部门作为礼品赠送外国领导人。现任中国徐悲鸿画院张扬鞍马艺术工作室主任、中国马业协会首席画马专家。

张扬作品

张扬作品

张扬作品

张扬作品

茶花双鸟

年度名家聚焦
Annual masters focus

李泽民

笔名默庐，1941年生于河北香河。1967年毕业于天津美术学院，师承孙其峰、萧朗、王麦杆等教授。曾任邯郸市美协副主席。现为河北工程大学艺术专业教授，中国国画院名誉院长，中国当代艺术协会副主席，中国书法美术家协会理事，中国国画家协会理事，河北省美术家协会会员，河北中国画研究会理事，《国画收藏》特约编辑，2003年结业于中国艺术研究院中国画名家班。现居北京。

出版有《花鸟画构图法》（天津人民美术出版社）《中国扇画技法》（山西人民美术出版社）等多部著作、画集。

静静的荷塘

宫粉妆成雪裹花

香远益清

碧荷幽泉

春雨着花花更娇

蕉园春雨

玉质清风

月晓风清

人间自有真情在 180cm×97cm

年度名家聚焦
Annual masters focus

李清达

1946年出生，福建李耕画院院长、莆田市政协书画院副院长。

蓬莱无俗客 140cm×68cm

活鱼换古酒 97cm × 60cm

光明行 170cm × 130cm

孤标秀出是清达

——李清达水墨画《嫁不出去的女儿》赏析

文／卢永芳

素闻李清达先生大名，深知他是现今仙游画派的领军人物之一，但因缘悭一面，未能向他请教仙游画派的源流，使我每有遗憾之感。近日，在仙游论坛上，偶得李先生的水墨画——《嫁不出去的女儿》，其精湛的画艺、传神的写照和深沉的情怀，令人为之动容。难怪福建省美协主席翁振新先生会盛赞他为“有思想、有抱负的画家”，而南京师大美术学院的杨祥民博士则说他的水墨人物画是“孤标秀出，堪称一绝”。虽然我没有系统地欣赏过李先生的画作，但从《嫁不出去的女儿》这幅画中，我看到了他那孤标秀出的特质。

先说该画的精湛画艺。这幅画无论是在布局上，还是在画法上，都恰到好处地体现了李先生的苦心孤诣。本画名为《嫁不出去的女儿》，它以窗户上的大红对联为背景，窗内一老一少，窗外有棵树，其枝头站着两只鸟儿。光看到那副醒目而且刺眼的对联——“努力改造”，就能勾起人们对文革的记忆。特别是那老头顶上的瓜皮小帽，极具鲜明的时代色彩。而俏姑娘手头的鸳鸯绣和窗外枝头的一双鸟儿，暗示着渴望婚嫁女孩的合理心态。这时，人们不经会有疑问，为什么长得那么俊俏的姑娘，还会待字闺中呢？仔细寻思起来，只能在“努力改造”和瓜皮小帽上找答案了。于是，文革，地富，地富家中的剩女，便自然而然地串连起来，使我们不得不慨叹李先生高明的布局了。

因为是水墨画，所以必须坚守中国传统的画法。请看那头戴瓜皮小帽的老头，一身粗黑布衫，它在李先生挥洒自如的妙笔点染之下，将墨分五彩的理念发挥得淋漓尽致。无论是浓墨，是淡墨，是干墨，是湿墨，还是焦墨，都十分融洽地配合在一起，尽显妥贴，足见功力，让人叹为观止。再看老头那一副倒霉相，脸上挂满了愁云，而他女儿则做羞赧之态，不正谙合谢赫的“气韵生动”之说吗？至于骨法用笔，应物象形，随类赋彩等方面，无不完美地融入到整幅画卷当中，令人赏心悦目，妙不可言。而经营位置这一节，则在窗台上的茶壶茶碗中，得以显现。事实上，窗台上的茶壶茶碗无关紧要，但如果没有它们填充那个位置，则有空荡之感。前面说李先生对此画的整体布局比较高明，这里的细节处理，亦称卓杰。

再说该画的传神写照。顾恺之认为“凡画，人最难。”从而提出：“四体妍蚩无关于妙处，传神写照正在阿睹中。”由此可见，画人之难，及点睛之不易了。在《嫁不出去的女儿》这幅画中，其主旨在于发露地富的忧愁心境，然而，这愁自何来呢？不正是从他女儿的鸳鸯绣中引来的吗？而他女儿则担心父亲瞧见自己的鸳鸯绣，于是，颊飞红云。其实，男婚女嫁，原是人伦之本，但地富之女却无人问津，难道不奇怪吗？有鉴于此，李先生对画中父女的面部表情，做足了功夫。虽然老头是侧脸现身，但他脸上的沉郁与无奈之状，跃然纸上，令人同情。而俏姑娘固有羞愧之容，毕竟文革时代，地富女是属于黑五类之一，人们避之惟恐不及，哪还敢去结亲家啊。现实是一道很难逾越的鸿沟，此时做女儿的偷绣鸳鸯，让父亲看到，怎不让父亲伤神呢？即便如此，她的眼神仍然带着渴望，足见她期待婚姻生活的真实情怀，从而把文革时期政府对地富家庭不公的待遇表露无遗。再加上窗外枝头两只鸟儿正在不识趣地叽叽喳喳，做浓情蜜意的交流状，由此更加深刻地揭露了文革时期无形的残酷的不人道的迫害，的确是引人喟叹，发人深省啊。

最后，说说该画所承载的深沉情怀。正如谢赫在《古画品录》中所指出的：“图绘者，莫不明劝戒、著升沉，千载寂寥，披图可鉴。”然而，自古及今，善画者，多如牛毛，但能“明劝戒、著升沉”者，寥若晨星。这点似乎与书法相同，只要刻苦练习，无论贵贱正邪，都能写出一手好字，惟独心术不正者，字写得再好，终究会被世人所唾弃。由此可见，李先生敢于涉笔这一沉重而敏感的历史题材，履行自己的社会责任和历史使命，关注“黑五类”这群被专政的对象，其立意深沉，其用心良苦，给人留下深刻的印象，久久不能忘怀。而今政治清明，国泰民安，法治观念深入人心，但现实是历史的延续，只有正视历史教训，才能开拓进取，才不会重蹈故辙。历史上，柳公权曾用“心正则笔正”的言论，留下了笔谏的美名，赢得了人们的普遍尊敬。因此，我看《嫁不出去的女儿》这幅画时，不仅被李先生那高操的画艺所折服，也被他那高尚的情怀所感动。须知，业已远去的历史，罕受关注的群体，但凭借此画，足可抚慰伤者，讽谏方来，确实难能可贵，应可蜚声画坛。

以前，我对尺幅千里没有什么太大的感触，如今有幸阅得李先生的佳作——《嫁不出去的女儿》，方才明白此言不虚，确有其事。特别是那副贴反的“努力改造”的对联，既点明了文革的特色，也暗示了中国传统文化被割裂的真实情况。限于篇幅，就不对画中窗外环境做深入的探究，那些看似闲笔，业已将文革的肃杀氛围暴露殆尽。总而言之，李清达先生不愧是“有思想、有抱负的画家”，确实是“孤标秀出”的人物。

嫁不出去的女儿 150cm×83cm

蜀道

年度名家聚焦
Annual masters focus

孟庆一

字启元，号雨阳。别署半石斋、素心斋、听雨庵、梓园、紫垣精舍。祖籍天津市武清。1955年7月生于湖南长沙市，笃信佛学。毕业于天津美术学院，师承当代山水画大家白庚延教授。现为中国民族画院画家，国家一级美术师，中国美术家协会会员，中国国画家协会理事，中国书画家协会理事，中国国学学会常务理事，中国国学研究会研究员，中国逻辑与语言大学艺术系兼职教授，中国文化艺术发展促进会会员，天津市美术家协会会员，天津印社社员，天津市政协书画艺术研究会会员，泰山国画研究院名誉院长。资深专业画家、书法家、篆刻家。

山雨欲来

画面与诗意的完美融合

—— 读孟庆一山水画有感

文／林素芳（中国新闻传播中心记者）

孟庆一擅长写意山水画。并在书法，篆刻及文学艺术等方面均有较高造诣。在山水和人物画创作中，画家力图表现画面与诗意的完美融合。他的作品雄浑，厚重；以博大中见细微，与庄重中间灵秀。用笔苍劲而不失儒雅，墨气淋漓而不失精道。画面自然秀美，结构合理；干湿浓淡，悴然天成。业内人士评述其书画风格云：“意境深邃，水墨淋漓。清心典雅，充满禅意”。作品多采用范宽的雨点皴皴法来营造山体，另一些作品则采用斧劈皴和披麻皴。在最近十余年的创作中，画家结合古人的技法和写生的体会，摸索出了一种新的皴法，并赋“滚笔皴”之称。画家用墨，不拘一格；积墨、泼墨、色墨，宿墨等，因势利导，极尽其长，画面效果巧夺天工；在构图上，借用了诸多画法、流派、风格的长处，其效果既与传统的画法有所不同，亦有所承袭；用顶光、侧光和逆光以及其它各种光线来塑造山体、岩石和水面的各种环境和不同层面，使其更加接近清新自然；更富华丽诗意，更加充实完美；合理的运用调和色、近似色、过渡色，利用西方美术中的诸多方法，来丰富中国画的用色诸元素，以改变传统国画中用色单调，夸张的印象。画家致力于突破传统画法中勾线、皴染、填色的程式化操作；让东方绘画和世界其它各民族的绘画艺术更有机的融合在一起。创作中，画家非常注重提高绘画作品的文化内涵，不断的摸索、研究长款和长跋、诗文等这些传统文化的精华和现代美术作品的完美结合。力求使中国画于高雅中更接近大众的欣赏习惯。使观众在读画、赏画和品画的过程中逐步提高文化修养，并体味到更多的生活情趣。

孟庆一绘画作品中的诗文、书法与印章，均出自画家本人之手。其诗赋、题跋恬淡高雅，用词优美，意寓幽深，颇有些“陶潜遗风”。其书法字体苍劲潇洒，如流水行云；那结实而厚重的魏碑功底，委实不俗，深得国内众多书法大家的肯定和赞许。再看其金石篆刻，古朴简洁，于平淡中见奇险，于朴拙中见灵秀，深得秦汉印玺之精髓。虽不比那些诗人、书家、金石匠们更精道，却也在逸品之格矣。在“书画名家”峰起的今日艺坛，孟先生是真正治学严谨之士。他的作品曾先后被《天津美术作品集》、《中国美术选集》、《当代中国美术家》、《中国写生作品集》、《世界当代书画篆刻家大辞典》、《中国书画信息大全》、《全国书画家作品润格集》、《中国现代书画名家精品润格》等出版物收录入卷。《美术》、《国画家》、《中国画家》、《画苑》以及《中国书画收藏投资行情》等国内著名杂志，都发表过他的一些作品。另有作品获天津市美术作品展金奖两次，铜奖两次，全国体育美术展优秀作品奖一次，世界华人美术作品展铜奖一次，中国美协展览入选多次。这些作品构思奇巧新颖，刻画细腻感人；以极为精练的笔墨，烘托出深邃的意境和深情的意蕴，凸现了画家对生活的深入观察和艺术把握，自然而然的从多角度折射出其高尚的品德和高洁的志向，在多年的创作实践中丰富和发展了中国画的理论和技法，取得了丰硕的成果和宝贵经验，创作了许多具有较高艺术研究价值的作品。在美术界和广大美术爱好者及收藏家中引起了广泛的关注。为繁荣中国的美术事业和发扬民族文化事业作出应有的贡献。

山行

壶口瀑布

秋雨淅沥过太行

雪域春光

晨风

秋山古路遥

年度名家聚焦
Annual masters focus

许烨鸣

1966年1月出生于河北井陉。1991年毕业于天津美术学院绘画系中国画专业，获学士学位。2002年考入中央美术学院贾又福山水工作室硕士研究生班深造。现为天津科技大学艺术设计学院系主任、副教授。天津美术家协会会员，中国艺术研究院研究生院贾又福工作室指导教师、副教授，北京大学贾又福研究会理事。

曾多次参加省市级画展并有部分获奖，作品刊登于《美术研究》《美术观察》《国画家》《当代中国画》《当代优秀青年画家作品集》《中国书画报》《贾又福山水画教学实践之临摹篇、写生篇、创作篇》等。2009年6月（中国美术馆）和11月（山东美术馆）分别参加“无声的呼唤——贾又福从艺五十周年汇报展暨贾又福工作室师生汇报展”。论文发表于《国画家》《艺术教育》《当代中国画》等学术刊物，公开出版诗词专著《愚谷吟草》，其诗词作品多次被《华夏嘤鸣》《华夏吟友》等收录。

离离原上草

论中国山水画的取舍与节奏

文／许烨鸣

中国山水画是最能够体现“情融乎内而深且长，景耀乎外而远且大”的艺术境界的。虽然一幅画的视觉容量有限，但是通过对艺术形象的取舍和画面的节奏处理，从而达到不同的审美意境。外师造化，中得心源，大自然是纷杂而繁富的，并不是任何东西都可以入画。艺术创作过程中必然要对自然景观丰富繁杂的诸多画材进行必要的取舍和节奏处理，取舍与节奏，不仅是艺术创作过程中重要的课题，而且也是形成个性化艺术风格的重要因素之一。

“俯仰往返，远近取与，是中国哲人的观照法，也是诗人的观照法。而这种观照法表现在我们的诗中画中，构成我们诗画中空间意识的特质”（《美学散步》宗白华）中国式的观照，也就是说通过仰观俯察，物我通达，而达到一种精神上的感应和升华。“我见青山多妩媚，料青山，见我应如是”。（辛弃疾词句）“相看两不厌，只有敬亭山”（李白）通过对山水全方位、多角度的移动观照，深入地把握山水对象的特质和精神。积极调动自我敏感的精神感应能力，在客观的观照中去体悟不同季节、不同时间的山水对象所特有的感情与我之感情的交流与融合，化山情为我情，化水性为我性，在实践中达到“情与景会，意与象通”“观古今于须臾，抚四海于一瞬”，使得“情瞳咙而弥鲜，物昭晰而互进”，感情更加鲜明，物象更加清晰，最后达到“笼天地于形内，挫万物于笔端。”的境界。才能寄妙理于笔墨之外，有寓意、有寄托、有象外之象。

艺术贵在个性化。我认为艺术创作要突破以往罗列较重，繁杂求全的全景式绘画图式，就需要采取用宏取精，大胆取舍的精神。“触目横斜千万朵，赏心只有两三枝”，到大自然中你会发现有许多的东西，眼花缭乱，但是作为艺术，是不可能什么都要的，既不能套用古人的构图和程式化的山水树石房舟桥云，也不能是到此一游式的图画。这就需要我们通过静观妙悟，古人讲：“画之道，所谓宇宙在乎者，眼前无非生机”在实践中，近观取其质，远观取其势，截取大自然中的最具有特有属性和质感，最富有生机的局部，把复杂的景物加以艺术概括。明确主次、虚实、疏密，以及夸张、省略、突出、弱化等对比关系，画面力求简约单纯而博大。

艺术表现离不开画面节奏的把握，离不开对虚实的处理。清代笪重光在《画筌》中说：“空本难图，实景清而空景现；神无可绘，真境逼而神境生。位置相戾，有画处多属赘疣；虚实相生，无画处皆成妙境。”这段话很有名，它的基本思想是，虚和实是相互联系的，要表现好虚境，必须从实景入手，虚实相生，相互融合，虚处也就成为妙境了。所谓“实”，是指所绘物象的形体、结构、外部形态，而虚则是所画物象的内在的精神实质。

许多的有个性并取得世人瞩目的大艺术家，在艺术取舍和画面节奏处理上给了我们很多的启示。“李家山水”的开派人物李可染先生的山水作品大繁大简、大整大肃，画面幽

黄河两岸几春秋

邃深远，笔墨浑成，但主体却简约突出而强烈，或飞瀑亭台屋宇，或小桥杂树飞舟，于大片幽深处显见几点光亮，取得了“一烛之光，通体皆灵”的艺术效果。石鲁强烈的精神性、人格化的山水通过壮伟的结构和造型，浑朴的、大刀阔斧地笔墨和强烈的色彩表现出来，他的作品突出主观情感和宏观地表现，画面主次取舍分明，“心随笔转，取象不惑”画面形象单纯，笔墨丰富，给人以强烈的视觉震撼和雄阔阳刚的审美感受。而潘天寿先生的作品，所绘内容相当简单，他所选择的都是大自然中具有典型特质的物象，或山石、溪水、野花、修竹、杂草或雄鹰和苍松。既符合真实自然中的感受，同时又有高度的概括性，在虚实、动静、繁简方面对比强烈。书法用笔，讲究气势，以笔触强大的支撑力和由笔墨构成的块面的合理分布，把观者引入诗一般的境界。当代山水画大家贾又福先生提出“以石观化”的大化意识，寓哲于画，以全新的山水观和精神观为主导，取得了大范围的突破，以鲜明的艺术个性和高层次的艺术审美而广为世人称道。画面多以精美的局部山石结构和纹理特质为主体加以艺术化、思想化的表现，在画面中处于主导地位，同时大胆舍弃其他次要的东西，使主体更加单纯和明确，反白为黑，大干大湿，画面节奏鲜明，形象突出，对比强烈，体现出雄浑博大的壮美意境。

这些艺术上的处理手法是与传统的阴阳学说相通的。易经讲，一阴一阳为之道，虚实是阴阳的具体表现。在中国画中，阳者，刚也，处于主导支配地位，画面的白处、干处、紧处是实，是阳，是画面重点刻画的突出部分；黑处、湿处、松处是虚处，属柔，处于从属地位。一阴一阳导致了画面的千变万化。虚实是矛盾的对立统一。宋代范晞文说：“《四虚序》云：“不

山光云影图

以实为实，不以虚为虚，而以实为虚，化景物为情思，从首至尾，自然如行云流水，此其难也。……”所谓“以实为虚，化景物为情思”就是指所描写的景物看作实，而通过写景表达的思想感情看作虚。实是指主观情感化的对象的形体、结构、外部特征，而虚则是通过所画物象精神特质来表现深远的“象外之象”之境。艺术不能“以虚为虚”，抽象地描写思想感情，而必须“以实求虚”，是达到虚实相生的重要途径。要表现虚空之妙，关键在实处，实处处理得当，虚处便自然生发了。

在艺术表达上强化取舍观念，取其精华，以一斑以窥全豹，以局部表现整体，作为画面中的主体部分，也就是重点刻画部分，力求清楚、明确，表现应当最突出，最集中，最明豁，丰富而具体。次要的东西连同纷杂的背景应当大刀阔斧减略舍弃大胆放松。在处理画面时要从整体大节奏着眼，把握画面中一阴一阳的大对比，形成大干大湿、大紧大松、大黑大白的大节奏，在大黑中有小的白与大白相呼应，干湿浓淡亦是如此，在不失大节奏关系的同时，把握穿插、呼应，使画面节奏强烈而富于变化，单纯而博大 。

一年容易又春风

一川风物岁如歌

山林隐隐拥明崖

年度名家聚焦
Annual masters focus

张军

笔名石桥，1952年生于辽宁营口，自幼受家父影响，酷爱丹青，后研习中国绘画苦耕数载，1970年至1990年在部队从事美术工作，1990年至1996年任中南海画委会编委，编辑出版国家礼品级画册：《中国南海珍藏画集》一、二卷和书法集一卷，以中央名誉组织过全国百人大型笔会——纪念毛主席诞辰一百周年。现为中国美术家协会会员，中国艺术家生态文化工作委员会委员，中南民族大学美术学院客座教授，中国残联华夏书画院常务副院长，东方书画研究会副会长，专职花鸟画家。

“张军花鸟画色彩强烈，明快而自得端庄典雅，在心迹与墨迹交融运转中，契合造化，独抒胸臆。张军的写意花鸟去柔弱而得刚

荷趣图 70cm×140cm

健，去陈言而得清新，在不失东方画魂的前提下，丰富又变通了花鸟画的生命意味和现代风神。”这段话是中央美术学院著名美术理论家孙美兰教授十年前对张军成就的肯定。同时著名画家秦岭云先生也高度赞赏，他在一篇美术文章里曾这样比喻：“我发现了张军！如同看到一颗新星，不少人都走吴昌硕、齐白石的路子，画法和格调，几乎如出一人之手，艺术的贴近雷同，不能不说是一个问题。而张军的构图以及笔墨水色的运用，都有自己的特点，使人耳目一新。四十初度，锋芒已露，必将大成。”

张军的成功，业精则得于勤，得于对中国画的深刻理解和感悟，得于笔、墨、纸、水的有机结合与巧妙运用。是在写意牡丹的表现形势上，更显示出个性张扬，使作品风格独具匠心。张军近年来作品颇丰，以创新入笔，以大气夺人，凝重厚实的画风深受美术界和海内外赏家所关注。

紫气东来 96cm×90cm

东风浓艳 83cm × 150cm

张军画集序

文／孙美兰（中央美术学院教授、著名美术理论家）

热爱自然，与大自然合抱为一，又通过自然美冥观社会、人生和艺术家自身，体现天人合一的宇宙观，这是中国画最核心的特点。东方崇尚自然美，西方崇尚人体美，形成东方和西方两大造型体系各自独特的精神内涵，也促成东、西方艺术思潮的相互冲撞、相互吸力。

中国画在绵延不断的历史过程中发展嬗变，辉煌的唐宋文化推出了山水、花鸟艺术奇异的高峰，宣告中国美学体系的成熟。当代山水画大师李可染说："山水是祖国的象征，花鸟是美的象征"一语道破20世纪中国人魂之所系、情之所钟、时代性的新的美学观。

今日画坛，有才华、有创意的后起之秀，接踵而至，人才辈出，中、青年山水画家、花鸟画家犹如群星纷呈，引人惊羡。一方面，是改革开放的新形势，提供了前所未有的发展条件；另一方面，是东、西方文化交流的大潮，带来取之不尽的"选择性"。单一的模式，独尊的家法，逐条被冲破。张军，一位四十初度的画家，通过自学的途径，而能伸展出他强劲的创造活力，不能不说是"时势造英雄"。

把基本功放在第一位，是张军自学成功的第一要素。造型与笔墨基本功，是中国画向高层次发展升华的地基。

张军写意花鸟去柔而得刚健，去陈言而得清新，当然和他对自然之美的体悟分不开，但是，若没有扎实的基本功，表现力淡薄，笔墨语言平平，就不可能使一枝一叶、一花一鸟，在心迹与墨迹交融、运转中，契合造化，得其天机，勃发艺术生命力。基本功扎实，以求表现力到位，对于任何画家的成长都毫无例外是最基本的一条，很可惜，即使有幸在学院深造的青年画家，也未必全都领悟，未必能像张军那样，对基本功给予应有的重视。

张军的智慧选择，还表现在他创意之新——重在意境。意境的开拓，是山水画之魂，也是花鸟画之魂，更是中国画求生存、求发展之魂。张军前往四川瓦屋山写生、创作，能够紧紧把握意境，为着意境清新，他于取材、于章法，于行线之抽象构成、于墨和色相融相让的关系中，都有较深入的探索，也有一定的突破。在不失东方画魂的前提下，丰富了又变通了花鸟画的生命意义和现代风神。

张军花鸟画色彩强烈、明快而自得端庄典雅；用笔活泼爽利而不失沉着厚实；墨法于干湿浓淡交融之中求取自然之致。他时时大胆破除现成法规，独抒胸臆，去小巧纤弱，而趋向今日众望得大视野、大格局。张军佳作，近年为海内外赏家所重，想必和他的艺术特色引人瞩目有关。

当代学者钱钟书论诗，认为"西洋诗歌理论和技巧可以贯通于中国归诗得研究"——我们是否可以由此而推及悟画；将西方绘画理论和技巧，包括西方现代绘画理论和技巧，贯通于传统中国画的研究，从而开辟又一新天地！

我想，一向重视全面通达的青年画家张军，当有条件循此大道以求索，立远志而不畏近难，终有大成。

菊开度重阳 140cm×70cm

惠风和畅1 96cm × 180cm

惠风和畅2 83cm × 150cm

竹动觉凤来 140cm×70cm

富贵吉祥 180cm×96cm

三友图 163cm×96cm

十里荷香 180cm×96cm

东风送我八仙家 180cm×96cm

桃花流水鳜鱼肥 180cm×96cm

喜上眉梢 180cm×96cm

观荷图 140cm×70cm

梅绽知春近 140cm×70cm

松龄鹤寿 180cm×96cm

秋色依依 160cm×90cm

年度名家聚焦
Annual masters focus

石东义

笔名石寅，1962年生于甘肃临洮，祖籍江苏昆山，1981年入伍，现为兰州军区政治文艺创作室专职画家。先后毕业就读于西安政治学院和中国艺术研究院研究生院中国美术创作院首届中国画创研班，师从郭怡孮先生。出版有《石东义花鸟画集》《名家·心象——花鸟画家石东义》《石东义花鸟画艺术》等。作品《走出草地》获纪念红军长征胜利七十周年全国美术书法大展金奖；《新篁》获第三届中国当代著名花鸟画家作品展览三等奖；《美人蕉》获第六届传统与现代——中国画名家提名展优秀作品奖；《秋声》入选2008年全国中国画大展；《蕉园一隅》入选第十六届“亚运当代艺术展”等；作品《蝶恋花》《牵牛花》分别在瀚海第68期、70期中国当代书画专场拍卖中成功拍出。部分作品发表于《美术报》（专版）《中国书画报》（专版）《中国收藏》等。论文《大花鸟艺术与文人水墨画风格》入选并发表于《首届国际书画艺术发展论坛文集》中。

蕉荫屋下 160cm×90cm

蝶恋花 160cm×90cm

秋水涓涓 180cm×96cm

荷塘情趣 180cm×96cm

生生不息 160cm×90cm

昭君出赛 63cm×63cm

年度名家聚焦
Annual masters focus

孙长杰

中国美术家协会会员、中国国画家协会理事，国家一级美术师。享受国务院特殊津贴专家，国家特聘国礼画家。1948年生于安徽，现居北京，擅长花鸟画，自幼习书画，深受吴昌硕、齐白石作品影响。擅花鸟、重写生，作品大气简练，收放自如。将传统笔墨与西方艺术巧妙融合，大胆创新。作品具有很高的研究和收藏价值。作品《长寿图》《水墨葡萄》《柿柿如意》等曾入选由文化部、中国美协主办的第六、七、八、十届全国美展；《硕果》入选全国首届中国画展；《凌霄》入选当代中国画展；《万紫千红》入选百年中国画展；《年年有余》入选首届北京国际双年展等。并先后在日本、法国、印度尼西亚等国家和北京、上海、山东、南京、广州、沈阳、济南、福州、兰州、成都、杭州、无锡、举办大型个人画展。

孙长杰作品被中国美术馆、中国画研究院、中央军委、北京人民大会堂、中南海紫光阁、钓鱼台国宾馆和毛泽东纪念堂及日本国际美协、澳洲东方艺术家协会所收藏。出版有《孙长杰花鸟画集》《孙长杰作品》《孙长杰葡萄》《孙长杰鲶鱼集》《当代艺术家画库——孙长杰》《百杰画家——孙长杰》《孙长杰——跨世纪杰出中国画家作品集》《孙长杰国画解析》《中国写意花鸟画技法》（含CD－ROM光盘）《当代最具升值潜力的画家·孙长杰》等20余部个人专集。

长寿图 63cm × 63cm

佳雪 126cm×63cm

秋醉图 126cm×63cm

富贵有鱼 63cm×63cm

笑口常开 63cm×63cm

春意止浓 63cm×63cm

六月清凉绿树阴 136cm×68cm

年度名家聚焦
Annual masters focus

杨晓亮

字焱夔，号“半曙楼主”。1962年生于四川。一级美术师。现为四川省民进书画院院长，四川省美术家协会理事，成都市美术家协会常务理事，成都市花鸟画会秘书长，成都画院特聘画家，彭州市画院院长，彭州市美术家协会副主席兼秘书长，“今日水墨”全国中国画名家作品巡回展艺术主持，四川东方书画研究会秘书长，《今日水墨》杂志执行主编，现就职于四川西华大学。

艺术履历及作品入编《中国现代民间艺术人才集》《中国文化艺术人才名录》《92、93中国美术家》《中国中青年国画家集》《中国当代著名花鸟画家作品集》（1、3、4集）《中国牡丹作品集》《今日水墨——中国画名家作品全国巡回

清露一霄惊鹤鸣 136cm×68cm

展画集》（1、2、3、4、5、6、7、8、9、10集）《芙蓉情韵——成都市市花作品集》《2005水墨名家作品集》《中国画名家花鸟画小品集》《当代中国画杰出人才作品集》《中国当代书画家作品集》并荣获国家人事部颁发的当代中国画杰出人才奖等。

国画作品先后在杭州、深圳、天津、山东、河南、安徽、南京、苏州、常熟、盐城、成都、青海、甘肃、呼和浩特、广州、珠海、西安、莱芜及美国西雅图、加拿大、澳洲、马来西亚、中国香港、台湾等地举办个人展览和联展。作品和介绍文章先后发表于《国画家》《美术世界》《美术报》《美术大观》等书刊。出版有《杨晓亮画集》《杨晓亮花鸟画集》《中国当代国画名家——花鸟》《杨晓亮画集》等书。

涧溪碧波 68cm × 136cm

静而生幽 50cm×160cm

为生命而欢歌

——杨晓亮花鸟画印象

文／田旭中（原成都画院院长）

一

晓亮为人豪爽磊落，开朗雅健，故其画作亦如其人，笔纵而情显。色艳而韵足。画风爽朗清新，在雅俗共赏之间，读之令人快慰，有如清风拂面，朗月入怀。余观画每有三种感受：一曰似曾相识，鲜有新意，令人昏昏欲睡；二曰貌似惊人，实则平庸，令人老大不快，三曰醒眼夺魄，可观可品，令人回味再三。晓亮作品虽未达于第三者，然其作品不乏新意，朴实自然，不装腔作态，故能悦目而赏心焉。

二

画家作画，最要有所寄托。有寄托者，其画境自然深邃，无寄托者，则徒能玩弄笔墨而已，虽有形式而仅存躯壳耳。吾观徐青藤、八大、石涛、吴昌硕诸前贤，皆精神超然，遗世独立，其画寄意遥深，故其作品总能打动心扉，掩卷犹能回味。晓亮花鸟，以个体体验追求一种鲜活生命，故其画作勃勃有一种生气，无死皮相，无呆板气，虽时有小疵，然笔从心涌，色随意出，其旺盛生命望画而知之，此最难得也。

三

当代写意花鸟画，大略有三种走向。一是坚闭自守，以传统文化经验为基本支撑力，二是激越张扬，以颠覆传统文化精神独显个体生命为基本价值取向，三是在传统和现代之间折衷和转换，以传统经验与现代渴求作双向参照系。杨晓亮的创作不是纯粹的传统经验的陈诉，也不是个体生命无限膨胀的产物，他似乎在传统经验与现代精神之间寻找一种平衡，一种协调，故其画作中既不乏传统的笔墨意趣，也明显打上了时代的烙印。从其作品中可见晓亮的深思好学。此种精神状态和创作状态极好，可以致远大深广。

四

晓亮写意花鸟画在工与写之间，或谓之兼工带写，此种画法，既得工笔之精致，复兼写意之洒脱，故其画不废形似，得状物之真实；又不废神似，得写意之趣致。且于用色每多新意，画风鲜亮。较之一般花鸟画家，多了几分色彩寄托，少了几分清瘦苦寒；多了几分自然活泼，少了几分呻吟病态；多了几分率意天趣，少了几分造作矫揉。在他的花鸟画中，我们能触摸到一颗跃动的健康鲜活的生命。

五

画家大抵分两类，一类坚执生命，为生命而欢歌。故创作往往不计较笔墨得失或构图得失，此类画作颇多生气，颇多灵气，令人读之精神快慰；一类崇尚技巧，以技巧为能事，故创作往往笔精墨妙或构图新奇，此类画作常以笔墨取胜，才气横溢，令人读之美感顿生。比较而言，前类画家略胜一筹。故古人云：神采为上，形质为下。以技巧胜不若以神采胜。晓亮画作属第一类画家。爽朗、雅健、鲜活、自然，此大不易也。其作必然更臻至境耳。

田旭中 于成都画院

山塘波泛泛 68cm×68cm

涧溪碧波自相依 68cm×68cm

卢津艺作品

年度名家聚焦
Annual masters focus

卢津艺

（津益）就读于天津美术学院绘画系。中国艺术研究院研究生班，中国美协高研班。现为天津美协会员，河东区美协常务理事。职业画家，现居北京。

1997年参加北京文化部举办的“中国艺术博览会”；1997年在广东肇庆举办四人联展；1998年在洛阳举办三人联展；1999年在广东梅州举办二人联展；2000年在天津开发区举办个展；2001年在山东烟台金海湾大酒店举办个人展；2002年作品《古魂遗韵》入选中国美协主办的《同里——中国作品展》。作品《和风诗情》获天津市参评全国第十三届群星奖美术作品展银奖；获“全国书画家作品展示周”二等奖；2004年在天津青年大厦举办二人联展；2005年在中国美协高研班学习。作品《鸣秋图》入选中国美协举办的“2005年全国中国画作品展”。出版《吉祥题材画法》画集。2006年作品参加在北京中国博物馆举办高研班创作展并获优秀奖。作品《富贵画开到农家》在中国美协举办的“黄河壶口赞中国画提名展”中获优秀奖。作品《春光融融》入选“全国第六

卢津艺作品

卢津艺作品

届工笔画展”进京展。作品参加瀚海′06拍卖会。出版《中国当代著名画家个案研究》画集。2007年1月在泉州画院举办个展、6月在荣宝斋举办七人联展。作品《高山锁翠烟》入选中国美协举办的“中华情”美术作品展。出版《诗情画意画法》画册。2008年在天津日报社举办七人联展。作品《金秋》入选中国美协举办的“和谐家园全国工笔画大展”。作品《碧池清影》入选中国美协举办的“七届全国工笔画大展”。2009年就读中国艺术研究院研究生院。作品参加′09季春拍卖会；在天津举办太行山写生联展；2010年作品参加保利春季拍卖会。作品参加韩国国际文化交流展。上海文化交流展。组织举办中国美协高研班画展。

卢津艺作品

师法造化 自出机抒

——读卢津艺的花鸟画

文／丁雪峰

中国花鸟画历史悠久，有着优良传统和特有魅力，近20年来更获得了极大的发展。不过，发展最显著的不是写意而是工笔。虽然写意花鸟画也有所进展，但作者无非少数中老年名家，青年画家并不很多，然而，天津的卢津艺便是其中之一。他的画非尽善尽美；但亦真亦幻的境象，明快清新的风格，个性化的写意语言，都表明了这位置跟传统又锐意创新的画家，对写意花鸟画奥妙确有独特的领悟。

卢津艺，1958年生于天津，毕业于天津美术学院，早些年以工笔老虎和工笔花鸟见长，后潜心于写意老虎及写意花鸟画创作，并已形成明显的个人风格。艺术风格的形成是艺术家的气质、禀赋、学养在作品中的自然流露，使笔墨间透析出来的不能言其所以然的味道。卢津艺是一位外在典雅而内心热烈，思维敏捷而却非常有序的文化人，所以，在他的画中，既没有过渡的拘谨的描摹和呆板的匠气，也极少无法无天的率肆，然柔秀中有刚烈志气，静雅中含遒劲之力。他作画很有节奏，时快时慢，在那敏捷的笔致里流露着用气的秩序，一笔画的整体气韵，又笔笔有着落，处处有照应，自然而然的形成了与自己心律和谐的小写意风格。

卢津艺是位真诚的艺术家，这是他的艺术和人之间有着同一性。他爱花，他选择了花鸟画，花的世界能满足他生理和心理的和谐，能满足他精神上的需求，实现情感上的寄托，花鸟画的创作是他最大限度的发挥个性可能的最大选择。如果仔细观察，便会发现他较少画巨鸟和草虫，这并非他不具备把握巨鸟草虫的能力，而是更喜欢与那些默默无语的花木对话，他喜欢宁静的意境。他的画生动，是静中有动，要在静中领略动的意味。他尤其喜欢画桃花，梨花。其笔下之桃花多是粗干长枝，突出枝干的强实和稳健，与他人之桃花明显不同。他不是突出桃花的特性，而是着重表达春天的气息。津艺举止端庄，为人宽厚，使人想起他在画中安排的那些稳重的石头的磅礴造型及其量感，也许在他看来为此才是美的。我想在许多艺术家中都有类似的现象，个人有个人眼中的西施，个人有个人笔下的美的造型尺度和语言尺度。但是卢津艺的稳重是一种理智的情感把握，他那机敏灵动的思维常常使花鸟活跃起来，运动起来。我想这既是一般的理法或者说共同的艺术规律所造成的对比效果和表现手法丰富的表现。也是他多面气质个性的表现。正如卢津艺这位很少喝酒的人不同于放浪形骸的豪饮者那样，他很少有醉笔，在那些可以称作大写意的作品里，笔致也是有秩序的，构成也是严谨的。他就是他，在作品中，那些属于他自己的东西越多，越真诚，他的个人风格也就越强烈。

卢津艺是一位既有西画功底，又曾精研古法，既有广博见闻，明于画理，又很注重画法的人，所以他又于有意无意间调动了自己的潜能，综合了各种不同表现手法。他更注重到大自然中去写生，体验生活。他到内蒙古体验草原的风光，到云南热带雨林写生。张璪言“外师造化，中的心源”，石涛言“山川使予代山川而言也，山川脱胎于予也，与脱胎于山川也。搜尽奇峰打草稿也。山川与予神遇迹化也，所以终归之于大涤也。”卢津艺陶醉于大自然中，大自然融化在卢津艺的心中，他与大自然精神往来，与大自然神遇而迹化。在作品中，即主客观的统一体中观照到艺术家自身。于时代相适应的艺术观念触动他去探索一种健康，的广阔的主题，而造化本身的丰富与生机又为他的主体充实了新鲜血肉。洋溢在他画作中的新意，新鲜感，不是概念的说教，而是源自大自然的鲜活的艺术形象，源自大自然的蓬勃生机。艺术家在道化中通过感情的陶冶，产生一种创作的激情，把自然美升华为艺术美。在这种升华中贯穿着艺术家对自然的认识，贯穿着艺术家的主体意识与人生的思考。卢津艺的师法自然就包含着这许多丰富的内涵。他一方面坚持以造化为师，又注重艺术家的主观感受，它既能准确地把握自然形象的结构特征和内在规律，又能强调艺术要高于生活。艺术的美是自然美的升华，也是艺术家主体精神的升华。

传统的花鸟画，因作者一律从临摹前人作品并接受前人程式入手，语言形式比较单一。其中写意花鸟画，更长期以水墨为主。卢津艺注重讲究多种语言的贯通，并且强化笔墨，强化色彩，强化构成，使他的作品表现出关注整体，讲究层次，简洁生动的特点，已形成不乏时代气息又有个人风采的艺术语言体系。

卢津艺的花鸟画在不断的完善，以其良好的素质与悟性，如果坚持以深入的认识带动躬行实践，用长舍短，精益求精，前途不可限量。

卢津艺作品

卢津艺作品

卢津艺作品

卢津艺作品

卢津艺作品

罗原作品

年度名家聚焦
Annual masters focus

罗原

1964年生于成都。四川省美术家协会会员，四川省书法家协会会员，四川省政协书画研究院画师，四川省诗书画院特聘画师，成都画院特聘画师，成都工笔画会理事。擅长花鸟画，工写兼能。作品追求意境，讲究构图，设色淡雅，画面清新，疏朗空灵，有诗一般的意蕴。2001年在成都画院举办“罗原工笔花鸟画展”，出版有《罗原花鸟画集》《罗原工笔画作品集》，与成都九位画家合作为香港凤凰卫视绘《百鸟朝凤图》，为澳门特首何厚铧先生作《事事如意图》。2008年11月在成都威斯顿联邦大厦举办个人画展，2010年7月在广州小洲艺术村举办“罗原工笔花鸟小品展”。

罗原作品

罗原作品

罗原作品

罗原作品

山静日长 68cm×68cm

年度名家聚焦
Annual masters focus

冯聚成

斋号松泉居士、文华阁主。山东省青州人，汉族。中国当代艺术协会副主席、中国书法美术家协会理事、中国书画研究会特聘画师。青州市美协主席、青州中国山水画学会会长、山东省美协会员、潍坊市美协理事。

冯聚成主攻山水，亦擅书法。2008年深造于中国艺术研究院国画山水专业。其国画山水根植传统、师法自然。书法初临二王，后习赵孟頫。作品多次参加省及全国级美术大展并获奖。有数百余件作品在各类报刊、杂志上发表。五幅作品被中国军事博物馆收藏；先后去台湾、日本举办画展和艺术交流。众多作品被国内、中国香港、中国台湾、法国、韩国、日本等国家和地区的博物馆、政要及收藏家收藏。出版有《冯聚成书画集》《冯聚成山水画集》《笔墨幽境——冯聚成山水卷》。筹办并参与由中国美协展览部主办的“美在青州”——青州籍中国山水画名家十人作品联展，主编《青州籍中国山水画名家十人作品集》。作品及传略入编《中国当代美术家人名录》、《当代中国画名家鉴赏辞典》、《中国新版传世名画》、《中国水墨六十年》等30余部辞书典籍。

情系丹青写新貌

—— 读冯聚成作品有感

文／王界山

冯聚成是一位以艺术为人生信仰，潜心于中国画创作的丹青之子。我和他同为山东青州人，又是战友，这位曾参加过自卫反击战的兄长，在血与火的“炼狱”过程中，铸就了一种大无畏的大丈夫气概，由此而更加自信和坚毅。他做任何事情都有 种咬定青山不放松的性格，这是他不断开拓进取的成功因素。

是命运使然让聚成仁兄投笔从戎，他出身于名门，是明清文学世家冯氏之后，自幼可闻祖业书香余韵，心系丹青而手持画笔作图，家族的文脉香火早已在他心中点燃并得以延续，以传统的绘画为摹本而探究其理，研习其法，在年复一年，日复一日的长期苦学中，东方人的审美标准，特别是中国人即非具象也非抽象的意象表现的独特魅力，在介乎似与不似之间，中国画的本体精神彰显了它的丰富性和独特性。深植于冯聚成心灵的，是在旷日持久的挥毫泼墨过程中，将其内在的精神，外化于笔墨之上，冯聚成准确地把握了中国画的审美法则和基本规律，在表现的内容和形式上，做到了有机地统一和融会贯通。

在历经对传统长期的学习之后，冯聚成清醒地认识到仅仅依靠古人的拐杖迈步是走不远的，而时代的发展和变化是不容漠视的。于是，他走出了画室，在真山真水里体味对景的写生创作，在日积月累的实践中不断地调整和提升对中国画的认识，将笔墨与天地精神相融合，其画作开始凸现源于生活而高于生活的精品力作，生发出鲜活的生命力，逐步脱离固有的旧套路，力图产生个人的画风，强化自我，成长自我，完善自我。他凭借着一种文化的力量，向着一个个新的艺术目标行进。

“搜尽奇峰打草稿”，冯聚成对于大自然有一种无限的热爱，他不厌其烦地在山川原野里穿越和驻足，这种眷恋大地的深情，注入于用笔用墨时含义悠长，耐人回味。他在写生太行山、沂蒙山、燕山等极具代表性的山川地貌时，注重寻觅各自不同的艺术特性，如太行山的大气，沂蒙山的敦厚和燕山的雄浑，在他的笔下都能恰如其分地表现出来。近期他赴太行山和沂蒙山写生了一批画作，读后令人愉悦和感动，那种扑面而来的清新之感如沐春风，思其浩荡，欣欣然也。

聚成仁兄是那种不尚空谈，扎实做事的谦谦君子，以文载道，作画施法，他以绘画艺术为立身之本，纵横山水间，让画笔记录时代，描绘今天的新面貌和新境界，他的艺术将无愧于时代而不断闪现人生的华彩，给人们带来更加美好的画卷。

嵩岳尖山青如黛 97cm × 196cm

古州遗韵 136cm×68cm

青州昭德古街 136cm×68cm

云门春晓 97cm×196cm

泰岳朝晖 97cm×196cm

青州仙人桥 136cm×68cm

春风第一枝 136cm×246cm

年度名家聚焦
Annual masters focus

王孔华

1964年生于山东青州，深造于中国美院国画、书法专业，就读于中国艺术研究院研究生院何水法研究生班，从八大、潘天寿、吴昌硕、诸乐三、陆抑非等名家入手，融古今、中西之法、画风结构严谨、气韵生动，让人耳目一新，有高雅豪逸之风。

近年来大量作品被海内外人士收藏，多次参加文化部、中国美协主办的大型展览活动，各大媒体、专业书刊多有宣传发表。出版有《王孔华花鸟作品选》《王孔华写生集》。2007年由天津人民美术出版社出版《王孔华花鸟画集》。2003年，参加联合国主办"世界和平美展"并获优秀奖；中日书法作品展《荷塘情趣》获优秀奖；2004年，作品入选"海潮杯"大奖赛；同样，在"抗日战争胜利60周年"书画大赛上获优秀奖；2005年，获第七届画展铜奖；2007年，在海峡两岸艺术家作品联展上获优秀奖；2007年，在"庆香港回归十周年"全国书画大赛上获金奖；2009年，作品《雨后》入选全国中国画展并被授予"中国当代优秀书画艺术家"荣誉称号。现为山东泉城画院画师、中国翰墨缘书画院院长，中国水墨研究院院士。北京凤凰岭书院院士，就读于北京凤凰岭书院中国书画学精英班张立辰工作室。

春光 180cm×96cm

花鸟四条屏（一） 136cm×34cm

花鸟四条屏（二） 136cm×34cm

花鸟四条屏（三） 136cm×34cm

花鸟四条屏（四） 136cm×34cm

海岱唯青州 花鸟亦灿然

——兼评花鸟画名家王孔华

文/曹代伦

“有缘千里来相会”，我与孔华君相识，就是艺术的机缘所至。我的艺友卢津艺先生在中国艺术研究院研究生院何水法花鸟画工作室与王孔华先生同窗，我们从些相识为新朋，相知如故人了。

孔华君出生在人杰地灵的山东青州市，海岱唯青州，他在齐鲁文化的土壤中成长，余观其为人，讲仁，讲义，讲礼，讲信，堪称山东画侠一派。余知其为艺，2007年6月28日，王孔华先生携手台湾名画家黄如然先生联手创作《翠啼春晓——王者之花》巨作，艺术同根生，两岸一家亲。2007年7月1日，中国文化部举办“庆香港回归十周年全国书画大赛”，孔华君又喜获金奖。2009年9月24日，王孔华先生为中国国家林业局与山东省人民政府联办的“第七届中国花卉博览会”捐赠丈二巨作《藤之舞》，其艺术善举，深受业内人士好评！凡此种种，王华君的艺名，也从小小的山东青州地面，一步一个脚印，走出大陆，走向港台了。

孔华君正当盛年，朝气蓬勃，从商道入画道，窃以为首为学养立身。鲁籍师祖孔子云：“志于道，据于德，依于仁，游于艺”，堪为从艺之箴言。南宋大儒朱熹《集注》释曰：“盖学莫先于立志，志道则心存于正而不他；据德则道得于心而不失；依仁则德性常用而物欲不行；游艺则小物不遗而动息有养。北宋大文豪苏轼也力主“有道有艺”，把“道”与“艺”确立为绘画的两大原则：“有道有艺。有道而不艺，则物虽形于心，不形于手。”清人唐岱《绘画发微》亦云：“夫画，一艺耳……艺成而下，即道成而上矣。”古代圣贤尚以为此，画艺上颇有灵性的孔华君可借鉴之。道非常道，有孔孟之道，有老庄之道，有佛释之道，许多从艺者毕其一生，往往皓首难穷其经，只要孔华君日三省吾身，善养浩然之气，品格既高，落墨有法，游于画艺，则如鱼游于水也，让自身人格与作品充盈生命力！

道成而上，何谓艺成而下？“道”与“艺”乃辩证关系，“艺”与“道”则无魂，“道”无“艺”则无形。孔华君修习画艺，兄以为“道”与“艺”共生共成方可入化境。自宋以降，中国花鸟画日益隆盛，精临前贤之名作，当然是必修课，希望孔华君用最大功力打进去。余观其作品有八大、吴昌硕、潘天寿、诸乐三、陆抑非诸前贤的影子，尤其对恩师何水法先生用心最深，其风骨体格颇见“何影”，但这是远远不够的。因为艺术最大的“老师”不是前贤，也不是今日之“大师”，而是鲜活的“生活”。艺术从生活与实践中来，“生活”才是画家最大的“老师”，所以在青州颇有生活积淀的孔华君一定要用艺术家的眼光观察生活，理解生活，融入生活，凌霄、紫藤、荷花、牡丹也好，鹰隼、仙鹤、牛马、狮虎也罢，无不有其特形，无不有其特韵，无不有其生活，当然也无不有其专美！俄国美学家车尔尼雪夫斯基有句名言：“美就是生活。”艺术来源于生活，同时高于生活，希望孔华君有一双善于发现美的眼睛，始终“按照美的规律来造型”（恩格斯语）。

画家学养以立身，师造化以立形，但是，作品为王，该谈谈孔华君代表性的作品了。他的代表作，余以为是《风花乱紫翠》和《绿荫》，紫藤与芭蕉，线条都比较精瘦，墨彩都比较雅谈，有其师何水法的风采。但是，师其师，偶一为之尚可，久之则失去“本我”了。我主张绘画在继承传统精华的同时更要有开拓性，要另立门派，要有自己的风格才行。清人邵梅臣《画耕偶录》说：“诗中须有我，画中亦须有我。”就是强调画家必须有个人风格。花鸟画大师齐白石刻有一印文：“我自作我家画”，堪称经典。所以我坚决主张孔华君“我自作我家画”，用李可染大师的名言表述就是“用最大的功力打进去，用最大的勇气打出来”。好在我现在看到孔华君不懈的努力，他入选中国美术家协会和安徽文联主编的《2009年全国中国画展作品集》的作品《雨后》，就是他努力“有我”的代表，还有他的近作《藤之舞》《紫云》《舞春风》《云绮》，花团锦簇，鸟羽灿然，可以看出他在“有我”的道路上艰难而执著地

紫气东来 156cm×368cm

秋晚野居 180cm×96cm

前行！此为可嘉许也！

海岱唯青州，花鸟亦灿然。“有我之路”何其难哉，艺术是一辈子的事，路漫漫其修远兮，余衷心希望中国著名花鸟画家孔华君上下而求索！

（作者系国家民委民族出版社编审，中国名家画院联系部主任(兼)，中华全国美学学会会员，日本东京大学亚洲文化研究会会员，贺龙教育基金会理事）

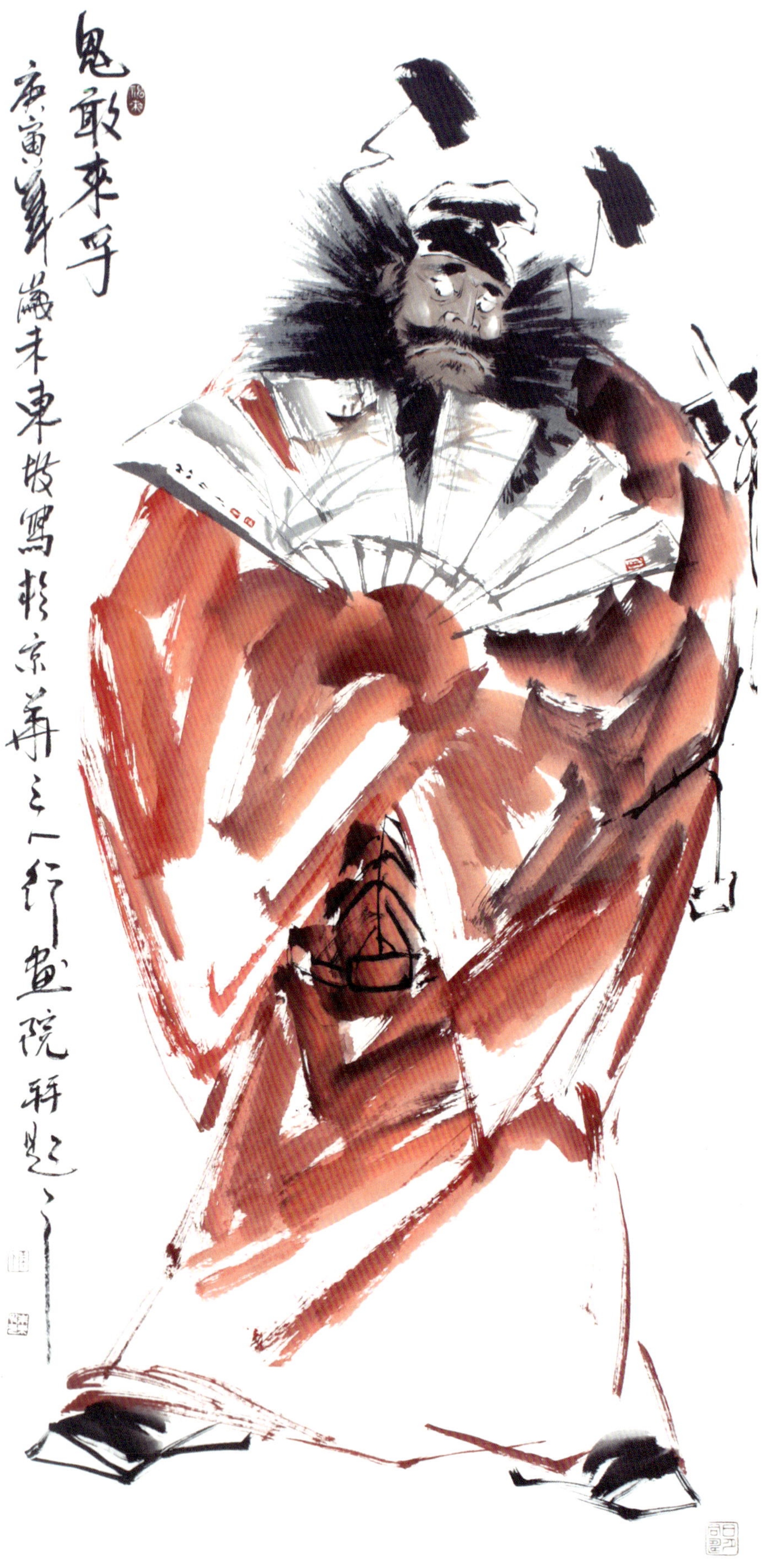

鬼敢来乎

年度名家聚焦
Annual masters focus

朱东坡

字钟石，1959年生于安徽颍州，现居北京。中国美术家协会会员、国家一级美术师。北京市华光书画院副院长、上海书画院副院长、国际书画艺术研究会副会长、省美术家协会会员。毕业于中央美院国画系，长期从事美术教育工作和创作，现主攻人物，以钟馗擅长，其作品笔墨酣畅、色彩厚重、格调古朴、天然神韵、大气浩然、造型夸张，众多作品被国家领导人、海外友人收藏，并作为高贵礼品馈赠各国政要。

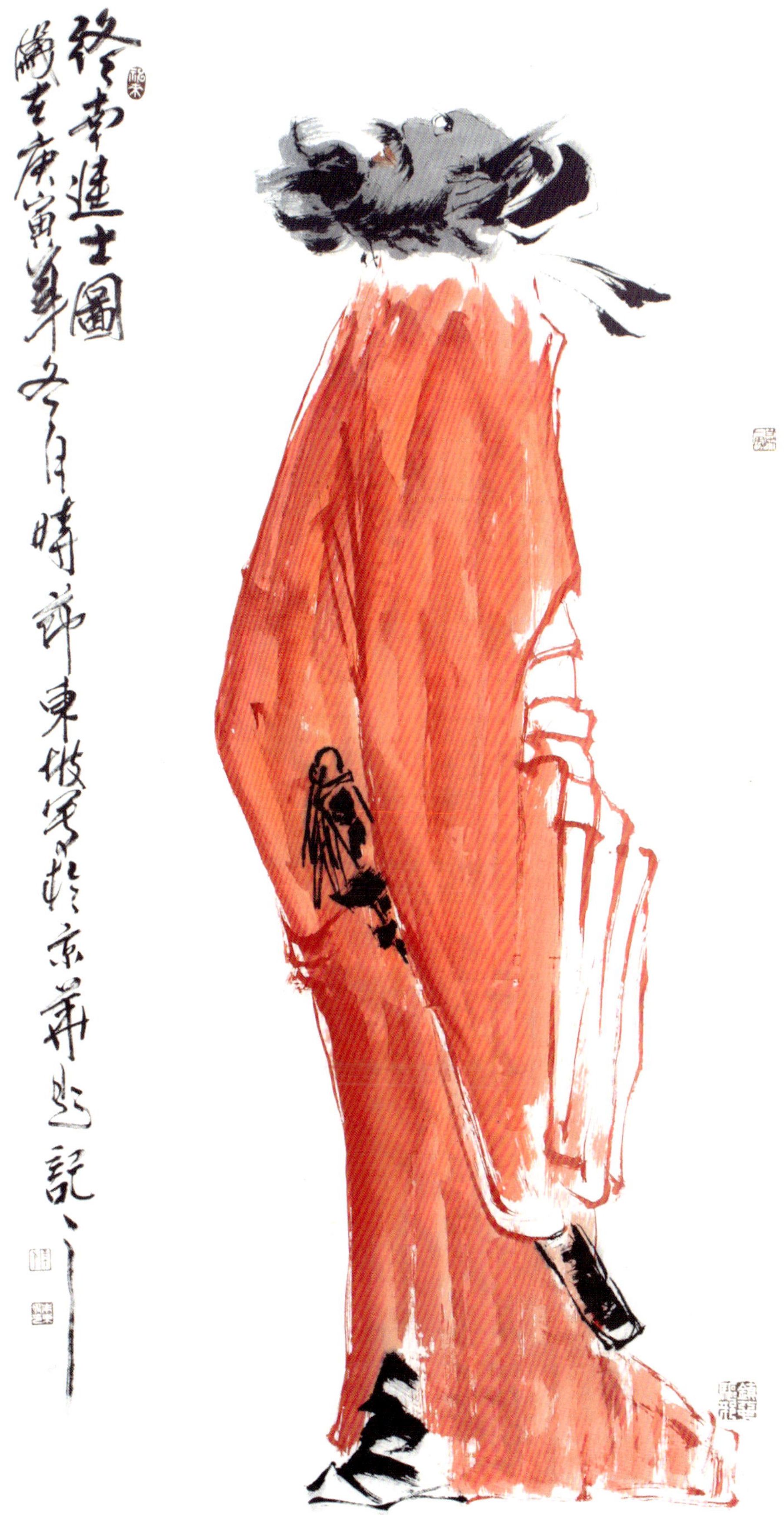

终南进士图

正气图

福到门前

终南进士图

雨中行

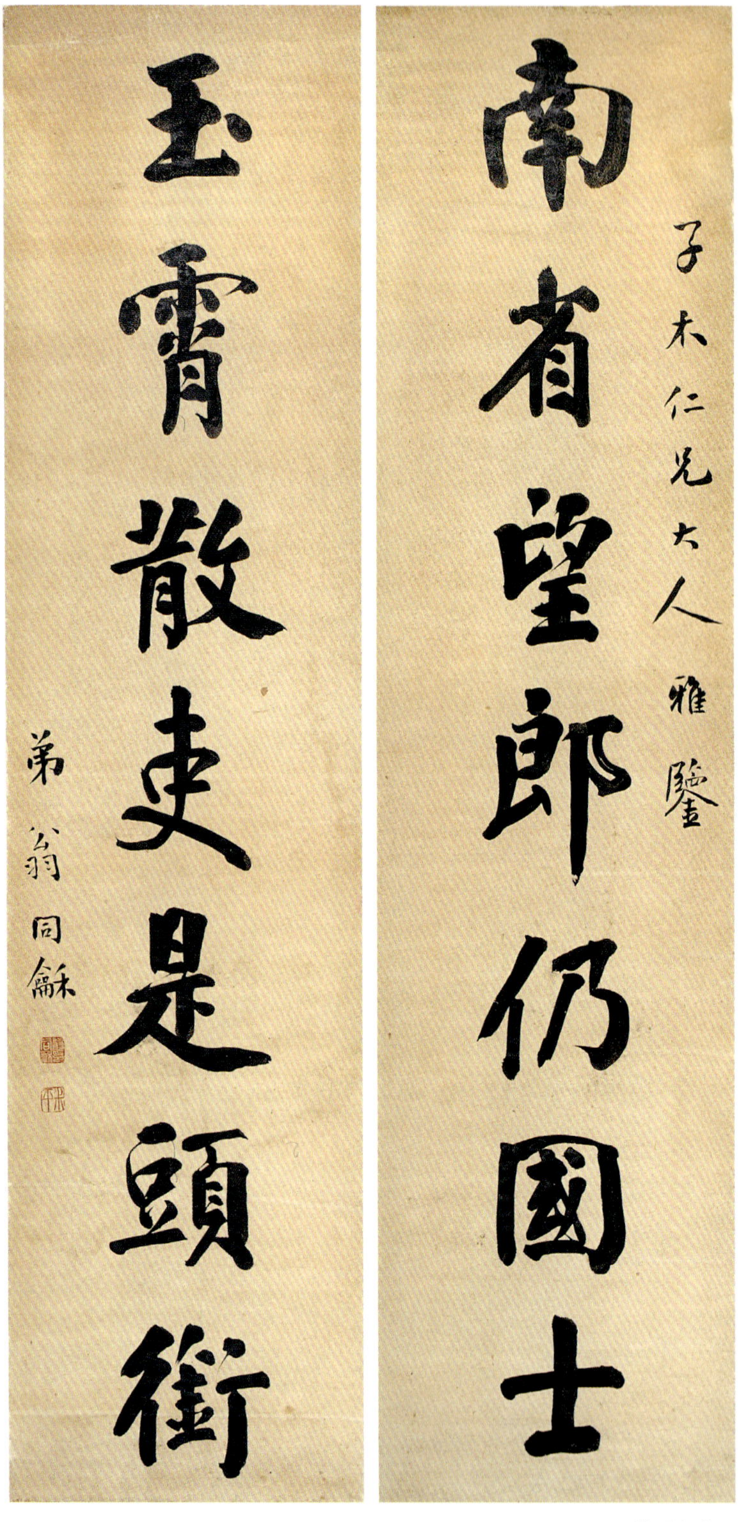

翁同和作品

山东省济南市淳风堂画廊

地　　址：山东省济南市马鞍山路17号百合文化市 场2042室
淳风堂画廊：13805409685　0531–82025197
联 系 人：马元峰
邮　　编：250002
网　　址：www.chunfengtang.com
邮　　箱：chunfengtang@163.com

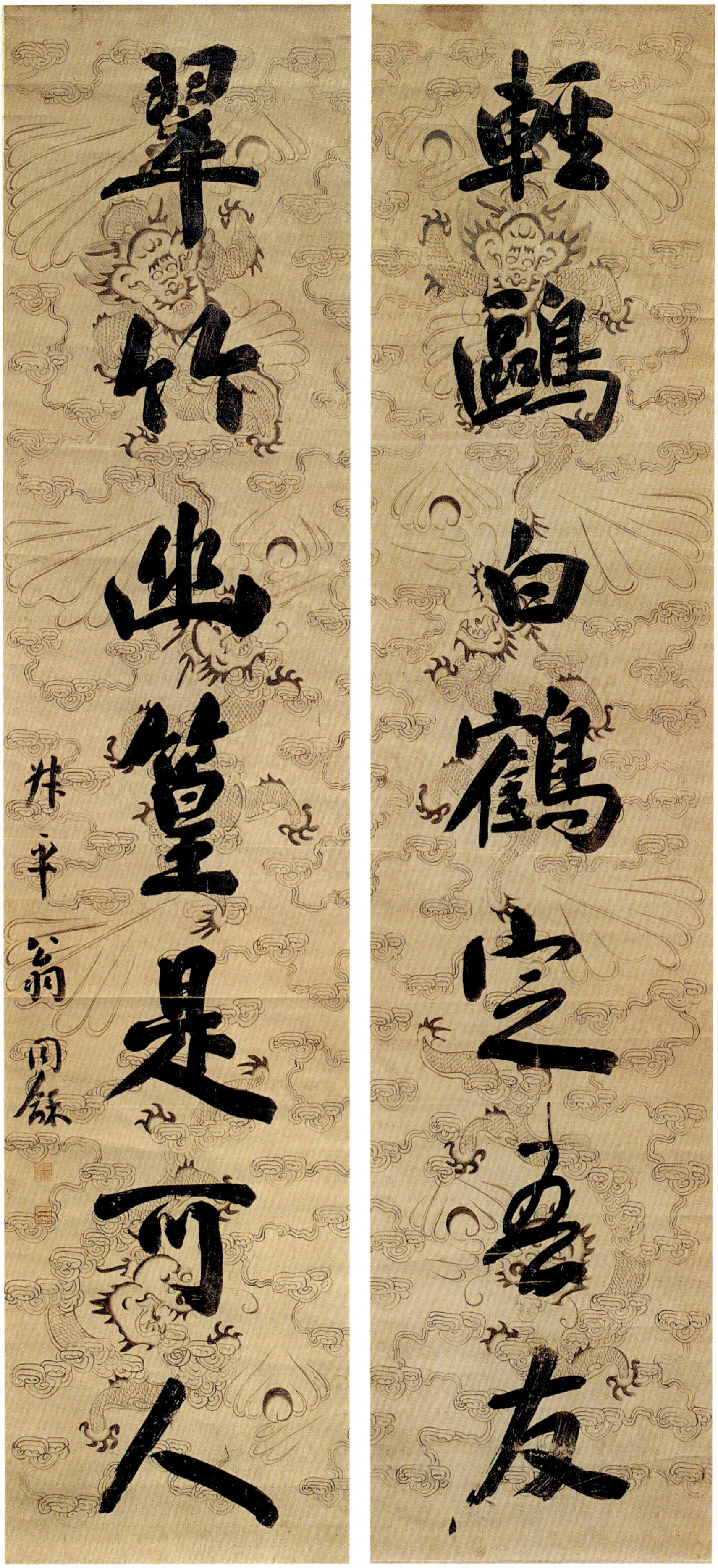

翁同和作品

关友声作品

沈卫作品

杨沂孙作品

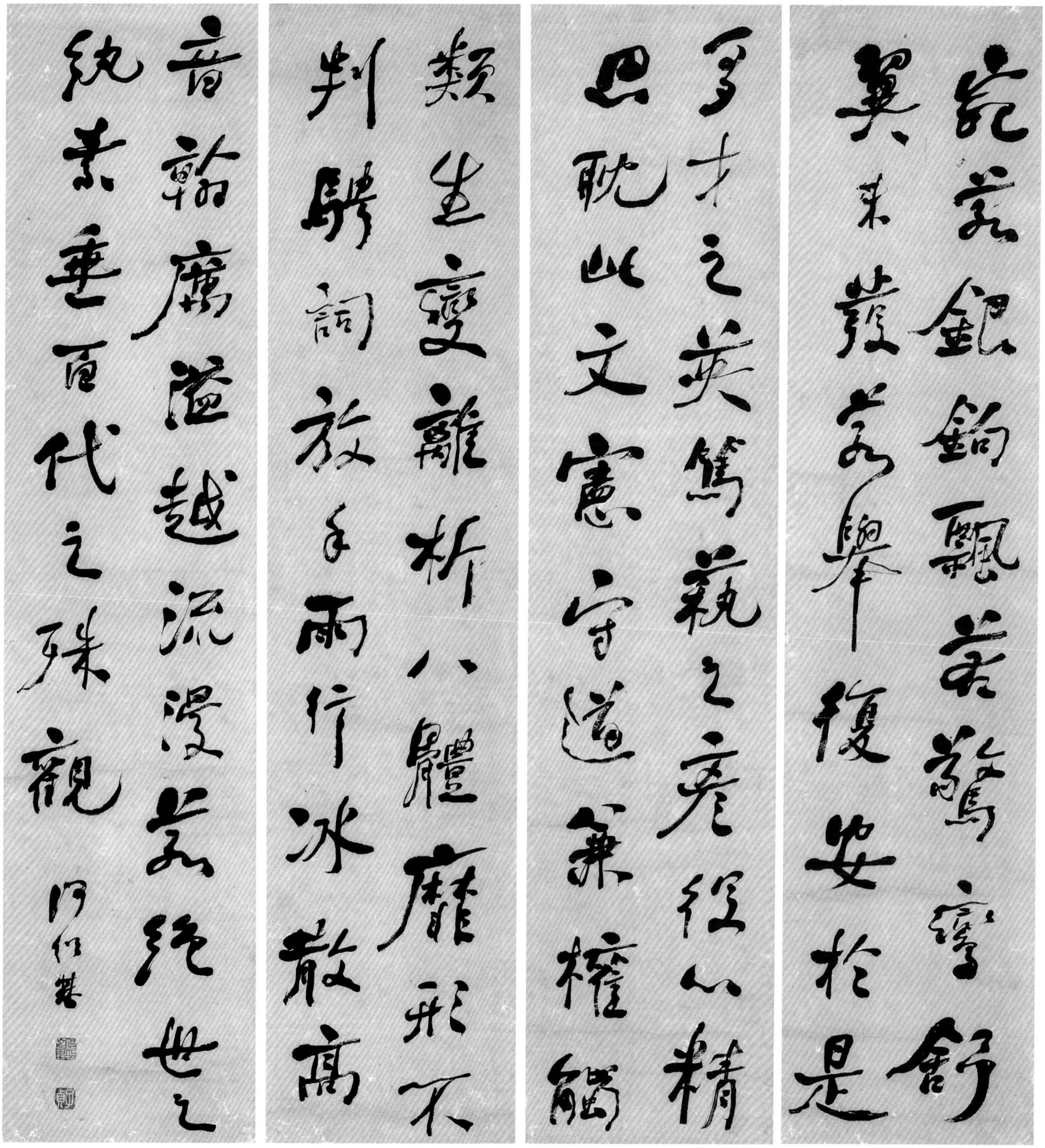

何绍基作品

黑伯龙作品

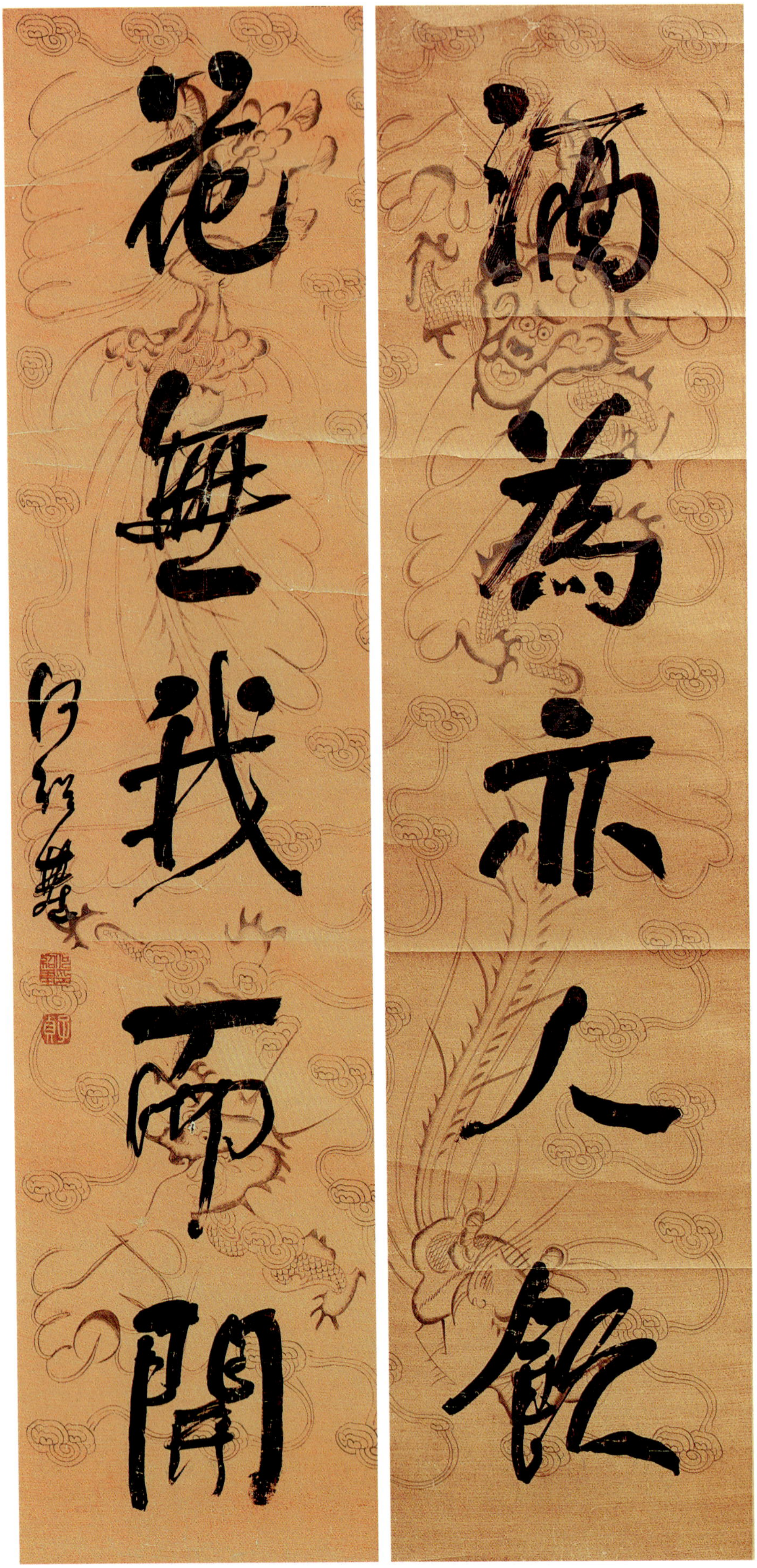

何绍基作品

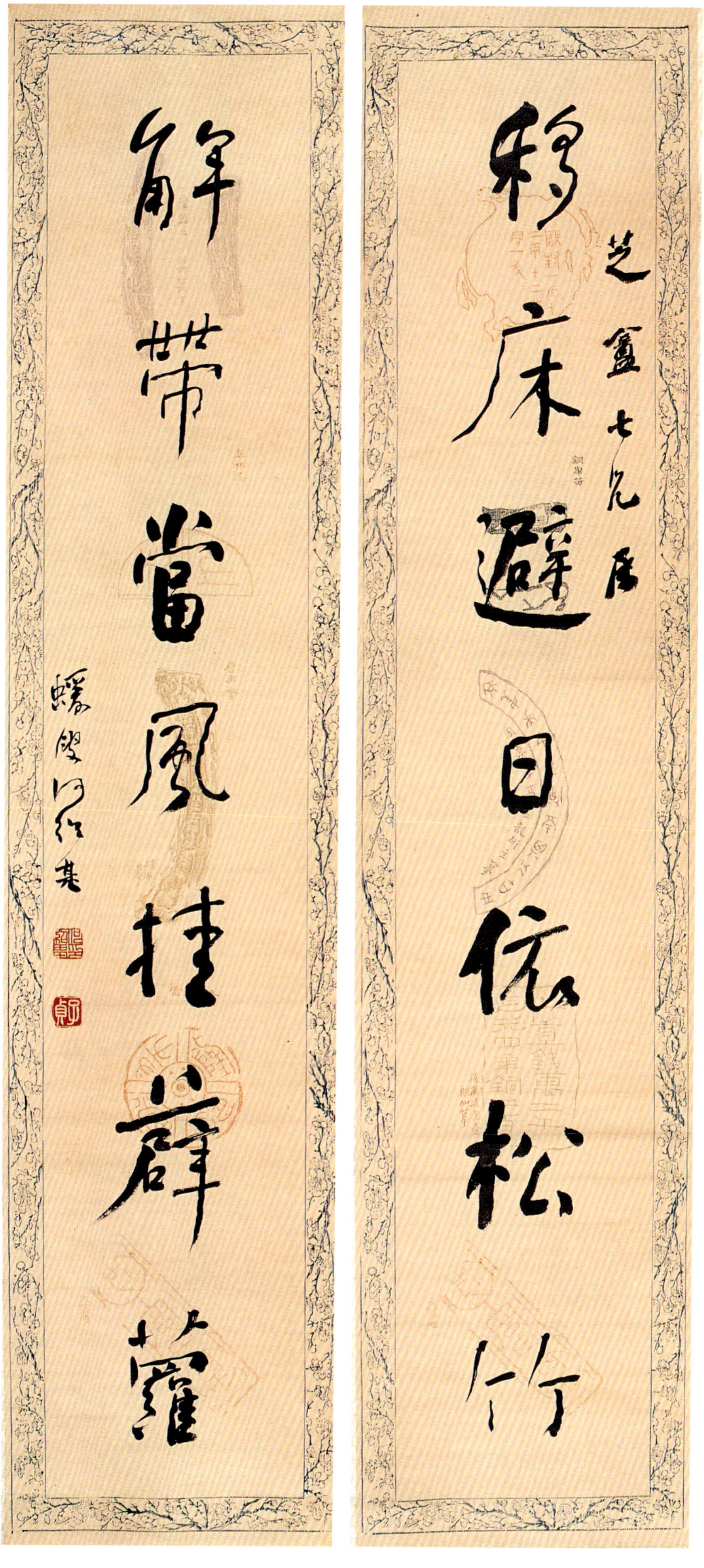

何绍基作品

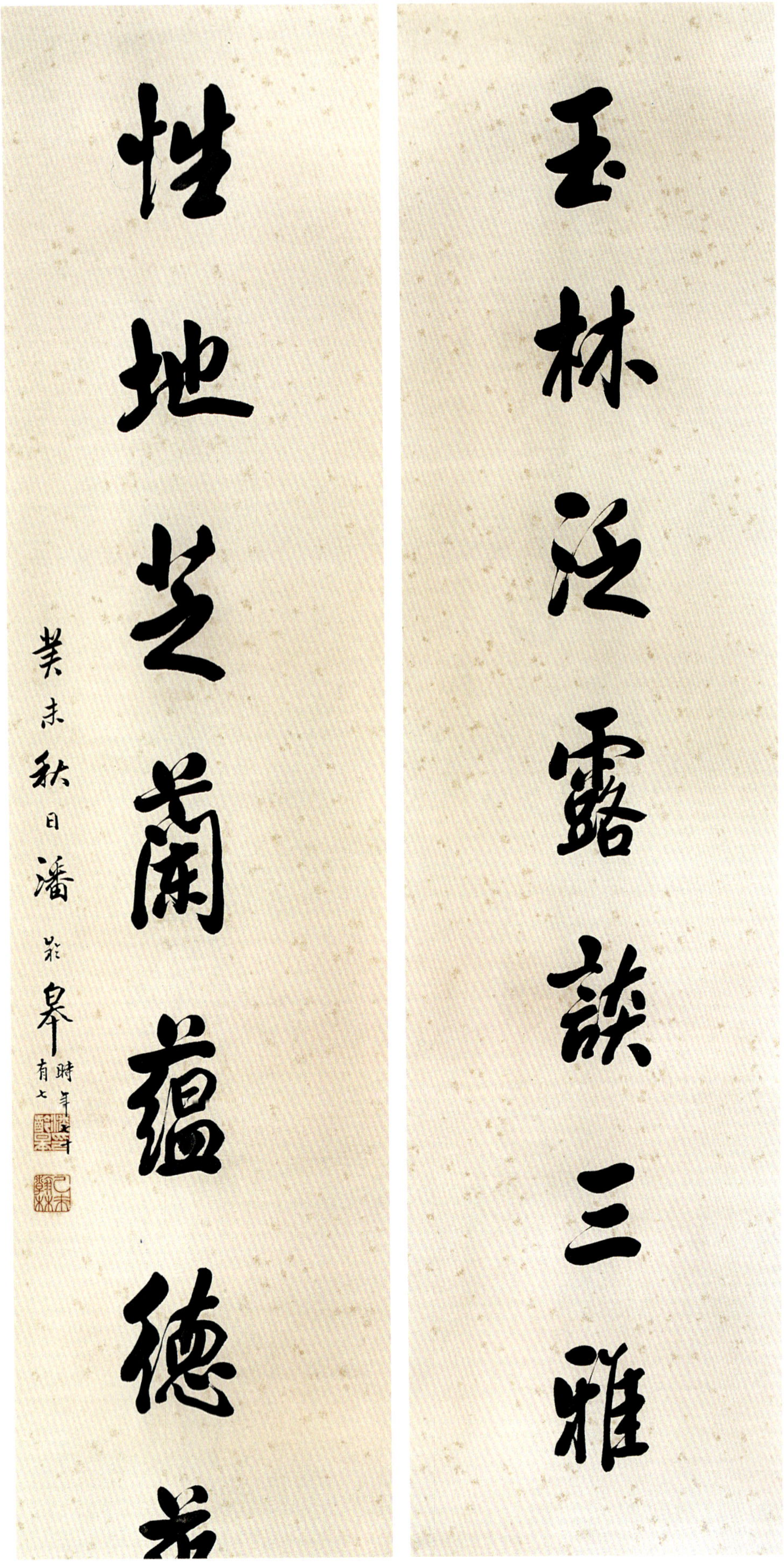

潘龄皋作品

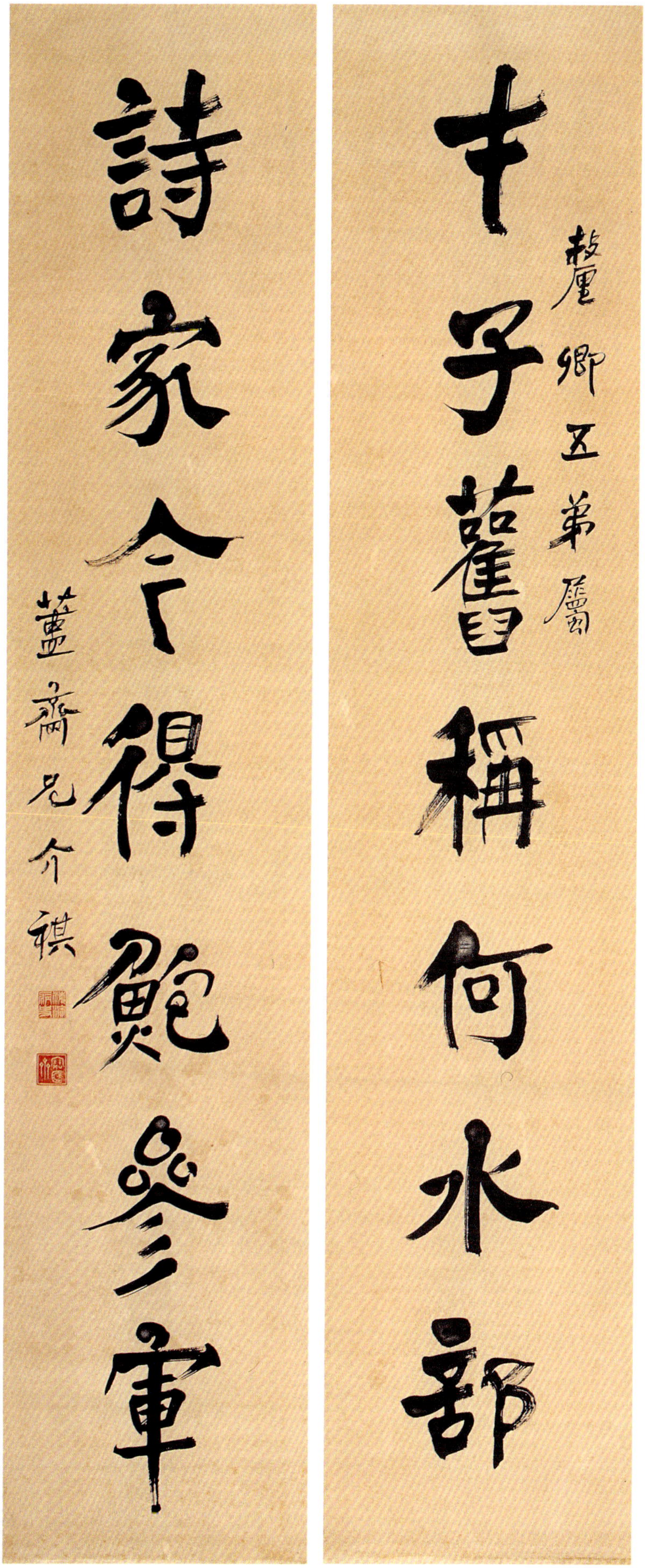

陈介祺作品

黃永玉

黄永玉作品

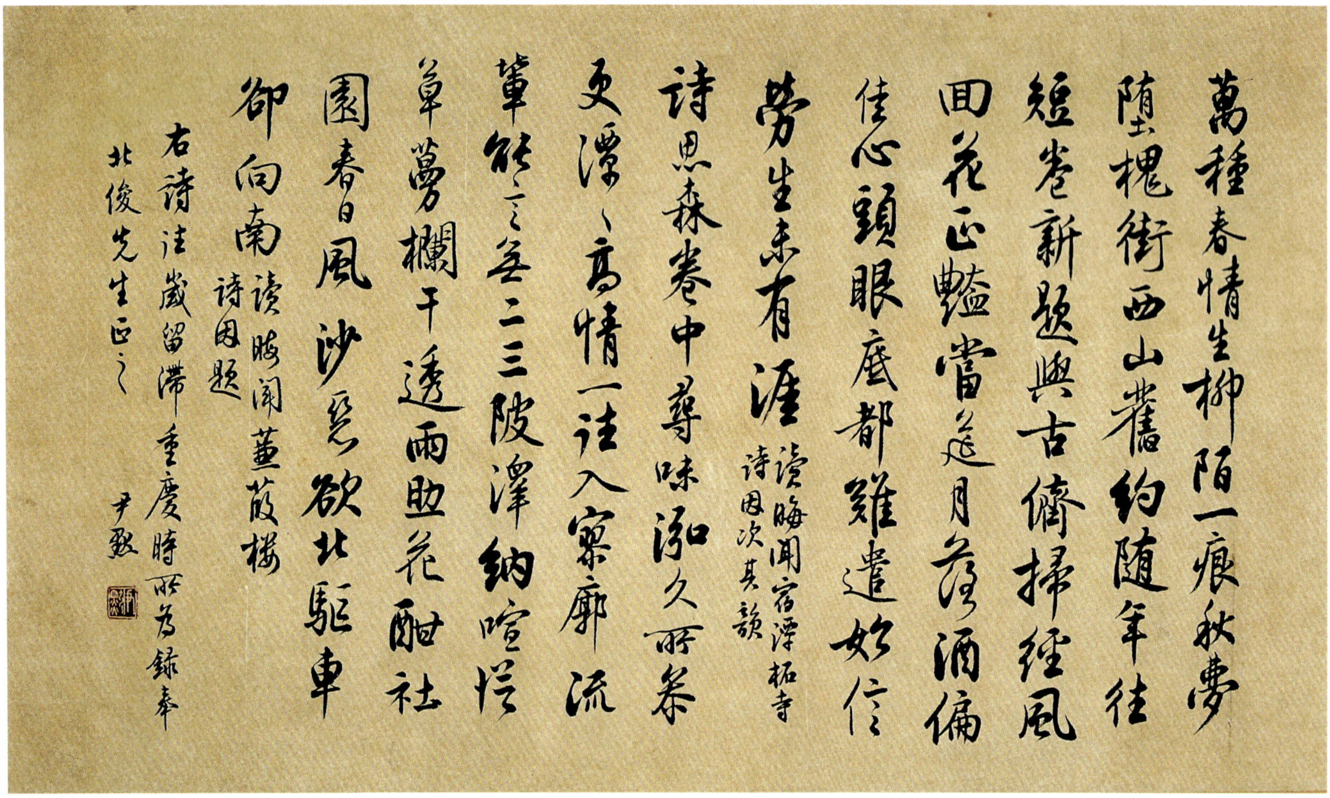

沈尹默作品

胡应康作品

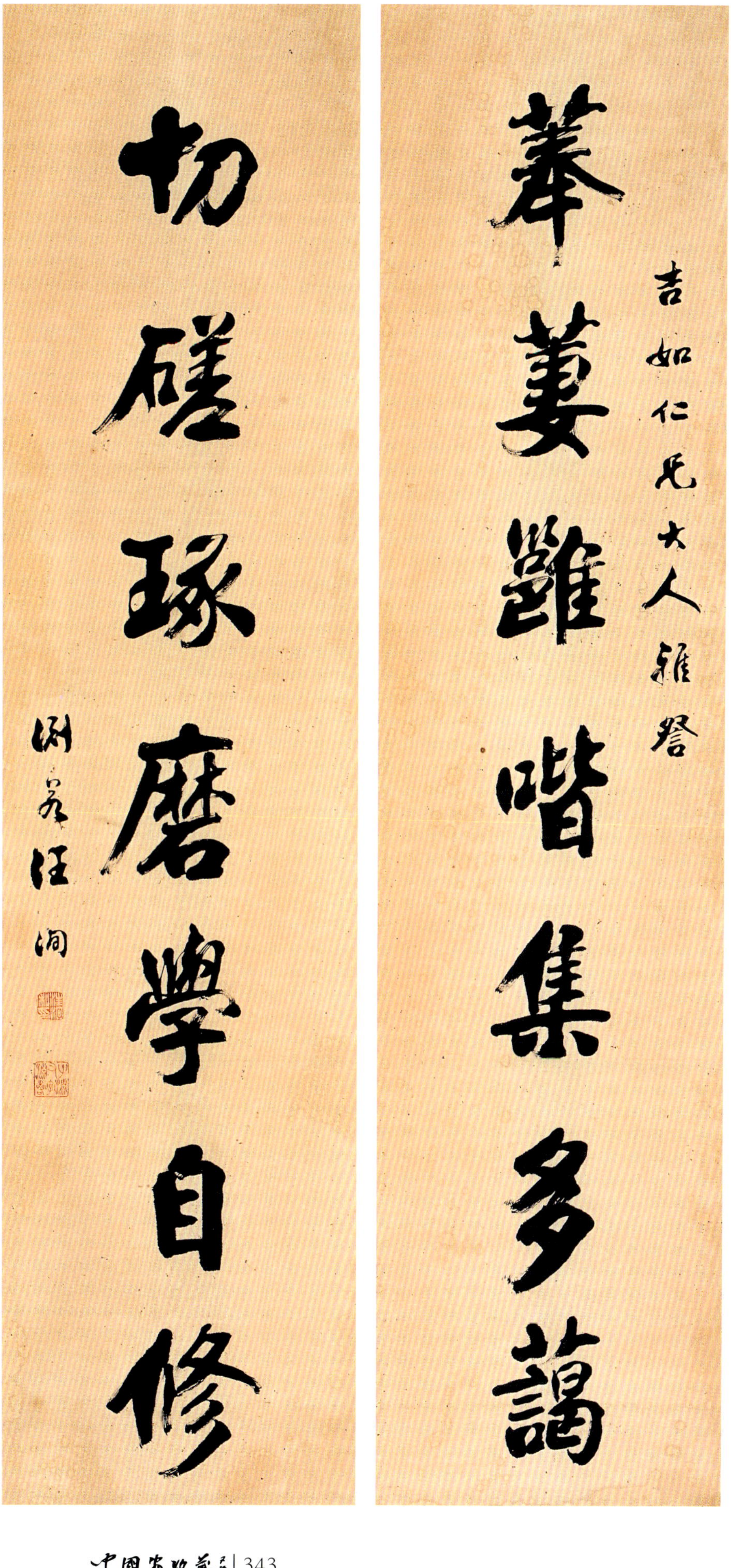

汪洵作品

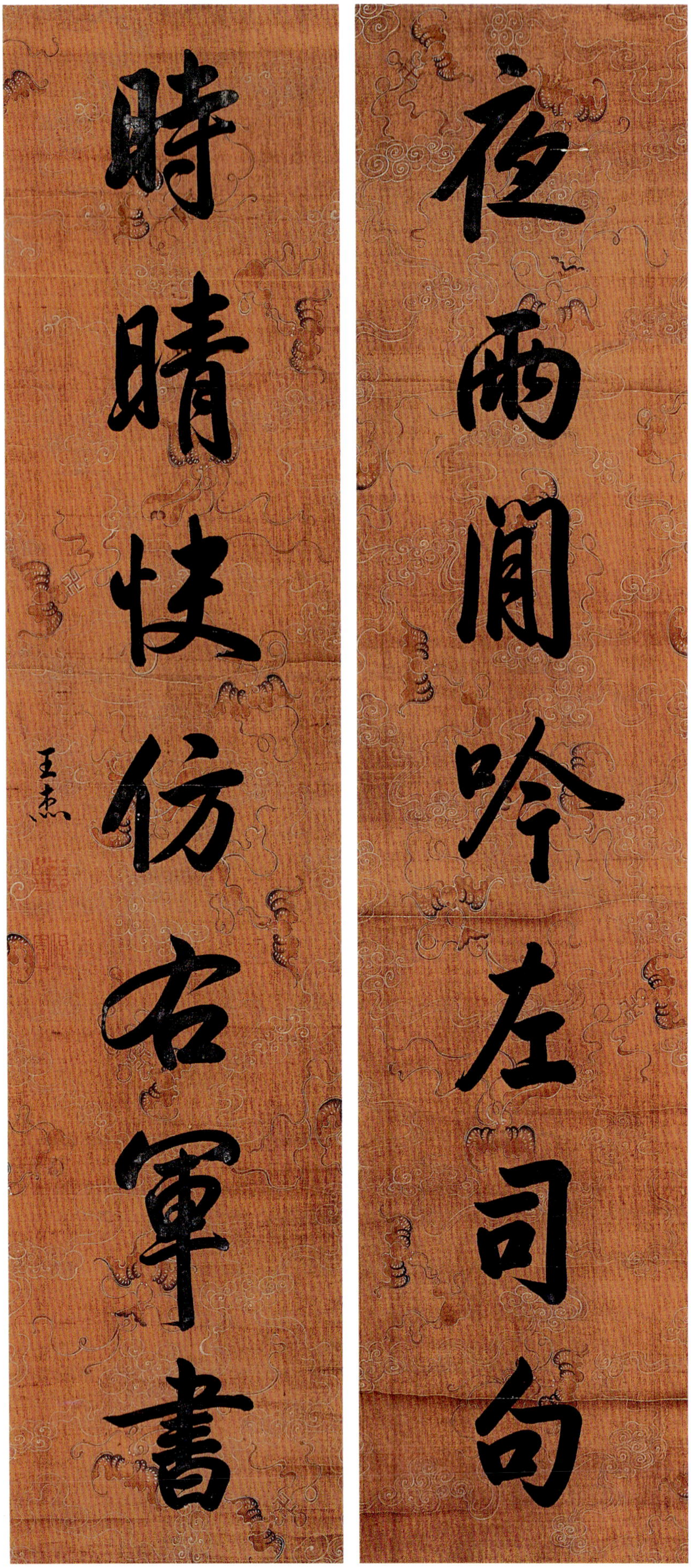

王杰作品

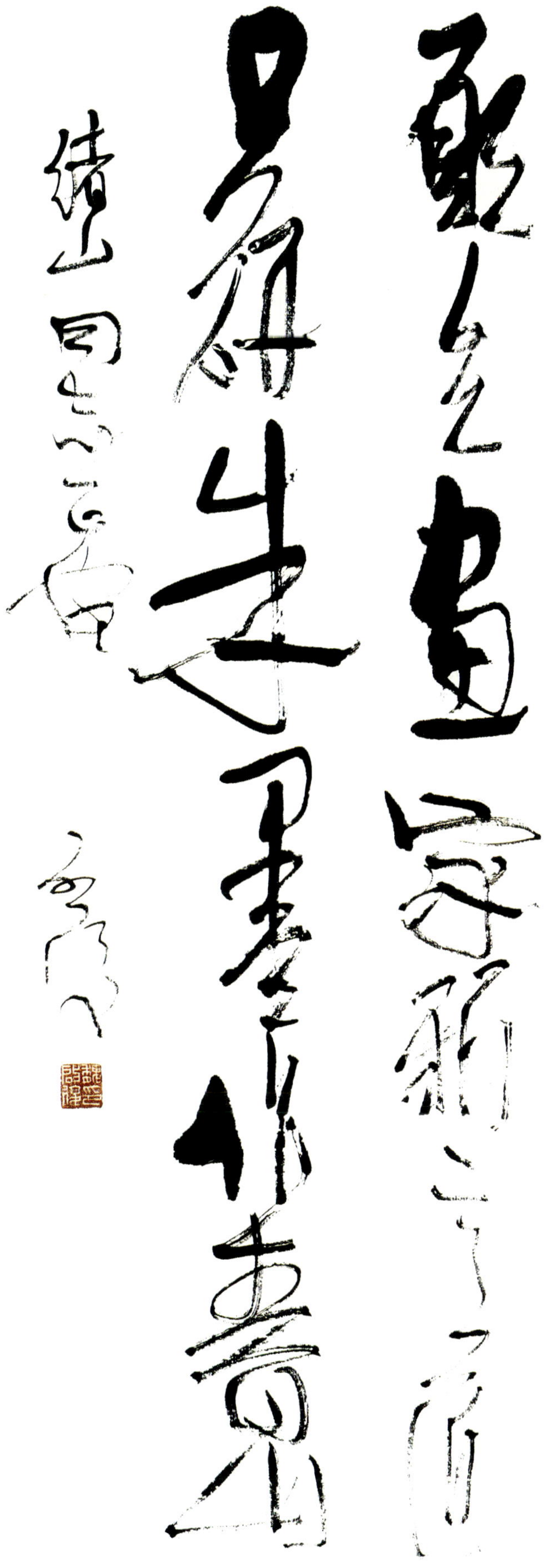

王杰作品

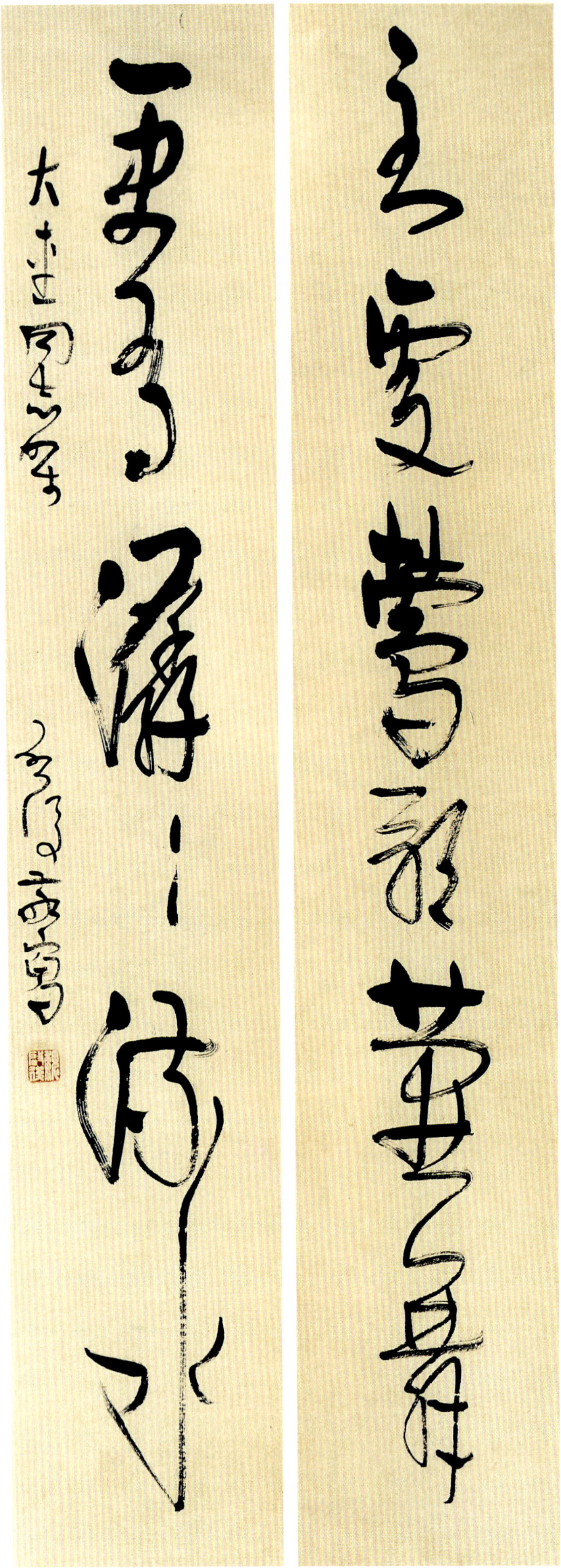

魏启后作品

魏启后作品

吉林画廊由吉林市画院创办，是省内独家以代理袁武作品为专卖的国办专业画廊，同时也经营国内著名书画作品。

画廊秉承：服务至上，诚信为本，保真升值的经营理念，以最优惠的价格，最佳的投资给消费者提供最高的服务理念。

画廊独家代理中国著名画家，现实主义绘画的领军人物——袁武先生的作品，以及国内著名书画家的精品佳作。

地　　址：吉林市昌邑区南昌路2号

吉林画廊：13089459383

0432－62030518

邮　　编：132001

袁武作品

袁武作品

袁武作品

袁武作品

袁武作品

袁武作品

袁武作品

袁武作品

袁武作品

北京芥子园画院

改革开放的基本战略使中国传统文化得到了空前的弘扬与发展。在960万平方公里土地上，颇有建树的艺术家和大量的书画艺术爱好者，投入到了中国文化传统艺术的继承与创新的队伍。

《芥子园》在中国的画坛上，流传广泛，影响深远，孕育名家，施惠无涯，近代现代的一些画坛名家如黄宾虹、齐白石、潘天寿、傅抱石等，都把《芥子园》作为进修的经典，使大量的文化艺术精品呈现在世人面前，北京芥子园画院应运而生。这个以弘扬传统文化，吸收当代文化艺术气息，创作不愧于我们这个伟大时代的艺术精品为宗旨的书画创作基地，坐落于伟大祖国首都北京东长安街延长线上，古老的大运河畔，这个有利于书画艺术家发展的园地，为广大书画艺术家、收藏家和书画爱好者提供了一个书画创作、艺术品交流的平台。

在这里不仅可以感受到中华文明艺术精髓的伟大，还可以欣赏和收藏到当代艺术家们的精品杰作，使大众的收藏更加有品味和价值。

北京芥子园画院有实力雄厚的著名书画艺术家200余人，下属有北京墨石斋画廊、北京墨宝斋画廊艺术创作基地。其曾成功组织举办多次大型文化活动，承接过无数场大小笔会，受到广大艺术家及艺术爱好者的支持和好评，创作的一批批艺术精品在社会上产生了广泛的影响。

百名书画家创作古运河之韵百米长卷

联系地址：北京市运河西大街13号（北京芥子园画院）
芥子园画院：13716385373 010-58407337
邮编：101100
网站地址：jzyhy.china.mainone.com
邮箱：jieziyuanhuayuan@163.com

北京芥子园画院执行院长常福在北京芥子园画院作品展开幕式上致欢迎词

张原作品

北京芥子园画院 | 推荐艺术家

张原

号金石道人，男，汉族，1931年生于北京通州。毕业于中央美术学院版画系，艺术职称编审，中国书法家协会理事，刻字学会副会长，中国美术家协会会员，中国版画家协会会员，书画评审委员会委员，中国书画函授大学教授，及部分地区书画院顾问。历任中国书法家协会组联部主任、展览部主任。中国观赏石协会科学顾问，赏石收藏家理论家。现为北京芥子园画院名誉院长，北京市通州区政协文史委员。

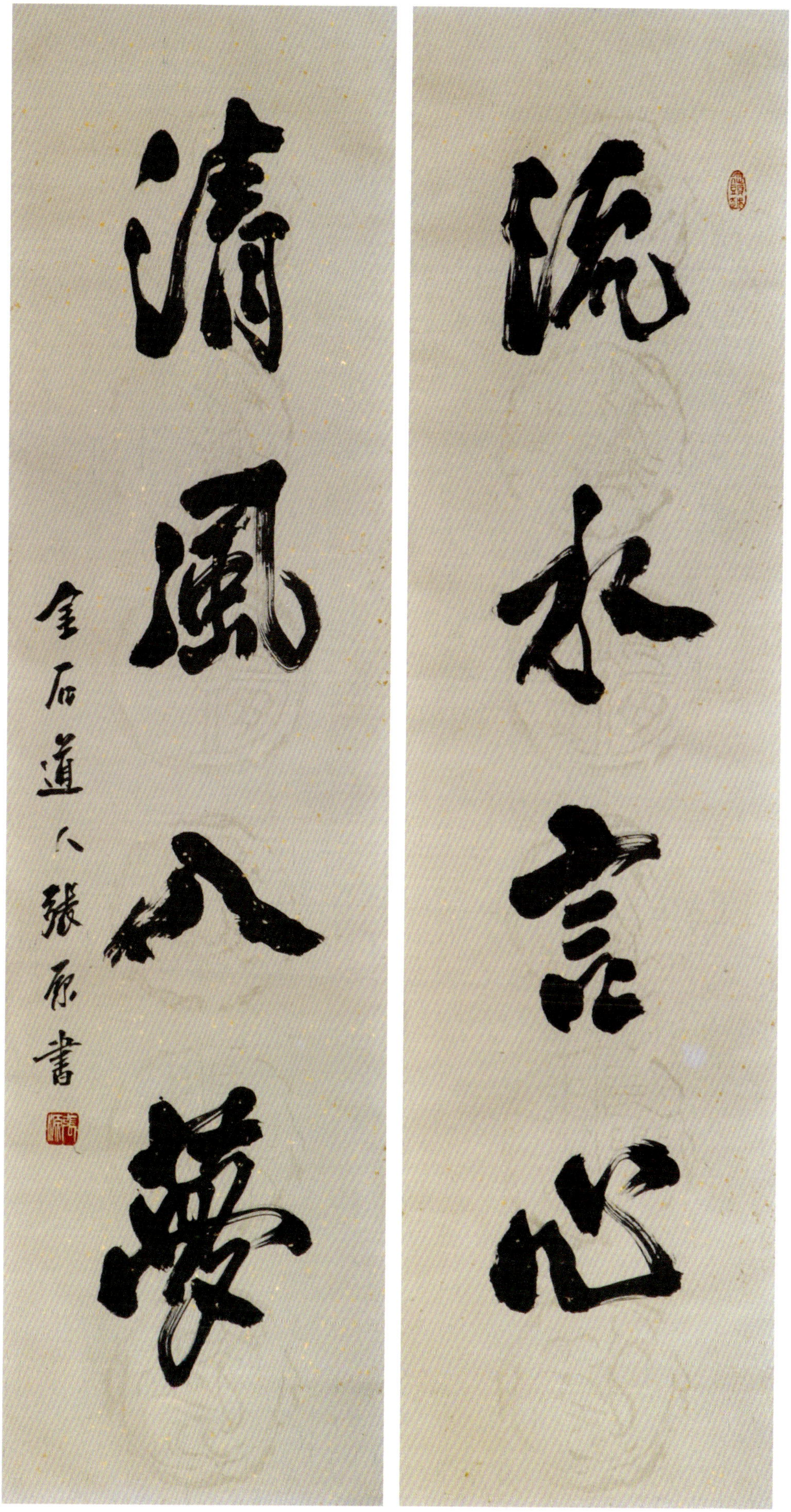

张原作品

邓惠伯作品

北京芥子园画院 | 推荐艺术家

邓惠伯

1938年10月出生。四川绵阳人。1958年于西南师范大学美术系毕业,作品多次参加全国、省、市展览，发表于各种美术报刊。现任北京芥子园画院院长。中国美术家协会会员。1980年毕业于中央美术学院研究生班，留校任教。文学硕士学位，继之，留学日本京都大学，获文学博士学位。历任中央美术学院讲师、教研室副主任、教授、中国艺术研究院美术研究所、清华大学美术学院兼任教授等。80年代起，于国内外举行个展、联展50次。先后获联合国教科文荣誉金奖等10余次。作品《冬日》《岚山过雨》等为国内外数十家美术馆、博物馆以及政府官厅和个人收藏。出版有《邓惠伯作品集》《邓惠伯画选》《邓惠伯水墨画选》（英文版）、《邓惠伯专辑》《画家邓惠伯》以及专著《亚洲美术史》《东方美术史教程》《日本美术之研究》《日本现代美人画选》《日本美术略史》《东洋美术之研究》（日文版）、《世界美术略史》等等。简历揭载于《中国美术年鉴1949-1989》《中国美术家协会大辞典》《中国现代美术家大辞典》以及英、美、日等各国艺术名家辞典。

邓惠伯作品

邹德忠作品

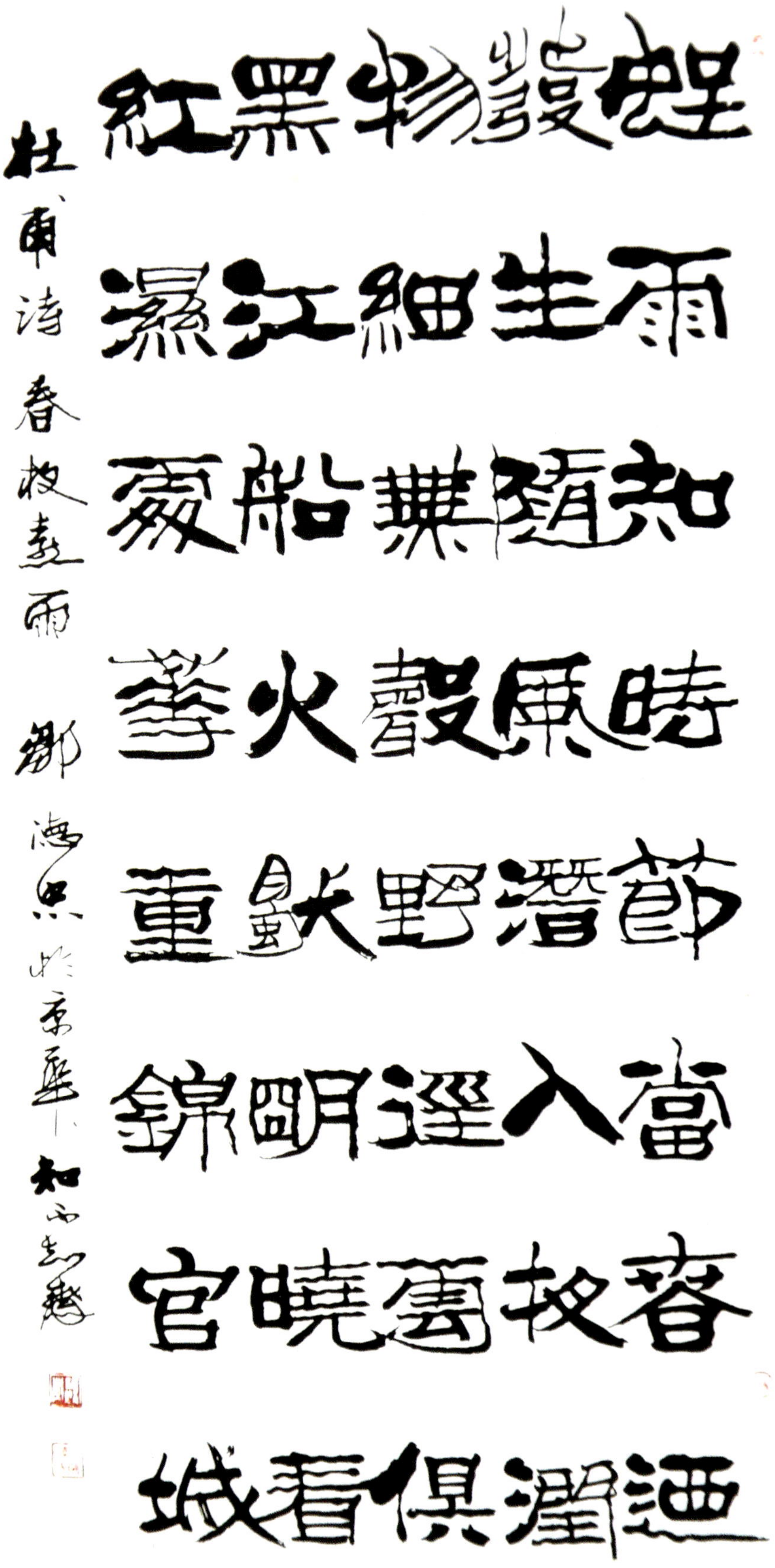

北京芥子园画院｜推荐艺术家

邹德忠

1938年生于山东烟台。曾任中国书法家协会组联部主任，中国书协理事，现为中国书协中央国家机关分会副会长，中国书法艺术家协会主席，文化部市场发展中心艺术品评估委员会委员，北京芥子园画院顾问。被聘任为全国各省市多家书法刊物，书法院校之校长，名誉院长、教授等。书法作品参加历届国内外重大书展，镌刻全国多处大型碑林，藏于中南海，人民大会堂等国内外多处博物馆和艺术馆。被多家书法艺术组织和媒体评为2006年度、2007年度全国十大书法家之一。编辑出版《当代中国书法艺术大成》《怀素草书全集》《中国书法家协会会员名鉴》《邹德忠书法作品集》等多种大型书法典册。在山东烟台开发区和福山区房家疃村建有“邹德忠书法艺术馆”以彰显他的书法成就。

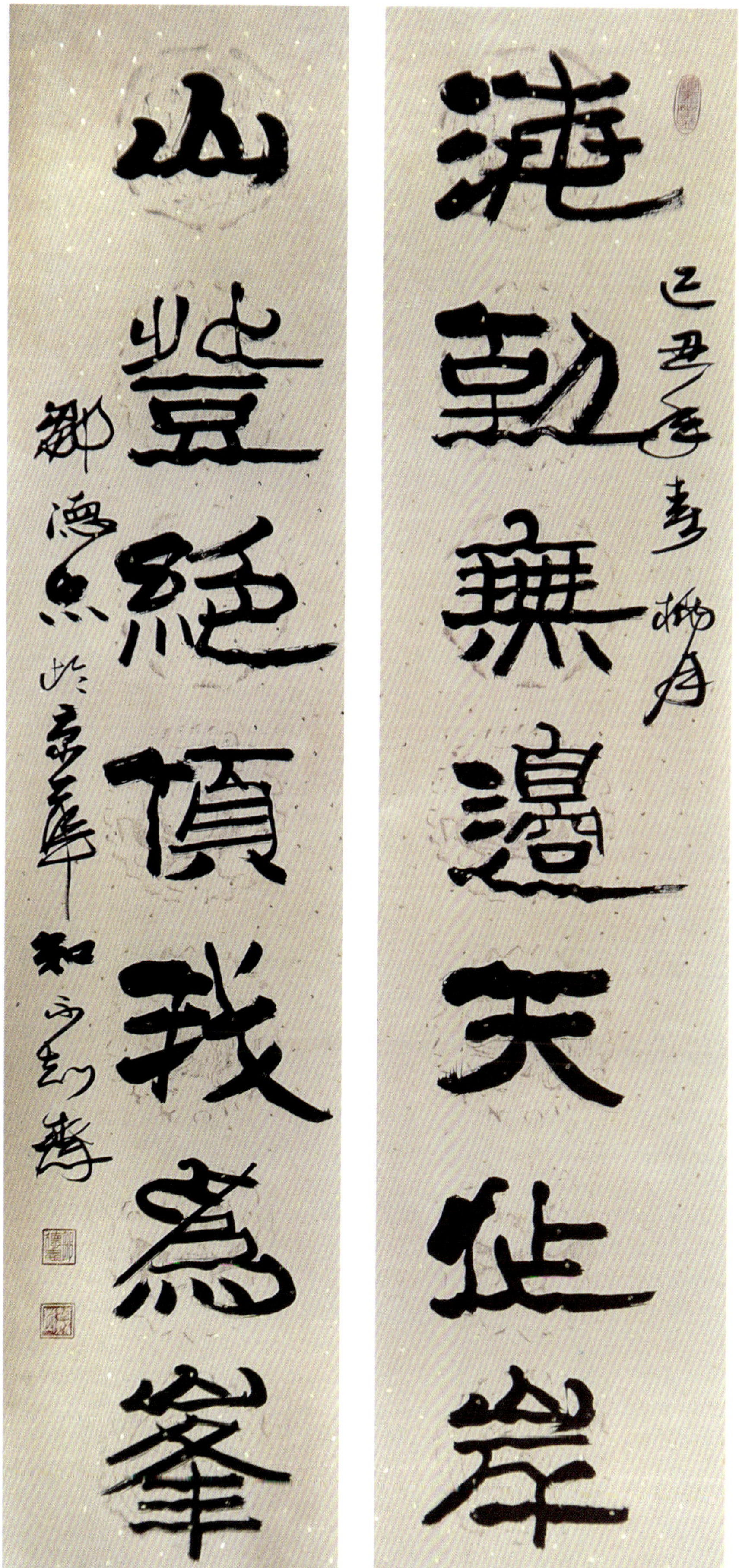

邹德忠作品

王承典作品

北京芥子园画院 | 推荐艺术家

王承典

1949年2月出生，汉族，笔名王喆。生于山东临朐。历任《红旗》《求是》杂志社编辑，山东省文化厅副厅长，山东省文联党组书记，山东省文联副主席，山东美协主席等职，现任中国作家协会会员、中国书法家协会会员、中国美术家协会理事、山东画院高级画师，北京芥子园画院顾问。

出版有小说散文集《小镇名医》（华艺出版社）、诗歌集《大地五线谱》（上海学林出版社）、《王承典画集》《王承典书法集》《王承典诗集》《王承典小说》学术专著《淄博文物与考古》等著作。

20多年来，先后在《人民日报》《文汇报》《中国文化报》《文艺报》《大众日报》等报刊发表书画作品百余幅，并多次参加国内外书画展并获奖；国画作品参加过山东省建国50周年书画展。书画作品被日本、德国等国家和地区以及香港、台湾美术馆收藏。书法作品，以行书见长，落落大方、静静自然、意足灵动、走笔舒展，"蕴藉着齐鲁人文积淀的人格气质"。绘画作品，人物、花卉工写兼备，充满了以诗人、作家、画家的视角观察社会、人生的独特感悟和对生活的激情与挚爱，让人更多地领略到在文学、美学等方面相当深厚的"画外功夫"。多年来从事文化艺术组织与管理工作，近年来组织策划众多山东与全国各地美术家的交流展览。

王承典作品

田伯平作品

北京芥子园画院 | 推荐艺术家

田伯平

毕业于中国传媒大学北京广播学院新闻与主持专业，现任北京书法家协会驻会副主席兼秘书长；中国文学艺术界全国代表大会第六、七次代表；中国书法家协会第四、五届理事；中国书协硬笔委员会副主任；文化部艺术品评估委员会委员；中国人民大学国学院书法教授；对外经济贸易大学客座教授；首都师范大学书法院兼职教授；北京电影学院客座教授；北京市委党校成教院艺术总监；中华诗词协会会员，中国楹联协会会员、中国人权基金会理事，北京音乐家协会会员，北京朗诵研究会会员，北京芥子园画院名誉院长。

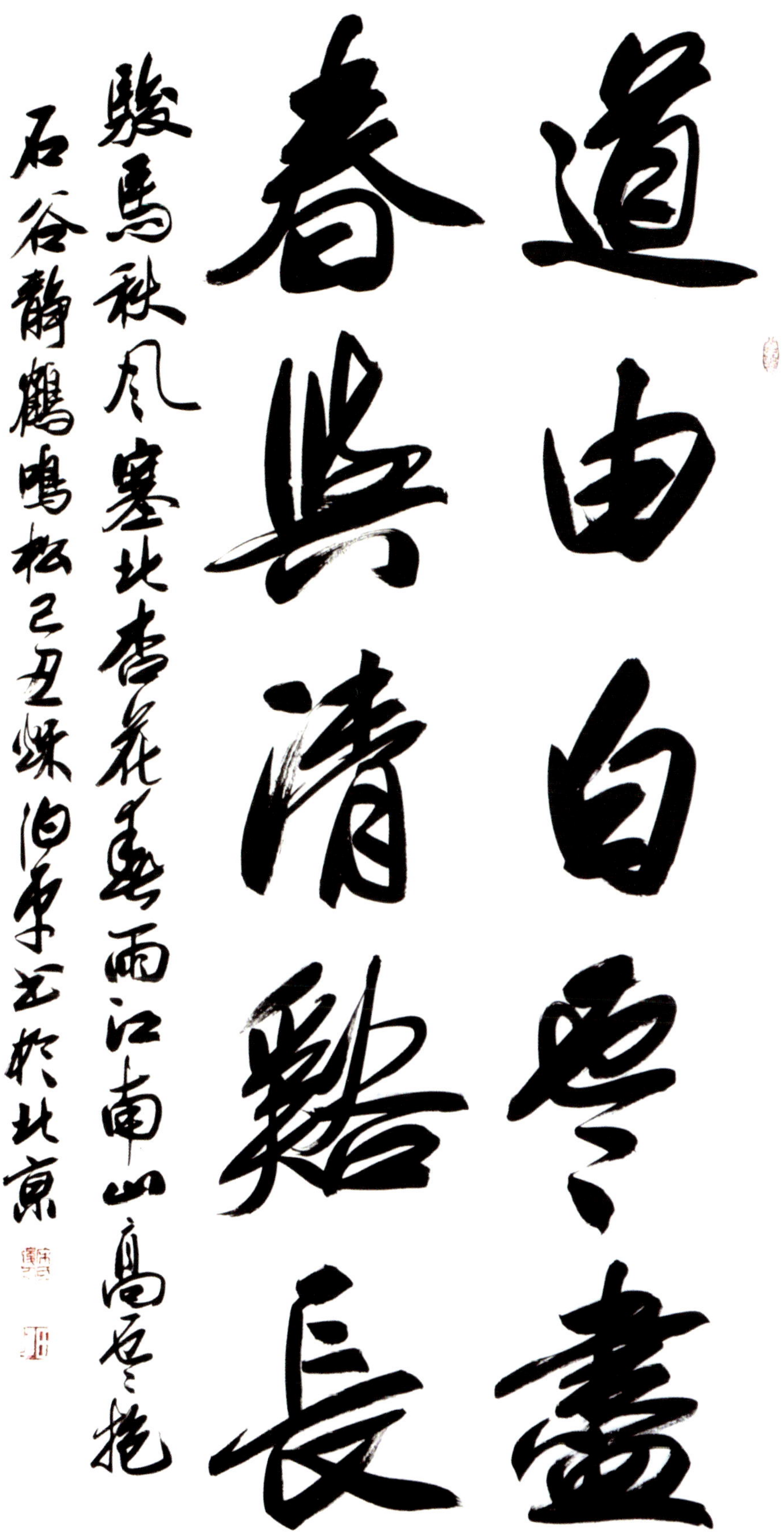

田伯平作品

张书范作品

北京芥子园画院 | 推荐艺术家

张书范

1943年4月生于吉林市，祖籍河北省深州市。1965年毕业于北京市工艺美术学校。自70年代至今，专习晚清张裕钊书法。80年代起，先后在日本，韩国，马来西亚，意大利以及北京，烟台，青岛，台湾，深圳等地举办个人书画展及书法交流展。80年代，曾编辑、编写《魏碑技法》《柳体技法》《书法字海》《清张裕钊书滕王阁序》《晚清张裕钊楷书字帖》等。1989年，中央电视台主办书法技法讲座中，主讲《魏碑技法》《柳体技法》。1990年、1992年在北京组织并举办全国《张裕钊书法流派展》同时召开《张裕钊书法艺术国际研讨会》。1997年为大型电视连续剧《水浒传》题写片名。1998年为北京汉仪科印有限公司书写《南宫体》计算机字模。2001年荣获联合国教科文组织颁发的“阿卡得米”奖，即学院派艺术权威奖。自1982年以来，曾多次参加中外各种书法比赛并荣获大奖，作品被多种艺术词典收录和各地多家博物馆收藏。曾任中国书法家协会理事，北京书法家协会副主席，北京海淀区书法家协会主席。现任中国书协会员，北京芥子园画院顾问，北京书法家协会顾问，民进北京市委书画院院长。

张书范作品

健翮欲翔云汉外 68cm × 68cm 1994年

北京芥子园画院 | 推荐艺术家

高士尊

1933年出生于河北迁安，1961年毕业于中央工艺美术学院。现为高级工艺美术师、北京市美术家协会会员、中央书画艺术研究院副院长、北京芥子园画院顾问、中国书画家联谊会理事、北工大耿丹学院艺术系教授、北京京华美术学院教授。

风吹乱紫萝 68cm × 68cm 1993年

香清溢远 145cm × 145cm 2004年

李白独坐静亭山

北京芥子园画院 | 推荐艺术家

纪清远

1954年出生于北京。毕业于首都师大美术系。国家一级美术师、中国美术家协会会员、清代大学者纪晓岚六世孙、纪晓岚纪念馆馆长、纪晓岚研究会顾问、北京芥子园画院顾问、北京市文史研究馆馆员、北京市对外友协理事、北京画院创作室主任。

作品经常在世界各地展出。作品《唐人诗意图》荣获1988年全国首届工笔画大展“金钗奖”；《大漠风尘》入选第23届蒙特卡罗国际现代艺术大展；《秋水月色》获96中日水墨画联展“优秀作品奖”；《兰亭雅集》被人民大会堂收藏并悬挂在大会堂中南厅《北风》《高原晨光》先后入选全国美展；作品《裱画工》《雏凤凌空》由中国美术馆收藏。《美术》《民族画报》《中国画》《人民日报》《光明日报》《中国青年报》《中国艺术报》《中华英才》中央电视台以及台湾《自立晚报》悉尼《澳洲新报》和新加坡《联合报》等报刊、媒体曾做过专题报导。曾在新加坡、悉尼及我国台湾、成都和北京中国美术馆举办“纪清远、卢平伉俪画展”并出版《纪清远画集》。传略编入《中国美术家年鉴》《中国当代国画家大辞典》《世界名人录》《世界华人美术名家年鉴》等多部辞典。

踏雪图

江上诗情

风清月淡箫声远

北京芥子园画院|推荐艺术家

卢平

女，1958年出生于成都。1982年毕业于四川美术学院，现为北京画院国家一级美术师、中国美术家协会会员、北京芥子园画院顾问。民革中央委员、北京市政协常委、北京中山书画社社长。作品多次入选国内外大型画展，并屡次获奖。经常到世界各地展出。《竹韵》等四幅作品分别入选第六、七、八、九届全国美展；《春消息》入选第23届蒙特卡罗国际艺术大展。《蕉林晨晖》等五幅作品被中国美术馆收藏。《人民日报》《光明日报》《中国青年报》《中华英才》《中国艺术报》《中国画》《美苑》北京电视台以及台湾的《自立晚报》、悉尼《澳洲新报》和新加坡《联合报》等报刊、媒体曾做过专题报道。与纪清远合作《版纳风情》被镶嵌在国家领导人的专机上，《竹韵》被人民大会堂收藏并悬挂在大会堂南海厅。分别在新加坡、悉尼及我国台湾、成都和北京中国美术馆举办“卢平、纪清远伉俪画展”1997年赴英国参加中英妇女绘画联展。曾出版有《卢平画集》。传略编入《中国当代国画家辞典》《中国当代书画家名人大辞典》《世界名人录》《世界华人美术名家年鉴》等多家辞典。

南国硕果

关麟英作品

北京芥子园画院 | 推荐艺术家

关麟英

1940年生于内蒙古呼和浩特，蒙古族。1964年毕业于中央民族学院艺术系中国画专业。修业本科五年。师从吴镜汀、吴光宇、王雪涛、秦仲文、马晋、黄钧等前辈。现任国家一级美术师、中国美协会员、北京芥子园画院顾问、北京工业大学耿丹学院教授、中国书画研究院副院长、中央文史研究馆书画院研究员；曾任内蒙古美术馆馆长、内蒙古美协副秘书长、第八届全国美展评委。中华人民共和国国家知识产权局授予“中国知识产权文化大使”称号。

关麟英作品

关麟英作品

李福安作品

北京芥子园画院 | 推荐艺术家

李福安

男，1955年生，北京人。山水画家。自幼拜师王静庐、王厚山学习传统国画，毕业于京华美术学院，师从山水画家周汝谦、花鸟画家刘冠廷，1996年加入官布先生创办的中国少数民族美术促进会，并有幸成为艺术大师官布先生的入室弟子，深得教益。多年来，虚心求教，刻苦学习，尊重传统，注重写生。现任京华美术学院院长，北京芥子园画院副院长、艺术创作中心主任，中国少数民族美术促进会理事、艺术部顾问，世界华人联合会（总会）诗书画研究院高级顾问。其作品多次参加国内外美术大展并多次获得金奖银奖，为政府机关、人民大会堂、博物馆绘制巨幅山水作品，深受国内外各界人士喜爱与收藏。

李福安作品

李福安作品

华敬俊作品

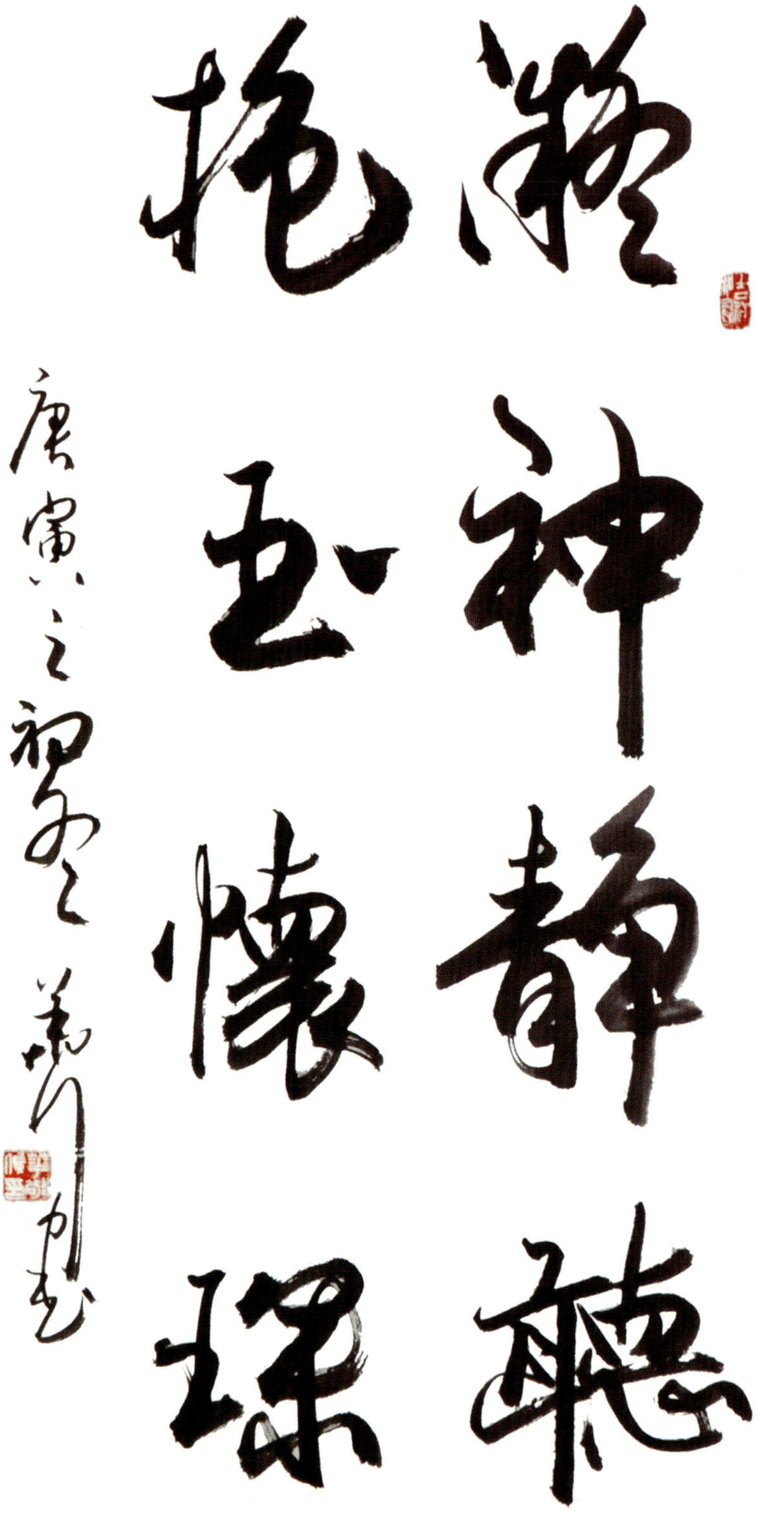

北京芥子园画院｜推荐艺术家

华敬俊

号齐人，1941年6月生，山东微山县人。中国城市艺术研究院副院长、教授，中国美术家协会会员，中国书法家协会会员、中国书法教育专业委员会副理事长，北京书法教育研究会秘书长，北京芥子园画院名誉院长。从事书法美术教育工作40年之久，编著多种教材和课本十余套部。1998年荣获《香港书法教材展览》优秀奖，并出版《书画技法》5部，在70-80年代先后为刘少棠、浩然、孙犁、马烽、赵树理等几十位作家的文学作品插图。曾赴香港、台湾地区讲学并参加展览和艺术交流，1994年受邀至台湾东吴大学讲学，1995年受加拿大学术团体邀请参加展览，2000年赴日本、韩国、澳大利亚、新西兰等国家参加学术交流和展览，并受邀至新西兰梅西大学讲课。

华敬俊作品

张景蕙作品

北京芥子园画院 | 推荐艺术家

张景蕙

1954年生于山东，现定居北京。毕业于曲阜师范大学艺术系，后受著名画家崔子范、孙其峰、黄衍等先生亲自指导。现为北京芥子园画院艺委会委员，中国美术家协会会员，清华民族画院教授，中国画画院院士，都市画画院副院长，中国现代书画名家名作特约编委，国家一级美术师。1990年至今曾在日本、韩国、马来西亚等国及我国香港、北京、天津、山东、河南、安徽、江苏、广东、甘肃等地举办个人画展30余次。荣获国际国内书画作品展金奖20余次，作品被毛主席纪念堂，中国革命军事博物馆、香港艺术中心、军事科学院、二炮司令部、济南军区、兰州军区等单位收藏。中央电视台等多家媒体对张景蕙先生进行宣传和报导，其传略被编入《中国美术家作品集》《中国当代书画名人图录》《世界华人书画作品精选》《中国百名杰出书画家大辞典》，出版有《张景蕙画集》《张景蕙国画作品精选》专集。

张景蕙作品

幽室藏金 70cm×70cm 2002年

北京芥子园画院|推荐艺术家

陈慧敏

1964年毕业于北京市工艺美术学校（现北京工业大学艺术设计学院）。从事工艺美术设计，任高级工艺美术师。1985年转入院校从事工艺美术教学，先后任北工大耿丹学院艺术系教授、京华美术学院教授。现为北京市美术家协会会员、北京芥子园画院顾问、北京工笔重彩画会会员、中国书画家联谊会理事、中国中央书画艺术研究院艺委会委员。

幽室茶香 70cm × 70cm 2002年

室雅幽幽 70cm × 70cm 2002年

常福作品

北京芥子园画院|推荐艺术家

常福

号珏子，书画篆刻家，1956年生于北京，现为北京芥子园画院执行院长、兼秘书长，中国国画家协会理事。中华人民共和国建国60周年时，作品被中国集邮总公司印制成邮票限量三万枚全国发行。

常福作品

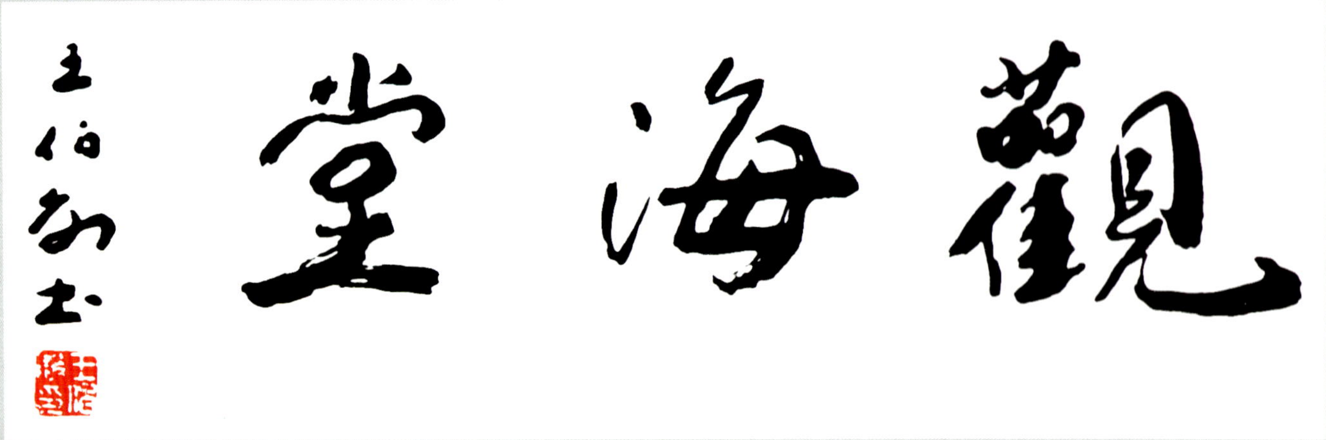

“东临碣石，以观沧海”——观海堂

观海堂座落于东海之滨的舟山群岛，地处于定海历史文化名城，境内拥有中国四大佛教名山圣地“海天佛国”普陀山；“晴沙列岛”嵊泗两个国家级风景区；“东海蓬莱”岱山岛；“金庸笔下”桃花岛两个省级风景名胜区；“碧海金沙”朱家尖；“渔都港城”沈家门等休闲之处，到这里尽可领略东方佛教文化的博大，海洋文化的神奇，并感悟“福如东海”人间仙境的梦幻境界。

观海堂于1997年成立以来，受到当地各级领导的关注，社会各界名流的青睐，结识了许许多多艺术大家，并有幸得到徐邦达、史树青、孙轶青、王伯敏、杨仁恺、陆一飞、程宝泓等诸位前辈艺术家的赐教厚爱。南北交往、墨求四方、至今珍藏有明、清及近现代的名家书画作品数百幅，并免费向社会开放、为书画爱好者开辟了一个欣赏名家艺术作品的殿堂。

美丽的海岛气候优美生态环境优越，名胜古迹众多，可圈可点，可画可作，素材举不胜举，观海堂将为各位艺术家展示各自的艺术风采，提供了一个良好的平台。立足舟山面向全球、举行各类书画研究、展览、创作交流、写生、结交良师益友、筑起国内外艺术家的友谊桥梁，光大祖国传统文化，为弘扬中华书画艺术作出贡献。

地　址：浙江省舟山市定海环城东路26-2号
观海堂：13355809666　0580-2030918
负责人：冯中干
邮　编：316000

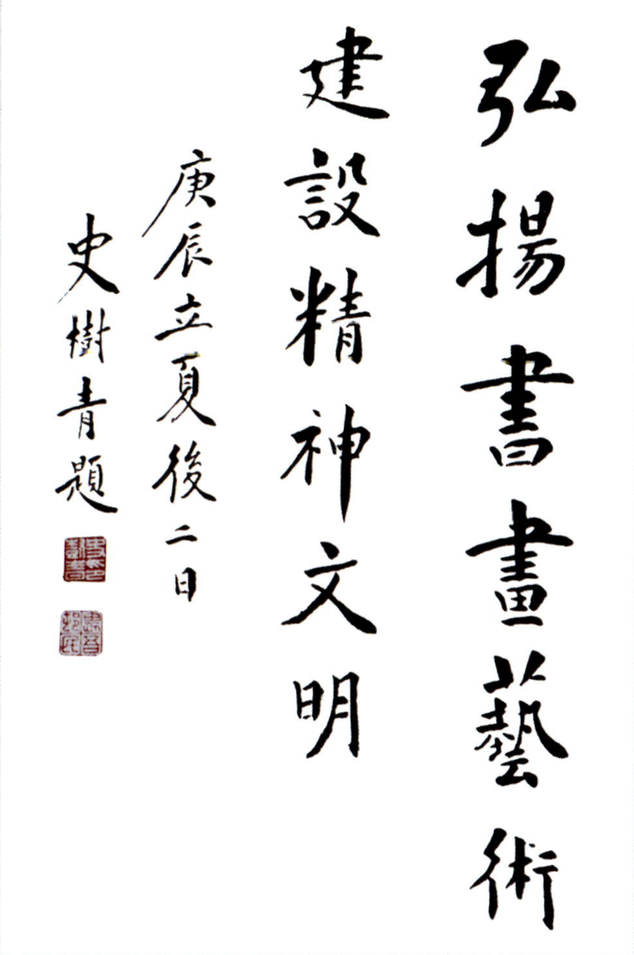
弘揚書畫藝術
建設精神文明
庚辰立夏後二日
史樹青題

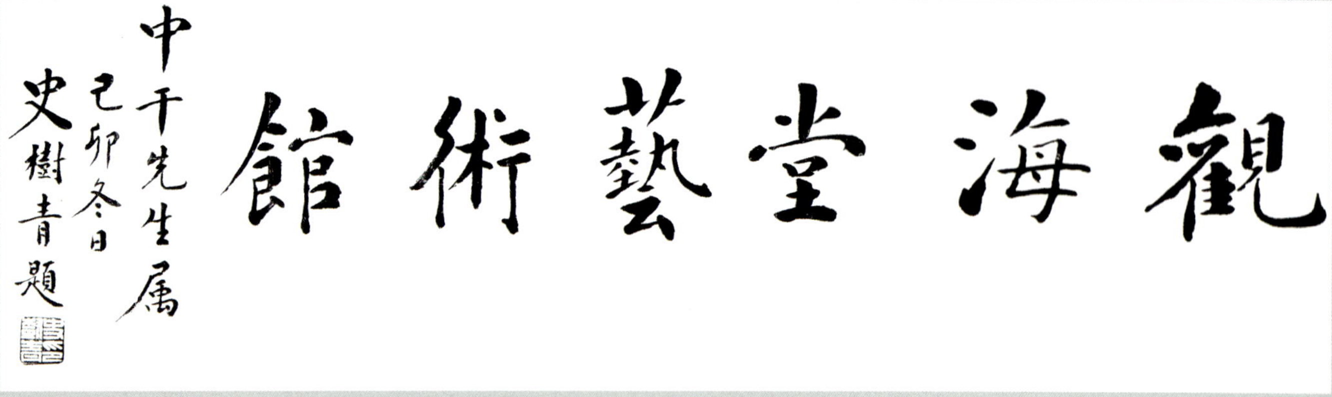
觀海堂藝術館
中千先生屬
己卯冬日
史樹青題

祝無量壽

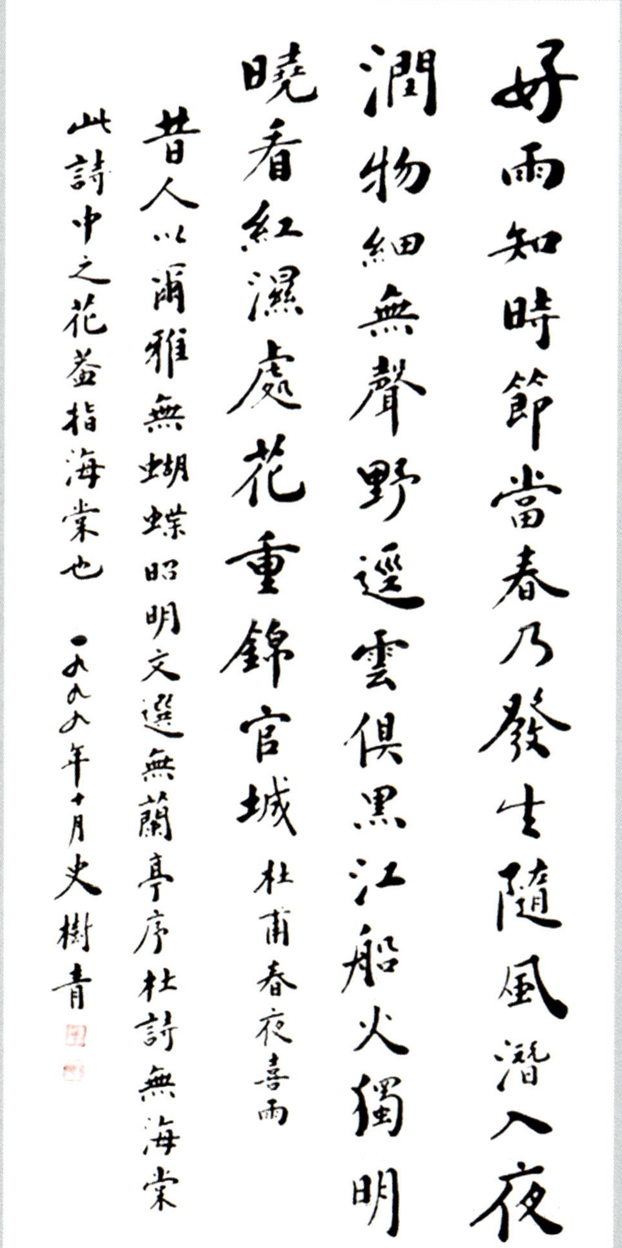
好雨知時節當春乃發生隨風潛入夜
潤物細無聲野逕雲俱黑江船火獨明
曉看紅濕處花重錦官城
杜甫春夜喜雨
昔人以涌雅無蝴蝶昭明文選無蘭亭序杜詩無海棠
此詩中之花蓋指海棠也
一九九八年十月史樹青

大展宏图

周荣生写意人物画展'07年5月11日至18日在金华婺梅斋画廊举行

画廊经营：中国书画、新疆和田玉。

主要代理：王明明、任惠中、周荣生、周逢俊、王英刚、王金明、王涛、王家训、王绿霞、刘泉义、赵镇川、黄格胜、苗再新、易洪斌、孙恩道、徐培晨、郭金服、蒋为民、曾来德（书法）、郑庆伟（书法）、普欧（篆刻）等人作品。

经营理念：传播和弘扬中华民族德优秀文化，经营名家作品、书画家原创作品，立足当代艺术精品。

宗　　旨：旨在弘扬中华民族文化，宣传优秀的中国画艺术。

经营方向：艺术家签约代理，书画作品保真销售。长期举办各类文化艺术交流，常年接待中外书画爱好者和收藏家，注重开发德培养书画艺术市场，发现和推介优秀的书画艺术人才，为中青年书画家提供一个艺术窗口，不断推出新人新作。为画家、收藏家、企业家、社会各界爱好者搭建良好的交流平台。

婺梅斋画廊坐落在金华历史古城八咏楼（国家文物重点保护单位）下，紧邻金华婺剧院、黄宾虹故居、台湾义勇军纪念馆、天宁寺、太平天国侍王府、婺州公园。古子城文化产业链是金华人民文化集市的一个重要窗口，逢周日为集市日。金华有“八婺”之著称，文化底蕴雄厚，是浙江中部经济发达地区；下辖：兰溪市、义乌市、永康市、东阳市、浦江市、武义县、磐安县，市黄宾虹、张书旗、吴弗之、艾青等文化界著名人士的故土，市中国诗书画之乡。

画廊面积230平方米，有180平方米的主展厅，有100余个展示镜框。

地　　址：浙江省金华市八咏楼酒坊巷38号
婺梅斋画廊：13221267808
　　　　　　0579－82303533
负 责 人：梅先生
邮　　编：321000
邮　　箱：meiquanjin1993@163.com

伯揆，原名王英钢，斋号有鸣堂，1968年出生于河北石家庄，1990年毕业于河北师范大学美术系（现美术学院），2004－2005年先后进修于中央美术学院及杭州师范美术学院，国家一级美术师，现为中国艺术研究院研究生院何水法花鸟画高研班助教。

绘画作品多次参加全国美术展览。从1995年至今分别在山东、河北、河南、北京、江苏、四川、新疆、福建、甘肃、辽宁、安徽、浙江、广东、陕西等地举办个人展览40余次。多幅作品被国内外艺术机构及个人珍藏。

出版有《王英钢画集》《王英钢作品精选》《王英钢精品集》《怎么画小动物》《当代名家档案——王英钢》《王英钢花鸟画作品选集》《王英钢花鸟画作品选集》《中国画学术研究伯揆卷》。

伯揆先生现为国家一级美术师，中国艺术研究院研究生院何水法高研班助教，曾在国内及国外举办个人展览近50余次，市当代最具影响力的中青年花鸟画家之一。伯揆美术馆坐落在北京通州宋庄艺术东区。

伯揆先生的作品注重新意，又不失传统。他的用笔沉着、老练，笔法变化多端、色彩运用大胆泼辣、浓艳激烈，横涂竖抹表现出一种激情的倾泻。所有作品均带有浓浓的人文气息，油漆他笔下的各种鸟类生动活现，不失宋元遗风，又有自己的独到面貌，给人以自然清新，野逸横溢的拟人情态。展出的30幅作品均为伯揆先生近两年的精品力作，画风大气厚重、墨色纵横、布局新颖，为观者带来较强的欣赏性。

婺梅斋画廊推荐艺术家

夏深耕

——字耘斯，号文涛，楠村，山舟，南素。浙江永康人。幼承祖训，学渊性爽，兼爱文学、哲学、历史及收藏。其勤奋、务实、低调却又傲岸耿介，有着一股强烈的古代文人的精神气质。其书求益多师，秉古而化，清新脱俗。其人思想不凡，对世间万物多有真切的感悟和不俗的见解，寓唯物辩证法于书法之中，紧密结合理论和实践，撰写了许多书法论文。轻名衔，淡金利，历经常人难以想象之磨难，穷几十年之光阴，孜孜以求书法艺术并立志趋古近古，慕古学为峰，俟后人相识。

著有书论《关于书法的一些哲学思考》《书法的辩证思维之管窥》《思与书》《太极与书法》《圆方笔法与太极开合》《书法结构浅探》《书法中古笔法之窥探》《书究圆融》。

作品代理：13645898992
QQ：623425890

虚竹扇面

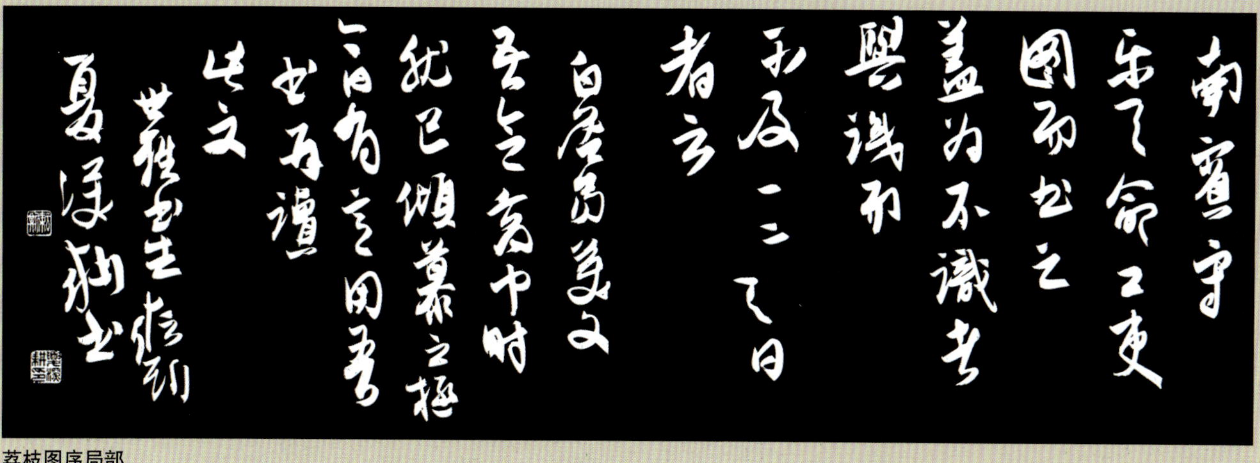

荔枝图序局部

泰山卷云轩

中国书法家协会党组书记、驻会副主席兼秘书长赵长青莅临卷云轩

泰山卷云轩文化艺术交流中心位于泰山文化中轴线红门路北段，古典三重殿庑式竹木建筑，总面积1000多平方米，有两个200平方米的标准化书画展厅，并配有画家画室、赏石茶舍、图书阅览室、盆景花园等附属设施，亦是泰安市书法家协会和美术家协会的交流中心所在地。

以弘扬华夏艺术，传播泰山文化为宗旨，以典雅的展示环境，专业的文化艺术活动策划为基础，以真诚交流为目的，集名家现场展示、书画作品销售、鉴定、中介为一体的综合性文化艺术交流平台。

地　　址：山东省泰安市红门路32-2号
泰山卷云轩：0538-6227111　18660888887

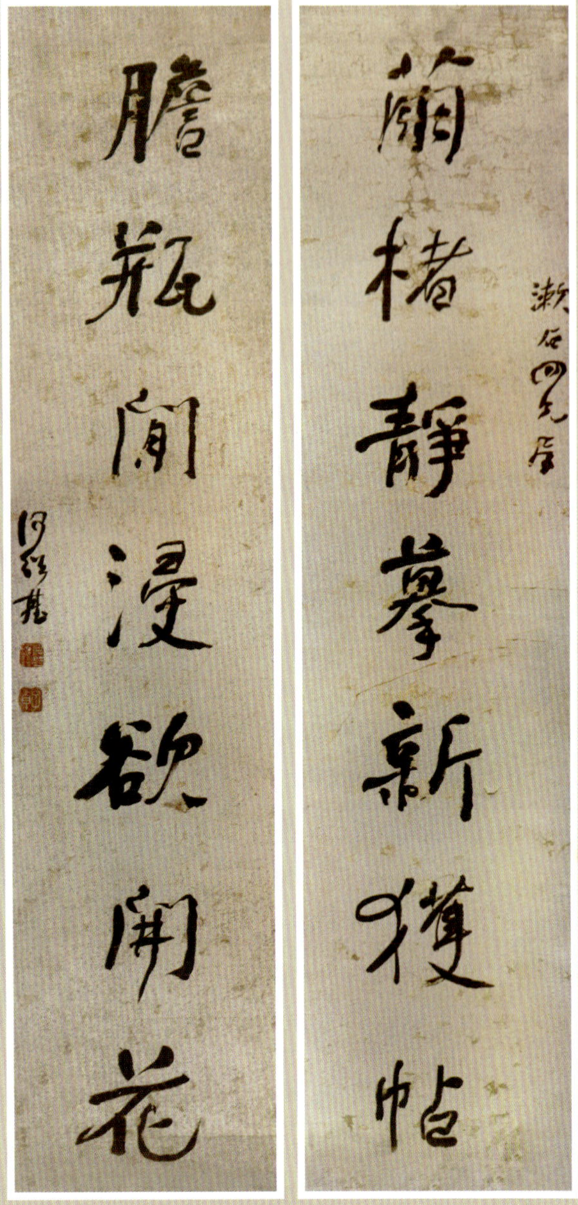

何绍基 行书七言联 纸本立轴 125cm×31cm×2

欧阳中石 行草旧作咏东坡 纸本镜片 32cm×82cm

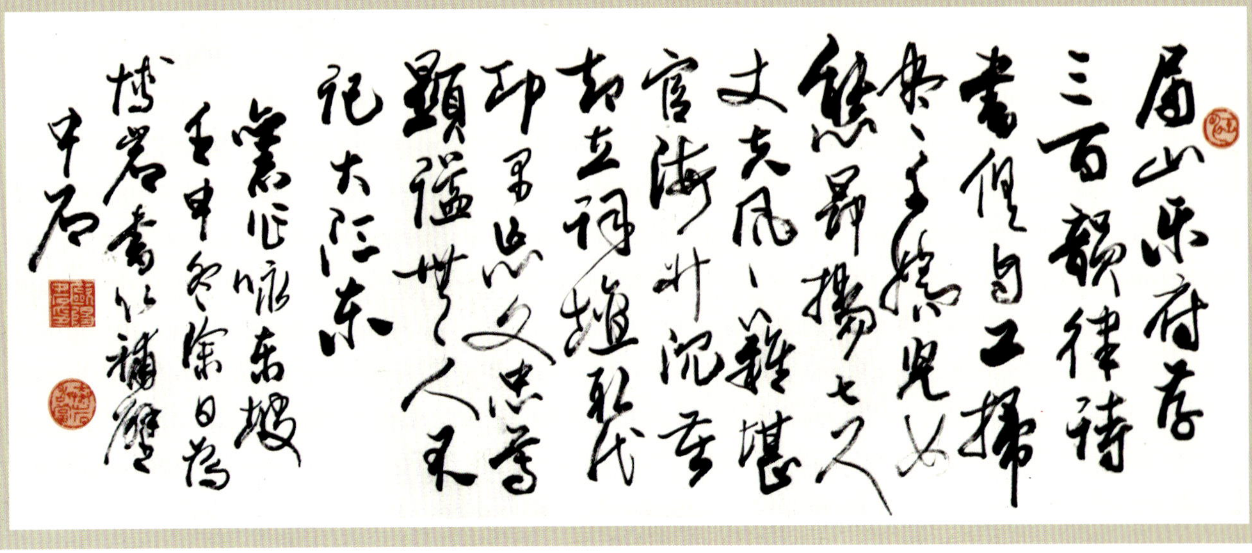

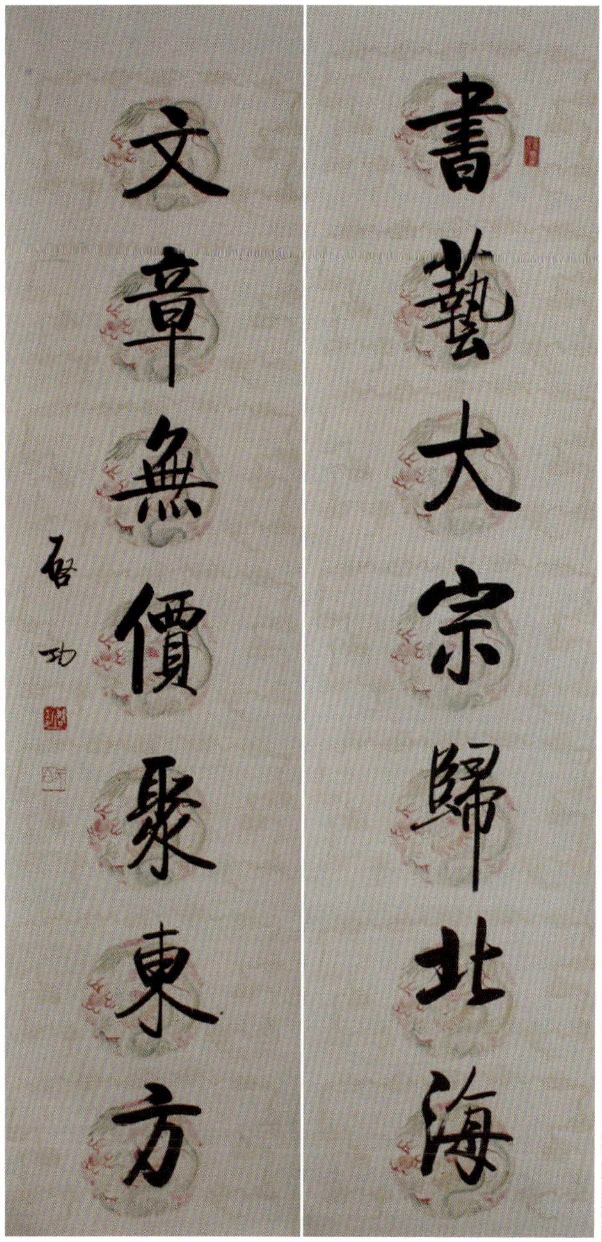

启功 楷书七言联 168cm × 42cm × 2

何海霞 山水 34cm × 42cm

何家英 静思 86cm × 89cm

中国美术家协会理事、山东省美术家协会主席张志民莅临卷云轩画展

范曾 老子出关 137cm × 67cm

郭凤安

字翔城，号梧桐轩主，1949年出生于河南焦作武陟，就职于文化局，从事文化工作30多年始终以书法为伴，于2008年在北京“艺术圣地”——宋庄，成立郭凤安书艺馆。现为中国书法家协会会员，中国名家书画研究院副院长，中国文艺家协会副主席，中国国画院副院长兼书法创作室主任，中国书画名家研究院名誉会长，中国华夏画院副院长，中国国际书画艺术家理事，中国文艺画报名誉理事，中国国学研究员。被有关文艺部门授于中国艺术“终身成就奖”“中国书法年度人物”“当代书画市场最具收藏价值艺术家”“希望公益基金会慈善爱心大使”等荣誉称号。

书法风格：古趣盎穆、沉静肃穆、典雅秀丽、雍容华贵。

书道悟言：叛道非无道、离经应有经、法本法无本、无法法亦法。

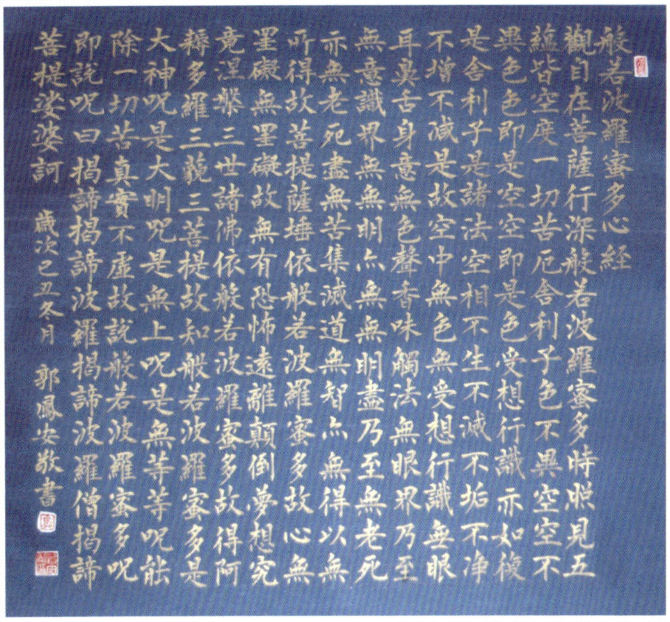

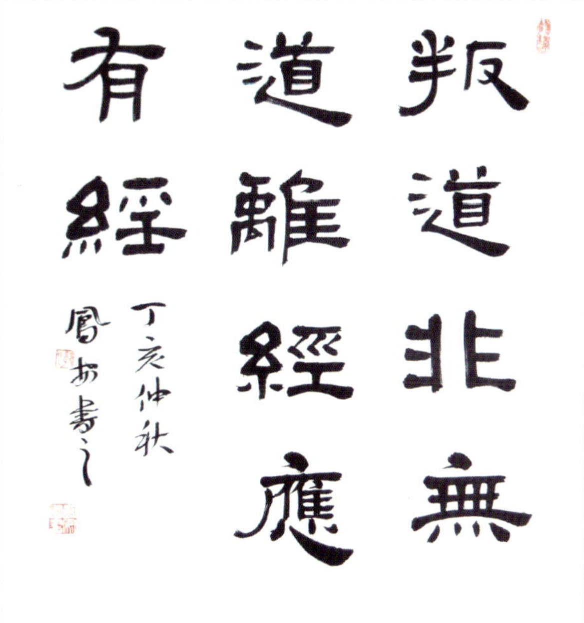

郭凤安书艺馆

中国书画交易网：gfa.sh1122.com　　安徽书画交易网：www.ahshjy.net

中国国画院网：www.whjarts.com　　郭凤安书艺馆：13718919189

京琉璃厂网：www.yishu999.com　　电子邮箱：wuxifeng0112@126.com

武剑飞写意重彩画廊

“武剑飞写意重彩画廊”2009年7月建立于北京宋庄画家村。是武剑飞重彩画国内唯一的展示空间。团结海内外美术家，进行艺术创作、学术交流、艺术教育等专业职能，

画廊场地：200平方米。常年不定期的举办武剑飞重彩画精品专业性美展，及定期举办年度展。

地址：北京市通州区宋庄小堡国防艺术区D-105室

武剑飞写意重彩画廊：13381096606
010-69591514

邮编：101118

网址：2009wjfart.blog.sohu.com

邮箱：wjfart@126.com

山色 185cm × 146cm

光明画廊

浙江桐乡光明画廊创办于2005年，是桐乡顶级的艺术画廊，主营名家书画、油画、工艺礼品等装饰艺术品，画廊下设艺术生活馆，书画装裱部、板画制作工坊。

光明画廊服务案例包括星级酒店、高档咖啡会所、办公家居等场所。

画廊地址：浙江省桐乡市为民路353、355、357号
全国免费服务热线：400—0573—007

光明画廊：13515830365
0573—88063077

雅馨斋

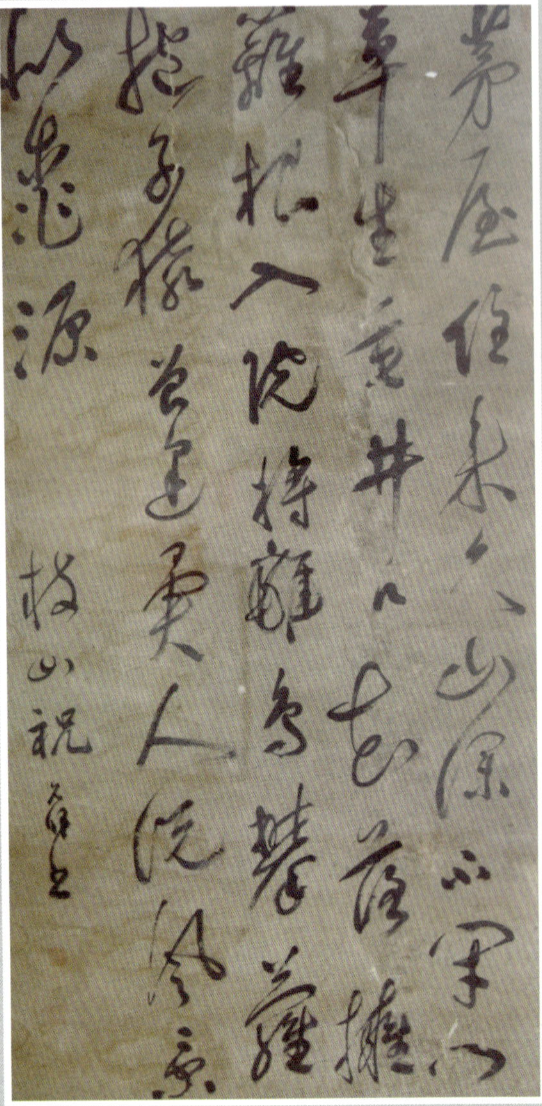

地　址：河北省沧州市供电招待处
（老菜美食城201室）
雅馨斋：13603173439 13784729244 15720476691
0317－8200691

雅馨斋画廊是集书画收藏、展览、学术研究交流、艺术培训、编辑出版、市场开发、人才推介于一体的大型民营艺术产业。同时还兼营鉴定检验古瓷、珠宝、玉石、金银铜币、纪念币、元宝、银锭、明清家具、代京、津、沪、穗、深圳交流。

雅馨斋现有经营面积1500平方米，美术、书法创作室100平方米，设有悠闲茶吧，为书法家、画家、收藏家提供良好的创作环境和交流平台。

雅馨斋与全国书画界收藏界有良好的合作关系，定期推出书画专刊，立足沧州面向全国，与国内外艺术机构、艺术家、收藏家均有合作。

俞志华艺术馆

俞志华，1947年生，浙江杭州人。中国书画学会副主席、红旗书画院秘书长、中国书画名家联合会常务理事、中国国学研究馆馆员、中国国画画家协会秘书长、文化部中国书画艺术委员、国际美术家协会常务理事、中国书法艺术研究院理事、中国国际吴昌硕艺术研究院副院长、中国破格体书法家协会副主席、上海书法家协会顾问、中国吴越书画研究院院长。

70年代受业于中国美院诸乐三教授及周昌谷、余任天先生，书画的沙孟海、唐云、陆俨少、朱恒、郭仲选教诲为私淑及入室弟子。

80年代末创作《春江小景》，得张爱萍将军及中国美院朱恒、王伯敏、舒传熙、刘江、孔仲起、卢坤蜂、曾宓、童中焘和施南池等诸教授提誉，后筑庐径山“行素书屋”，潜心研学十年。

2000年受聘于中国上海首届"郑碟杯"中日书画展，任艺术总监，汇聚西冷印社36名家作品及中外书画家一千多人成功举办了上海解放以来最大的书画活动，载入《2000年上海年鉴》。

近年来，随靳尚谊、沈鹏、刘艺等大师赴泰国、澳门参加文化交流活动；与刘炳森、林筱之等前往西欧八国和越南、韩国、日本等地进行国际交流。数十年获得书画艺术大奖几十次，作品编书入册十余部，艺术成就被新华社《人居》杂志、《中国新闻》《世界知识画报》《法治行为》《财富时报》《今日信息报》及《中国网络电视台》《浙江电视台》等数十家媒体进行专题报道。

主要作品有《铁骨老梅》《潇洒清风》《不知天上宫阙》和《龙吟》等，由国家博物馆、故宫博物馆、中央文献出版社、国务院侨办、钓鱼台宾馆、中央党校、北京军区招待所及山东、济南、四川、湖南、内蒙、上海等地的博物馆、艺术馆收藏。书法作品入刻王羲之塔碑、庐山碑林、千年文化碑林，为西安法山寺、大慈恩寺，广东南华寺等佛教胜地题写楹联，并进入中国当代精品拍卖会。

俞志华喜《易经》、精鉴藏、爱文学、学诗词；结缘交友，足迹遍及祖国山山水水。人生信条——“不应有傲气，但必具傲骨”。是一位极具个性的书画家！

俞志华艺术馆

地　　址：杭州市余杭区长乐俞志华艺术馆
俞志华艺术馆：13957118095　0571-88601931
邮　　编：311123

高逸阁

高逸阁古玩店是从民间最基层发展而来，有着十余年的淘宝经验，主要从事以名人字画为主，兼营瓷器、玉器、青铜器、红木家具等古玩杂项的一家专业古玩店，拥有着广泛的供货渠道和经验丰富的鉴定专家。主要从事于古玩艺术的收购和销售，并为收藏爱好者提供一定的鉴定知识和咨询服务，长年举办各类书画展，赢得各界好评，并被无数书画名家指定为代理机构。

服务宗旨：以“诚”为本，交天下藏友。以“求真”为经营理念：力求营造一个高品位，重信誉的艺术品交流环境。

地　址：山东省即墨市烟青路438号即墨市中兴文化市场院内高逸阁
高逸阁：13306391911　13969709189
0532－86031337
联系人：张德清
网　址：http://www.gaoyige.cn

黎悉弘（锡雄）1966年出生于广东，1996年创办德宣斋，自幼酷爱书画艺术，三十多年来刻苦学习和研究书画，传统基础深厚，曾在江苏无锡书法艺专研究班，中国书协书法创作研究班，文化部、中国书画艺术创作基地高端班，学习得到名家沈鹏、王学仲、李铎、言恭达、李刚田、张荣庆、毛国典等老师们的悉心亲授，获益良多，书评家傅京生作如是评：“贵乎浓与干互参、血脉相连、筋骨老健、风神洒落、挥运自如、有节律，可谓笔力雄健、华丽、腴润。”艺术大师黎雄才先生评其作品：“劲健质雅，神贯气畅。”并题字勉励。原中共中央办公厅秘书局局长傅西路先生，原共青团中央书记处书记，中央组织部常务副部长王照华先生也曾先后题字勉励。

黎悉弘先生传略及作品入编《中国书画家大典》《20世纪世界书法鉴赏》《世界书画篆刻家年鉴》《跨世纪青年书画艺术家经典》等20多部专业书藉及辞书。一些作品被国家领导人，国内外机构及私人收藏家收藏，作品远涉多个国家和地区。

黎悉弘书法作品在市、省及全国经常展出或获奖；办过个人书法作品展；现为世界华人书法家协会名誉主席。传略入编：江门建设新貌网。

地　址：广东省江门市江华路梧岗里111号
德宣斋：18922022688
0750－3181168
邮编：529000
经理：黎女士
经营：名家字画

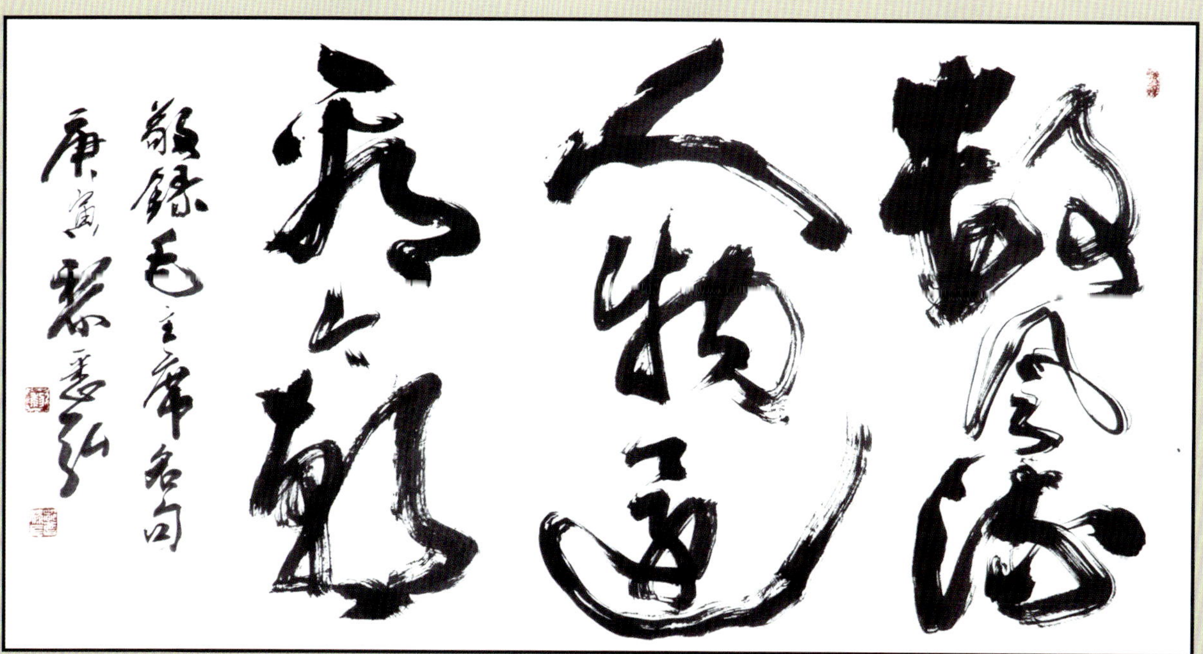

和諧

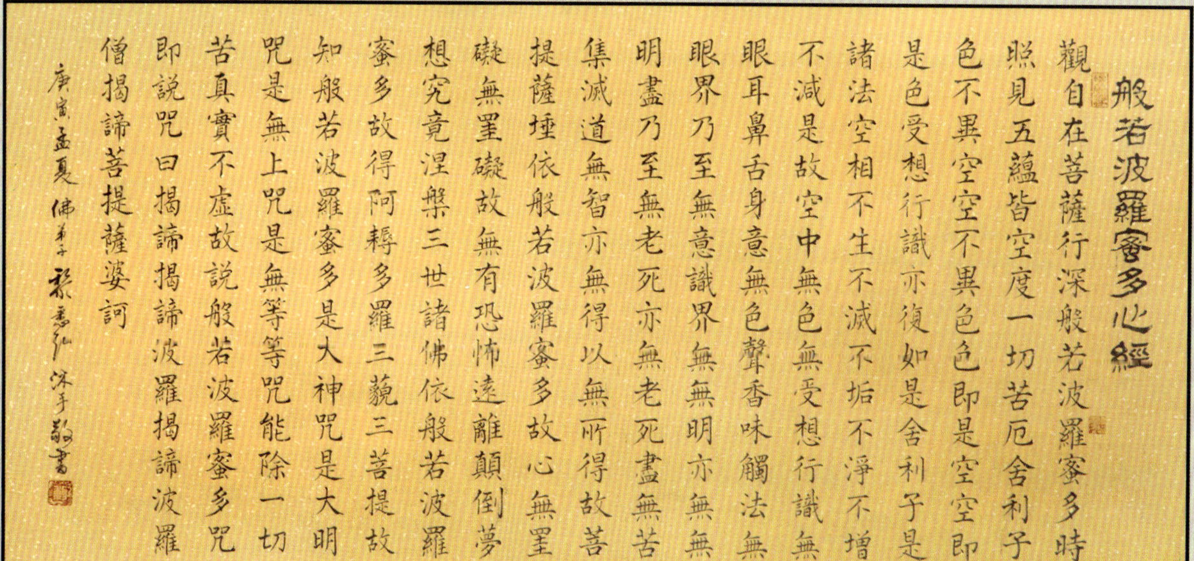
般若波羅蜜多心經
觀自在菩薩行深般若波羅蜜多時
照見五蘊皆空度一切苦厄舍利子
色不異空空不異色色即是空空即
是色受想行識亦復如是舍利子是
諸法空相不生不滅不垢不淨不增
不減是故空中無色無受想行識無
眼耳鼻舌身意無色聲香味觸法無
眼界乃至無意識界無無明亦無無
明盡乃至無老死亦無老死盡無苦
集滅道無智亦無得以無所得故菩
提薩埵依般若波羅蜜多故心無罣
礙無罣礙故無有恐怖遠離顛倒夢
想究竟涅槃三世諸佛依般若波羅
蜜多故得阿耨多羅三藐三菩提故
知般若波羅蜜多是大神咒是大明
咒是無上咒是無等等咒能除一切
苦真實不虛故說般若波羅蜜多咒
即說咒曰揭諦揭諦波羅揭諦波羅
僧揭諦菩提薩婆訶
庚寅孟夏 佛弟子 黎惠弘 沐手敬書

藏珍阁画廊

藏珍阁画廊为西北知名画廊，画廊艺术总监谷俊荣先生集三十多年收藏、鉴赏中国画之经验，在中国近现代、当代书画收藏经营领域享誉业内。

藏珍阁画廊：13909338888
您 的 朋 友：谷俊荣

马胜利 春江水暖 120cmx246cm

马胜利 泽畔清韵 135cmx365cm

張朝翔藝術館

张朝翔 登珠峰的精神永存 180cmx144cm

张朝翔，1943年生，西安人，高级画师。现为中国美术家协会会员，国际ISQ9000A书画艺术家资格认证中心副主席，中国国画院名誉院长，中国国际文艺家协会博学会员，国际美术家协会副主席，世界华人书画联合会副主席等。作品在国内外联展60多次。中央电视台、北京电视台、湖南、深圳、广州、陕西等省市电视台均做过专题报道。2006年8月《张朝翔创造“野风画派艺术”》一书，由天津人民美术出版社出版，并在全国发行。专著用100多页展示了画家浪漫的色彩世界，其余40页是画家的理论文章，写出了整整40年来，野风画派的诞生和发展。又从八个方面论述了野风画派的核心是创造，是张扬时代精神主旋律，并关注人类发展进程中的水源、空气、土地、河流和环境的环保性问题。一时间引起强烈反响。2007年7月张朝翔精心打造《张朝翔·论野风画派艺术》一书。由中国文联出版社出版。该专著分上下两部。总共80个章节。每部印数为5万册。由新华书店向全国公开发行。第一部由8个章节组成，着重写出了野风画派的诞生与发展，指出野风画派的核心是创造，是张扬时代精神这一主旋律并追求浪漫的色彩世界，关注全球气候变暖问题，提倡保护生态环境，珍爱生命之水，保护土地资源，节能减排，追求全球和谐发展，遨游宇宙太空等。张朝翔用理论指导其创作，并提倡艺术家们要为以上重大社会问题展开服务。第二部分更为精彩独特，同社会关注的重大问题结合得更为深切。该理论专著图文并茂，精美无比。

张朝翔艺术馆：13768458258
联　系　人：龚敏中
张朝翔画廊：13070052645
联　系　人：张讨论
网　　　站：www.chinayefeng.com
E-mail：chinayefeng@163.com

张朝翔 嫦娥探月 218cmx97cm

张朝翔 风光秀美的生命水源基地 240cmx145cm

观潮画廊
Guan Chao Hua Lang

地　　址：江苏省丹阳市画院路30号北楼
观潮画廊：013806106171　0511-86511711
画廊经理：杨潮
邮　　编：212300
电子邮箱：13806106171@139.com
网　　址：www.yc-gallery.com

精逸堂是以中国著名艺术家、画家、书法家为依托，服务全球艺术品投资者、收藏家、爱好者，以创新解决市场理念、专营中国著名艺术作品的代理、经营、文化创意和媒体传播为一体的新型综合性公司。以弘扬中国优秀传统文化促进和谐社会建设的战略为发展目标。

精逸堂是书画家任冉一手创办，现主要经营任冉的书画作品。

地　址：中国宋庄吉祥伯乐艺术园区C–4号
精逸堂：15210321791
联系人：任小姐
邮箱：415217851@qq.com 415217851@qq.com
chinagold–sun@tom.com chinagold–sun@tom.com
网址：http://rr.sh1122.com http://rr.sh1122.com
博客：http://blog.sina.com.cn/renran0608
http://blog.sina.com.cn/renran0608

吕洪生，字丁一，号吕白。现为中国书法家协会会员，一级美术师，中国书法鉴定管理中心理事，书画鉴定专家，中国书画界联合会会员，北京天地人才书画院院长，中国绘画艺术研究院艺术委员会委员，中国书画艺术研究会理事，雪山书画院副院长兼中国画教授，并在市级书画机构担任要职。

作品多次入选全国大展和国际展览，曾参加全国当代书画家精品大联展、全国第六届书法篆刻展、西泠印社首届国际篆刻书法作品大展，在市级大赛中获得一等奖；人民书画精品展获银奖并被收藏；两岸交流高峰研讨会获得两岸和平使者奖；作品参展于中国美术馆的中日纸画联展，并在日本巡展，获得全国赵孟頫书画大展奖项。国画《瑞雪》被古巴驻华使馆收藏；国画《塞外》在歷博拍卖有限公司拍卖；爱心义捐向临汾市安泽县老区人民捐画45幅；作品刊于《中国书法》《华夏东方名家书画》《祖国万岁——庆祝中华人民共和国成立60周年》参加港澳台地区及全国各地书画名家交流展、《中国人民书画院邓小君院长书法作品与收藏拍卖专场》《中国国际书画名家研究院优秀作品集》、纪念古巴革命胜利50周年《中外书画联展作品集》《纸苑中日纸画联展》《为了老区的明天中国百名书画名家作品展览会》《物流快讯》《新晚报》等。

冰雪斋：13120480607

刘潜，字湘灵，号觉者，斋号大觉斋。籍贯湖南湘阴，现客居北京。1970年4月18日出生于湘阴刘家坳。

1995年毕业于湖南长沙理工大学美术学院，主修陶瓷设计、平面设计专业。毕业后分配到中石化巴陵石化公司，1997年辞职赴京，主要从事设计工作，拥有自己的文化艺术公司。富收藏，对陶瓷和玉器有一定的鉴赏水平。

自幼酷爱书法，30余年如一日，坚持临池不辍，小楷、行书、行草等书体用功尤甚，已渐显风格。宁静而致远，淡泊以明志，只求翰墨陶情，诗文冶性，以修身养德，自娱其中也。书艺等得到张荣庆先生、王友智先生耳提面令，谆谆教诲，不甚感激之至。

大觉斋：13501237416

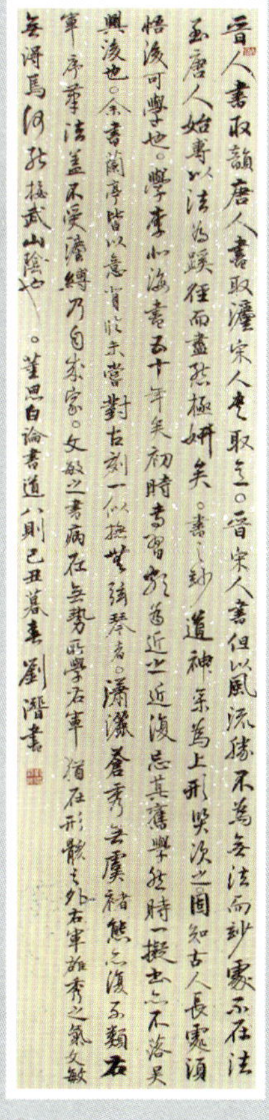

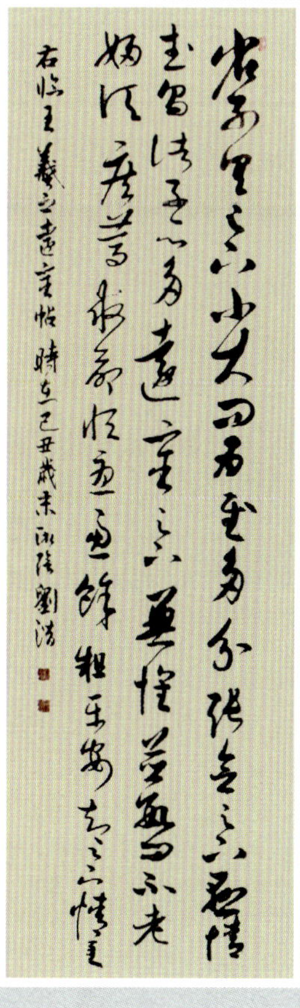

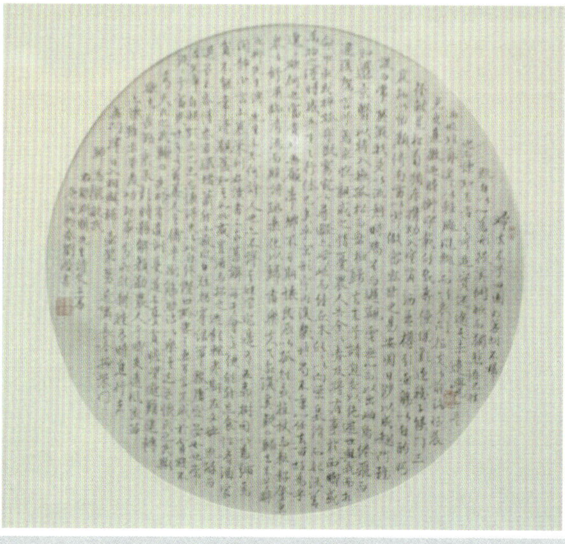

咏春画廊

张建京瓷画作品

吴菲瓷画作品欣赏

咏春画廊是一间经营当代中国画为主的画廊，致力于弘扬中华传统文化，推介优秀艺术家及其精品力作。以诚实可信和真诚的友谊，向各界朋友介绍具有收藏价值的艺术作品，并力推新人新作。从今年开始定期举办艺术展览活动，为艺术家们策划各类综合及个人展览，为中外朋友和艺术家提供交流的空间。以东方性、文化性、时代性为明确的艺术风格；以发展推介具有鲜明艺术个性和实力派艺术家为主要方向，推广范围除了重点的中国画外，还有油画、版画、陶艺、雕刻、摄影等多方面艺术。

本画廊经营画家的作品，除了看重作者的知名度外，更看重作品本身的艺术品位和艺术价值，创作和欣赏一幅作品主要是通过画面给人们一种精神、一种文化，展现一派春光。

地　　址1：中国洛阳洛南新区钼都利豪国际饭店1F
地　　址2：中国洛阳洛南新区英才路河洛文化艺术街218号
咏春画廊：13015557011　13698887213
0379-65989917
传　　真：0379-65290807
邮　　编：471000
网　　址：www.lygallery.com
邮　　箱：peony_qiying@163.com

华 宝 轩：河北省遵化市南街华庆27号
电　　话：13931538670　0315-6611323
负 责 人：赵志刚
经营范围：名家字画、文房四宝
网　　址：http://www.hbxzihua.cn
邮　　箱：hbzhhbx@sina.com
邮　　编：064200

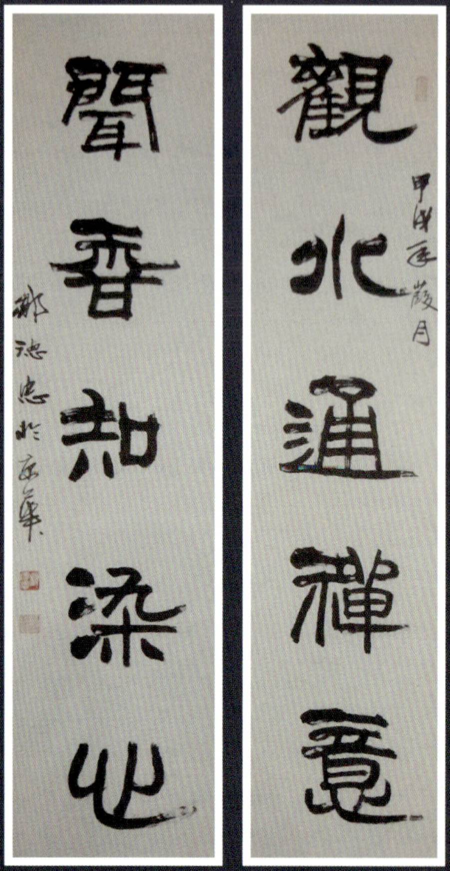

齐鲁文化市场华翰堂

地　　址：山东省淄博市临淄区齐国商城13号楼212室
华 翰 堂：13506447189　15725816336
负 责 人：罗华书
经营范围：书法、国画、油画、古玩。
经营面积：200平方米
邮　　编：255400
网　　址：www.huahantang .com
邮　　箱：luohuashu@126.com

北京大瀚画廊为诚信保真画廊，24小时有艺术品更新，会不断上传许多极具收藏价值和增值潜力的艺术品，让新老藏家、玩家买的放心。其画廊保证诚信经营。在与其合作中，大众既能享受藏品的高雅文化和内涵乐趣，又能享受藏品带来的增值喜悦。本画廊除书画界名人外，作品还涉及到体育、音乐、文艺、状元、教授、学者、诗人、演员、社会名流等各阶层人物。大中小名头都有一些。

大瀚画廊：13521205815（手机优先） 010－63517989
网　　址：www.bjdhhl.com
电子邮箱：bjdhhl2009@163.com
邮政编码：100023

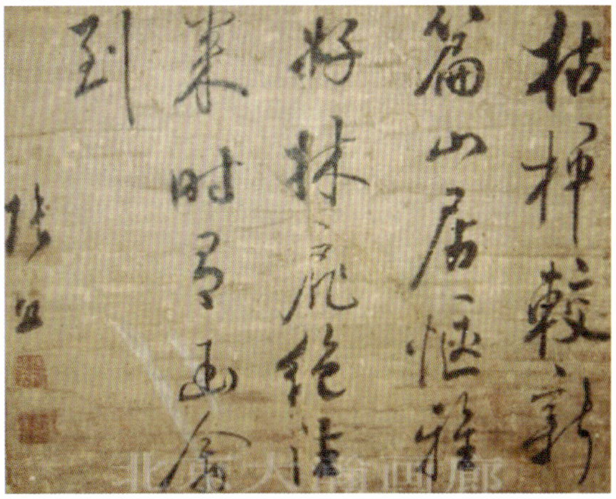

张照 原装旧裱镜片 25cm × 32cm《书法》

李燕 原装旧裱纸本镜片4-1 71cm × 82cm 《花鸟小雨》

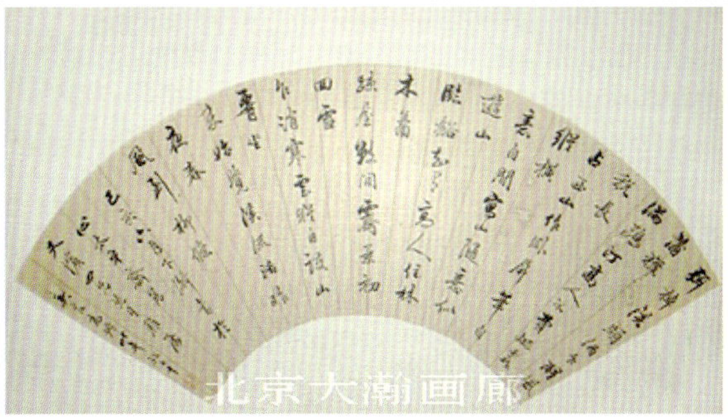

高凯 原装旧裱扇画镜片 直径52cm 《书法》

瀚父 日本金卡纸 《清音图》36cm x 25cm

艺林阁画廊

这里是展示美的空间，承办展览，推介有艺术造诣的艺术家，转让名家书画。

艺术总监：刘胜利先生（中国收藏家协会书画专业委员会副主任。资深收藏鉴定家）

地　　址：河北廊坊市新世纪步行街二大街B-063号
艺林阁画廊：0316-2239586　13901145083
Q　　Q：476188405
网　　址：www.ylinge.com
邮　　箱：ylg3695@126.com

推介的画家：清华美院申伟教授，花鸟画

彭仕强作品

通州 | 八家

彭仕强

号渭膺，1955年生，北京通州人，中国美术家协会会员，北京美术家协会、北京市书法家协会会员。北京市通州区文学艺术界联合会副主席，通州区美术家协会主席，大运河书画院艺术顾问。师从著名画家白雪石、郭笃民先生。

其作品既继承传统又富有创新，当代国画大师黄永玉先生给予高度评价，是当代传统写意花鸟画具有代表性的画家之一。作品多次参加市级以上展览并获奖。其中《燕山春早》获北京市艺术节一等奖，《古城又逢春》入编《中国名人名家精品集》。2001年应邀参加“大运河风情七届市名家精品展”，2004年参加“现代视觉艺术邀请展”，入编“中国画当代名家作品展”，参加“荣宝斋名家作品邀请展”。

多幅作品被北京市人民政府、市政协领导人作为礼品赠送给美国、日本、法国、新加坡等国际友人和政府部门，被多家博物馆收藏。

1996年编著《初级绘画》，1998年编著的国家95重点图书《人物与山水》由科学普及出版社出版发行。

彭仕强作品

白云如絮拥苍山

通州 | 八家

山建宁

回族，1952年8月生于北京通州，先后受教于山水画家程锡瀛、杨达林、王文芳先生。现为中国美术家协会北京美术家协会会员、通州运河书画院院长、通州区美术家协会常务副主席兼秘书长、国家一级美术师。2007年9月在中央美术学院展览馆、2009年4月深圳江山美术馆举办个人画展。多次参加省市级、全国美术展览并有获奖，出版个人画集三种，合集多种。

访友图

贯会学作品

通州|八家

贯会学

1962年生于北京，1988年毕业于北京首都师范大学美术系油画专业。现为中国美术家协会会员、北京美术家协会会员、北京美术家协会水彩画艺术委员会副秘书长、北京水彩画学会副秘书长、北京通州区美协副主席、通州运河书画研究会秘书长、《群文风景线》执行主编、通州区文化馆副馆长。多年从事水彩画及中国画的研究和创作，形成个人独特的艺术风格，作品雄浑古朴具有很强的文化内涵，多次参加全国美展并获奖，举办个人画展、联展多次，出版个人画集三部。

贯会学作品

兰

通州 | 八家

郝邦义

半村，名郝邦义，号农人。1963年生于北京，1986年毕业于中央美术学院中国画系。1993年在中央美术学院进修中国画人物专业。2003年就读中央美术学院研究生班。现任教于中央美术学院，荣宝斋画院。现为中国美术家协会会员，中国书画研究会理事，中国青年画会理事。

作品多次参加全国性艺术大展并被各种报刊、杂志、中央电视台、北京电视台发表介绍，先后在国内及美国、日本、新加坡、澳大利亚、加拿大举办展览或讲学。作品曾被多家博物馆和中央美术学院及私人收藏。

秋意

高秋

通州 | 八家

郭永利

1953年10月生于北京，职业画家。先后毕业于首都师范大学美术系油画专业，北京教育学院艺术系，2001年入北京画院中国画高级创作班研修。现为北京美术家协会会员，通州区美协副秘书长。

国画《霜倒一池荷》入选纪念《讲话》发表60周年全国美术作品展。

国画《秋塘寂寂》入选2002年全国中国画作品展。

国画《春酣》《金色池塘》入选北京画院举办的“传承与创造”中国画作品展。

国画《寒塘》入选2004年全国中国画提名展。

国画《春荫寂寂》入选2005年全国中国画提名展。

国画《石榴歌》参展荣宝斋名人书画展。

出版郭永利画集二种。

花开满故枝

野趣

身心自在

通州 | 八家

张国图

全国公安文联会员、全国公安美术家协会副秘书长、北京公安文联副秘书长、北京美术家协会会员，1988年以来先后在《中国书画报》《书画报》《人民公安报》《世界警察》等报刊发表连环画、插图、水墨画1000余幅。出版个人画册3种，合集数种。

荷风十里香

清影摇风

杨京南作品

通州｜八家

杨京南

字锦苑，1963年出生于北京南苑，祖籍湖南。早年从师花鸟画家郭笃民先生学习书法、篆刻及写意花鸟。2001年结业于中央美术学院中国画专业。北京美术家协会会员，东方艺术学院客座教授。国画作品多次参加全国及省市美展，作品《荷塘积雪》在“中汇杯”中国当代百名书画名家作品邀请赛中荣获金奖。作品《晨歌》《收获季节》被首都体育馆收藏，作品《深山初秋》《秋风入山家》被日本村上美术馆收藏，曾出版《锦苑画集》。

杨京南作品

王石染作品

通州｜八家

王石染

字大朴，1969年生于北京，1996年毕业于北京矿业大学。2000年修业于中央美术学院国画系助教班，2003年修业于北京画院高研班。现为职业画家。出版个人画集6种，合集数种。

王石染作品

甘甲村写生 50cm × 40cm 2007年

年度收藏热点
Annual collection of hot spots

徐家珏

毕业于广州美术学院中国画系。现为中国美术家协会会员，中国美协河山画会会员，中国人民大学培训学院特聘教授，中国国学研究会研究员，世界教文卫组织专家组专家，广西美术家协会理事，广西书画院院士，桂林美术家协会副主席，桂林画院院长，桂林美术馆馆长，国家一级美术师。

作品多次参加由文化部、中国文联、中国美术家协会主办的全国重大展览。1997年被中国文联、中国美术家协会授予“中国画坛百杰画家”荣誉称号。作品多次由中国美术家协会选送美国纽约、澳大利亚悉尼参加“中国优秀山水画展”。多次应邀赴日本、马来西亚、等国家和台湾地区。举办个人画展，荣获美国金钥匙奖牌和世界杰出人才证书，荣获英国剑桥20世纪成就奖牌和世界名人证书，荣获桂林首届德艺双馨艺术家荣誉称号。

山寨无言 137cm×68cm 2008年

越岭猫峰岭众山 200cm×200cm 2009年

江畔人家 200cm×200cm 2009年

山清气爽九秋天 200cm×200cm 2009年

黄河故道民生图系列——闻 300cm×200cm 2007年

年度收藏热点
Annual collection of hot spots

杨振廷

祖籍北京，中国美术家协会会员、江苏省美术家协会会员、徐州市美术家协会副主席，现为江苏徐州师范大学美术学院教授、硕士生导师（曾担任7年教学主任）。20世纪70年代受著名画家马奉信、姜舟、司徒常先生绘画指蒙。1987年毕业于浙江美术学院中国画系，1997年9月至1998年7月重新深造于中国美术学院中国画系，1998年9月至2000年元月中国美术学院中国画系研究生课程班毕业，2005年以优异成绩考入国家首批艺术硕士（南京大学MFA），2008年获取南京大学美术研究院艺术硕士学位。

黄河故道民生图系列——迷 300cm × 200cm 2008年

矿工生活“三联画”146cm×204cm 2009年

黄河故道民生图系列——防 300cm×200cm 2007年

华影一簾风

年度收藏热点
Annual collection of hot spots

张德刚

号大缸道人，1957年生于山东省德州。1983年毕业于山东艺术学院美术系。2002年中国艺术研究院首届中国画高研班结业，2003年就读于中国艺术研究院首届中国画博士课程讲习班，2004年就读于中国画研究院高研班姜宝林工作室。中国美术家协会会员、现任文化部中国美术创作基地副主任、中国画创作中心主任，副研究员。

作品《雨洗枇杷鲜》获纪念中日邦交正常化30周年全国书画展金奖，《春水》获“水浒杯”中国画大赛银奖。2002年作品四幅参加中国艺术研究院学术邀请展，2003年作品《枇杷》参加全国花鸟画大展，2004年《花鸟》参加“中国风情赴法国巴黎展览”，2005年获中国美术家协会主办的“长江颂”全国中国画提名展优秀奖。2005年入选中国中国美术家协会主办的“首届中国写意画展”，入选中国中国美术家协会举办的第19次新人新作展。2006赴日本东京参加中国画名家作品邀请展、2006年被评为收藏家最受关注的中青年画家、出版有《当代著名画家技法经典张德刚写意花鸟》《当代中国美术全集——花鸟卷》《当代中国画——花鸟卷》，曾入编《当代中华艺术名家金鉴名录》《当代书画名家精英大典》等多部辞书。

红霞仙风 186cm × 50cm

雨洗枇杷鲜 246cm × 90cm

影射池光冷 136cm×68cm

竹生荒野 78cm×48cm

回望故乡

年度收藏热点
Annual collection of hot spots

赵溅球

1955年生，湖南益阳人。毕业于湖南师范大学美术学院。现任教于浙江师范大学。他十分重视传统文化的修养，传统激发的传承，现代观念的更新与新技法的研究。坚守“天人合一”的笔墨之道，坚信“利而不害”与时俱进的笔墨精神。曾先后师承于曾景祥、钟以勤、杜滋龄、贾又福诸先生。他讲究中西合璧，集南北画风于一体，熔传统与现代于一炉；笔力苍劲而又滋润，墨色沉雄老辣而又松灵清丽，气势既恢宏博大又精微飘逸；形成强烈、鲜明的个人风格。

凤凰古城

故园遗韵

古城晓色

云洁风清过圣寺 136cm×68cm

年度收藏热点
Annual collection of hot spots

卢野

1987年毕业于新疆师范大学美术系，1998年参加由法国巴黎美术学院宾卡斯教授组织的油画材料技法工作室进修班，2003年毕业于南京艺术学院硕士研究生课程班，2007年入中央美术学院王镛工作室作访问学者。中国美术家协会会员；香港国际画院油画艺术委员会副主席；中国艺术研究院研究员；新疆山水画研究会理事；新疆油画学会理事；新疆油画艺术委员会委员；新疆书法家协会会员；中原书画院客座教授；新疆土木建筑学会学部委员；新疆师范大学美术学院副教授，硕士研究生导师。曾多次举办个人画展、联展、巡展。中国画、油画作品在全国大展中屡获银、铜、优秀奖。作品被多家美术馆、艺术机构收藏。多家媒体网络及官方网站进行报道，发表论文多篇，出版个人画集多部。其业绩入刊全国多种典籍及报刊杂志及期刊文献。

北望天山雪 68cm×136cm

才情蕴内 情随意发

——卢野教授及其西部山水画新作略论

文／张本平

绘画是趣味，是情调，是歌，是诗，是境，是希望。但绘画的意义，在于表现和沟通。所谓表现，当然是指画家个人胸臆或情感的抒发。所谓沟通，则是作品进入社会空间之后产生的价值和意义。绘画所以存在，是因为我们需要沟通，一个人期盼与其他人沟通，所有的人期盼互相沟通。甚至自己的大脑也在寻求与自己的心灵沟通。绘画的问题，实际上是人的问题。是人与人与自然万物如何沟通的问题。从绘画的表现出发，到绘画在人的感悟中实现沟通，绘画才得到真正的价值。欣赏新疆师范大学美术学院副教授、硕士研究生导师、中国美术家协会会员卢野的西部山水画作品，我的首先感受是，他的艺术与我们的心灵是怦然相接的。在视觉效果与意念传达上都是紧密沟通的。在我们看到任何一幅新作之前，我们的视觉信息存储中已经有大量的积累，不同的绘画形式，风格与语言技巧筑成了视觉接受的过滤器。是我们在面对新的视觉形象时，感性的接受与理性的判断不可分离，形成沟通的尺度与坐标。中国山水画的历史遗存何其丰富。当代山水画家在创造个人风格面貌上各尽其能，铸就了品类繁多的中国山水画风格样式的视觉信息画库。一个画家的作品要实现与观众沟通，实际上需要穿越的是由极多历史与信息组成的理性之网。只有真正融含着创造性与时代感的作品，才能积极有效地进入当代艺术时空下的视界空间而发挥重大社会作用。卢野教授将自己的艺术感受随生活中人物情境的不同而变化。他在形式上、方法上的探索体现了他运用于意向方式的思考与借鉴。从而积极地开拓了一条适合他自己并又具有前瞻意识的一路画风，为了能将此种样式进一步的深化和推进，他还在继续做着不懈的努力。

卢野教授的西部山水画功力深厚，所作山水章法，笔墨明显地流露出对于古典情节的留恋和把握，也可以窥见他对石涛、朱耷、黄宾虹诸大师的追慕。作品深厚苍郁、笔墨浑穆俊逸、开张疏朗、绝少见雕琢痕迹。远观视觉夺目，近观布局跌宕起伏富于变化。他在绘画实践中所做的西部山水文章，自是有感而发，娓娓道来无不真切流露，实为感人。它使用一种当代人的思考与智性把传统主题演绎成一个崭新的话语而展示给大家的。这是他对当代艺术的独立思考和贡献。我相信，在他的心目中，于落笔之前就有了一种运筹帷幄、雄观四海的浩大之气。将西部山水自然生命的永恒化作胸中的大千丘壑而自然生发演绎。即便是远古通幽的经典话题，还是山水笔墨程式的玄妙境界，经他的合并而重组即可神灵活现，笔底生辉。因此，在他的作品中所显示出来的力度和创意是显而易见的。他不仅是供我们进行一般的辨识和确认的，它促使我们引发思考和延伸想象的翅膀，探秘自然和艺术的真谛。在今日画坛中，卢野教授以如此宏观的视角透视自然，把握笔下的大千世界，不能不说是拉开了他与别人的距离。与此同时也成就他自己的艺术梦想。这种对自然的本质观照与取境造像的艺术观念，正是我们这个时代所需要的艺术方式，也与我们所处时代的生活情境与现实结构相对应。在我们每天面对和接受各种信息，处于一种综合多元性的文化空间感受的时候，看到卢野教授的作品，简直无法不把它们与这个时代文化特征的整体形象联系在一起。在许多情况下，向西部山水这类新鲜的命题，尚以“避世”的方法来逃脱显然是被动的。我们不应以逃脱历史责任的代价来成就自我，这种狭隘的作为成就不了事业。当下整个中国画也以坚持传统为主流方向，这本身也无可非议。然而，中国画坛的萎靡和无病呻吟充斥着方方面面，这种隐忧我想我们不能视之不理吧！卢野教授的艺术创造源自传统的积累和开发，他的笔墨语言和程式更多的借鉴和吸收了当代艺术的营养，他的艺术创造属于当代。这就是我感受到他的艺术魅力和价值所在。读他的《西域明珠》《火洲秋暖》《古韵遗风》《云走风高》《翰海明珠》等作品，笔情墨韵中都会给人以审美的震荡。他所表现的西部山水精神，是一种文化阐释，是西部人独有的一种文化情态。

卢野教授始终保持着探求笔墨内涵、追寻文化底蕴和心灵叩碰的状态，在画外做功夫。读万卷书行万里路始终萦绕在耳，不负众望所归，好好做人，用心画画。正是由于他的内心世界的澄明，胸怀丘壑，心随天籁舒缓，万象空皆为心象的境界，把自然的大化、造化、妙化、神话的际遇，为我而生灵感妙悟启迪心性，所以由他所表现的山水精神，畅之寥廓，氤氲万象、云水天和、心迹飘零、神采飞扬。而绝少有传统样式的积习。他把时空中的感应和山水存在的意向有机地融合到了一起。在情境中的感同身受，转化为

圣地吉祥 180cm×98cm

圣寺情悠吐峪沟 198cm×98cm

对山水形式的造型过程变为意向书写。犹如记日记，即可抓牢。他的作品在结构上是不拘常态，出奇不意，大起大落。随由感觉支配，形成画面的大开大合而具有“解构”的布局。画面的气氛上水墨淋漓、色泽飞扬。大画空间跌宕，小品也奇构生发。故而能让人获得清新而澄目的快意。他的语言探索恐怕还在于色彩的运用，在西部山水写意的笔墨形式中，较少见到能以色取胜的大构，大凡在用色上亦步亦趋，不敢逾越“雷池”半步。他还大胆的运用了构成因素，布局法则一改传统样式，具有反叛的意识，既借鉴了“三远法”，又很好的与自我的方式进行了对接。他将色彩作为造型的语言而铺陈，也是借鉴了其他的画种，同时也作为营造画面的氛围语言，因此，拓展出西部山水主题的一方新天地。许多画家在独辟蹊径时从笔墨形式上去下功夫，卢野教授则以他自己的艺术方式开辟笔墨形式的新天地，从而得到试验过程中的一种快感来达到艺术语言的进一步纯化。这也是他的作品具有强烈“当代性”的原因。他的画在继承与发展中，逐渐形成了自己的美学观点和坚持的信心。他的作品所显示出的时代特点和当代性的风貌，以及强烈的画面视觉冲击力也迎合了社会大众的审美需求。在当今画坛缺少精品力作的情况下，这种样式的出现无疑是对当下艺术时风的一出“反讽”。艺术终将是会善待那些勇敢的开拓者，也会亲临现场给予他们以鼓励和喝彩。

卢野教授在创作中，充分发挥着学院的优势，在教书育人的同时，真情实感，砥砺智怀，开拓进取，将知性与学养并存，让灵性浸润着虔敬的心扉。我们在他的作品中察视出的笔墨功夫、书法修养以及诗文的修性足以见得他的深度修炼和诸多的才情流露。这是他的幸运和福气。重要的是，他从深度的传统学术情境中走出了一条直通当代艺术的道路，从而实现了他与我们可以形成的理性交流和对话的平台空间。祝贺这位淳朴、真诚和善于思考的艺术家，他作品中所透露出的人文情怀和文化关照将会伴随着我们一路走下去。祝福他！

2009年8月

恒山水库

年度收藏热点
Annual collection of hot spots

蔡奇良

又名川东宏，号半园，巴山鲁人，道寒山人。1958年1月，生于重庆。荣宝斋画院范扬工作室画家、中国工艺美术家协会会员、重庆美术家协会会员、重庆国画研究会会员、大唐画院画家、中国书画研究院研究员、全国书画院协会会员、《艺术与收藏》特聘画家。现定居北京。

汤口浮溪谷

重庆金刀峡即景

点将台望钟山岭

太行晨曦

恒山停旨岭村

王艺峰作品

年度收藏热点
Annual collection of hot spots

王艺峰

1961年生，男，河南省辉县市人。中国美术家协会会员；中国文化部诗书画研究院美术研究员；中国工笔画学会会员；河南省美术家协会会员；新乡市美协常务理事；河南辉县市美协主席。

1998年至1999年进修于中国人民解放军艺术学院，师从著名画家刘天呈、王天胜、任惠中、宫兴福、王稳舟、周秀清。

王艺峰作品

摇首紅塵出醒醉更無時節活計緑蓑青笠慣披霜衝雪晚來
風定約絲閒上下是新月千里水天一色看狐鴻明滅
歲次己丑年六月上浣靜欣園主王藝峰繪于蘇門山下並題

王艺峰作品

王艺峰作品

品茗论道图 68cm×135cm

年度收藏热点
Annual collection of hot spots

赵小石

1965年出生于山东胶南，1983年入伍，毕业于无锡书法艺术专科学校、解放军艺术学院美术系国画专业，中国美术家协会会员，中国楹联协会会员，现为空军政治部专业画家、北京水墨线书画院院长。

赵小石笔下的人物、山水、花鸟，不论是古意，还是今景，给人的第一印象就是“写”。 他用扎实的书法线条，以书入画，用书写的形式，以独特的艺术语言，将物象表现于画面，让人从这种“写”的意境中感受到一种绵绵不绝的大雅和致纯。其国画《神鹰》、《布天网》、《向阳花》、《北京赢了》等作品18次入选中国美术家协会主办的全国美术大展并多次获奖；首届全国写意画大展《世纪风云》获优秀作品奖（最高奖）；首届全国新闻界美术大展《聚焦》获一等奖；国画《春江垂钓图》被军委首长赠送国外领导人；曾为中央电视台十二集大型专题片《旗帜》题写片头，为《走遍中国》栏目题写榜书“寿”字并在中央四套播出；由中央电视台拍摄的个人专题艺术片《神鹰》应邀在全国20多家省市电视台相继播出；由山东电视台拍摄的个人专题艺术片《墨痴的归宿》，在山东卫视《时代美术》栏目播出；作品入编《中国美术家选集》、《中国书法家选集》、《中国画名家小品集》等一百余部典集；多次在全国举办个展或联展，作品被多家博物馆、艺术研究院收藏。出版有《赵小石国画作品集》、《赵小石素描速写集》、《中国书画百杰实力派名家系列·赵小石》、《军旅国画家·赵小石》、《名家专辑·赵小石 》。2008年被评为当代30位最具学术价值与市场潜力的（人物）画家。2009年被评为当代最具收藏投资价值的20位（人物）画家。

碓臼峪虎头崖 34cm × 68cm

碓臼峪新貌 34cm × 68cm

远方市场（局部） 198cm×70cm

高台民居（局部）198cm×70cm

包少茂作品

年度收藏热点
Annual collection of hot spots

包少茂

1969年生于甘肃岷县，研修于中国艺术研究院、中国国家画院卢禹舜高研班、课题班工作室。现为中国美术家协会会员、文化部青联美术工作委员会委员、中国长城书画院理事、甘肃陇中画院专业画家、深圳宝安画院特聘画家、甘肃定西市青年美协主席、国家二级美术师、《翰墨藏真》杂志编委、《中国书画鉴藏》杂志编委，曾获国家人事部当代中国画杰出人才奖、甘肃敦煌文艺奖、金驼奖等。

作品曾获第三届当代中国山水画展铜奖、2000年全国书画家新作展铜奖、国际华人诗书画印艺术大展金奖、纪念抗日战争胜利60周年书画展银奖、21世纪全国首届书画篆刻家作品展银奖、澳门回归中国画展银奖、首届中国美协会员中国画精品展优秀奖、迎99澳门回归中国画·摄影作品展优秀奖、“西部辉煌”——全国中国画提名展优秀奖、“让世界充满绿”——迎奥运全国书画联展铜奖、第七届全国少数民族传统体育云丁晖美术作品展览优秀奖、“海潮杯”全国中国画大展优秀奖、第四届当代中国山水画展优秀奖、全国中青年中国画提名展优秀奖，全国小品精作扇面展银奖、2005年全国中国画作品展优秀奖。

作品曾入选第一届“金彩奖”全国美术作品展；第五届全国体育美术作品展；第二届全国少数民族美术作品展；全国百名知名国画家特邀作品展；2001、2002、2004、2005、2009全国中国画作品展；第一、二、四、五届中国美协会员中国画精品展；纪念反法西斯战争胜利60周年国际艺术作品展；第五届秦皇岛之夏·全国名家邀请展；四季家园·当代中国画名家学术邀请展；水墨·河东——当代中国画名家学术邀请展；泰山阳光·全国中国画名家邀请展；秋季新象·当代中国画名家邀请展；全国法制宣传中国画大展；“红船颂”全国中国画名家邀请展；“美丽乳山”全国中国画名家邀请展；全国文房四宝当代中国画名家邀请展；同里——保护世界遗产国际中国画展；2008年奥林匹克美术大展；2008和谐盛世——中国画名家邀请展；回顾印象——中国画学术展；中国当代优秀美术家慈善作品展；首届当代中国山水画双年展；民族团结颂——中国当代优秀书画家作品艺术邀请展；2008年中国美术家10＋10中国画邀请展；中华盛世·庆祝中华人民共和国成立60周年中意建交39周年主题国际画展；团结民主颂·喜迎人民政协成立60周年当代中国书画家艺术交流展等。

作品被中国美术馆、人民日报社、中国国家画院、中国艺术研究院、中央电视台等机构收藏。多幅作品刊登于《人民日报》《光明日报》《中国文化报》《文艺报》《国画家》《美术》《美术观察》《中国书画报》《美术报》等报刊，并辑入100多部大型画集。出版有《当代著名画家技法解析——包少茂西部山水》《名家名画·包少茂西部山水》《情系西部·包少茂作品精选》等十余本个人画集。

包少茂作品

包少茂作品

包少茂作品

包少茂作品

周先云作品

年度收藏热点
Annual collection of hot spots

周先云

四川成都人，民革中央画院理事，四川美术家协会会员，四川书法家协会会员。擅书画篆刻，尤长花鸟画，作品注重笔墨情韵，淡雅清新。

周先云作品

周先云作品

周先云作品

女焊工 102cm×102cm

年度收藏热点
Annual collection of hot spots

杜洪君

1959年7月3日生于吉林省长春市，1986年毕业于东北师范大学美术学院国画专业。近些年来，潜心研究美术基础教育教学工作及中国写意人物画的教学创作工作。现任吉林大学艺术学院美术系水墨工作室副教授，硕士研究生导师，美术系党支部书记，齐白石艺术馆兼职画家。作品先后在多家报刊发表，并被《流光溢彩集》、吉林大学合校六周年暨建校六十周年校庆《书法绘画作品选》《画苑》等刊物收入发表。

邓小平 102cm × 102cm

城市清洁工人 102cm×102cm

保洁员 102cm×102cm

母亲 102cm × 102cm

赵华双作品

年度收藏热点
Annual collection of hot spots

赵华双

1970年出生，山西平定人。曾就学于阳泉工业学校工艺美术专业、天津美术学院、山西师范大学、北京画院高级创作班。现为中国美术家协会会员，中国工笔画学会会员，中国水墨研究院院士，国家二级美术师，山西省工笔画协会副秘书长，太原理工大学阳泉学院客座教授，阳泉美术院创作研究部主任。作品曾参加在加拿大、特立尼达和多巴哥两国举办的中国美术展览；首届中国北京国际美术双年展序列展“全国当代花鸟画艺术大展”；第二届全国书画院作品联展，荣获全国百佳书画家称号；“西部风韵——中国画名家邀请展”被评为优秀作品；全国第六届、第七届工笔画大展；“纪念中国工农红军长征胜利70周年全国中国画作品展”中被评为优秀作品；纪念中国美术大师李苦禅艺术馆开馆暨全国中国画作品提名展中被评为优秀作品；全国城市山水画展；全国首届山水画艺术双年展;第五届中国美协会员中国画精品展。

赵华双作品

赵华双作品

赵华双作品

惠风系列之四 纸本水墨设色 68cm×68cm

年度收藏热点
Annual collection of hot spots

龚仁军

中国美术家协会会员、四川省诗书画院特聘画家、成都画院画师、特聘画家、成都美协写生画会副会长、成都市美术家协会理事、成都国画院画家。美术作品发表在《美术》《美术观察》《美术大观》《画苑》《中国画收藏》《中国画经典》《中国文艺报》《中国水墨》《四川美术》等专业期刊，参加全国各级美展并获奖并被各级美术馆、博物馆、专业画院和私人收藏。

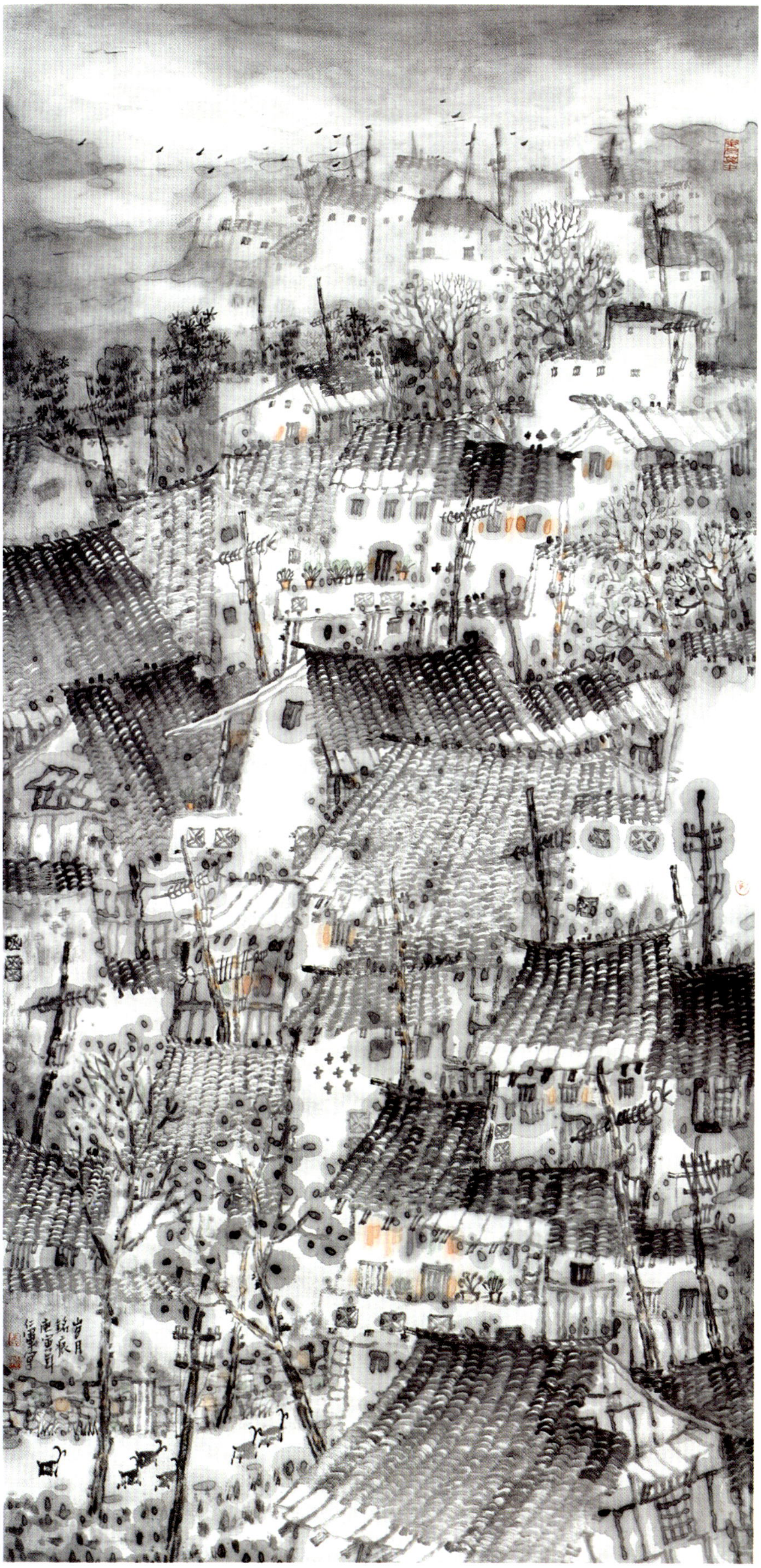

岁月铭痕 纸本水墨设色 136cm × 68cm

惠风系列之六 纸本水墨设色 68cm×68cm

阳光西羌系列之秋收时节 纸本水墨设色 136cm×68cm

石韵 136cm×68cm

年度收藏热点
Annual collection of hot spots

王国强

（笔名：易鸣）（号南堤子），1956生人，先后毕业于河北省艺术学校美术科和河北师范大学美术系。从师于人物画家王怀骐和山水画家于金才先生，后又得花鸟画家问雨先生指导。现为河北省美术家协会理事，河北画院院外画师，王怀骐艺术研究会秘书长，河北省花鸟画研究会会员，中日美术家交流协会会员。擅长大写意花鸟画、山水画。作品具有鲜明的个性，用墨、用色大胆，尤其善用淡墨，构图独特，在构图上倾向于独特一格，多采取构成的手法，让人有耳目一新的感觉。在中国现代画坛上别具一格，作品有强烈的艺术感染力。创作了大量的作品。多次举办个人画展、联展。多幅作品获奖、发表、展出、收藏。

余光 136cm×68cm

墙 136cm×68cm

太行石 136cm×68cm

李贵田作品

年度收藏热点
Annual collection of hot spots

李贵田

1961年生于铁岭，中国美术家协会会员，辽宁省美术家协会理事，辽宁省青年美术家协会理事，铁岭画院特聘画家，铁岭市美术家协会副主席。

1996年作品《春风化雨》入选“首届全国工商系统书画展”获优秀奖。

1999年作品《清馨》入选“全国第二届中国花鸟画作品展”。

2000年作品《南瓜图》入选“信合杯——全国书画大赛”获一等奖。

2003年作品《赞秋图》入选“全国少数民族传统体育运动会美术作品展”。

2004年作品《国色天香》入选“庆祝建国55周年全国青年书画展”。

2005年作品《秋梦》入选“第十六届国际造型艺术家协会美术特展”。

2005年作品《清夏》入选“2005年全国中国画作品展”获优秀奖(最高奖)。

2006年作品《五月含情》入选“第三届中国西部大地情中国画，油画作品展”。

2006年作品《五月槐香》入选“全国第六届工笔画大展”获铜奖。

2006年作品《五月情思》入选“纪念辽宁省美术家协会成立50周年大型美术展”获铜奖。

2007年作品《清香夏日》入选“全国小幅工笔重彩作品展”获优秀奖(最高奖)。

2008年作品《阳春畅和》入选“和谐家园全国工笔画作品展获优秀奖”(最高奖)。

李贵田作品

李贵田作品

李贵田作品

溪山逸趣 68cm×136cm

年度收藏热点
Annual collection of hot spots

祝英公

又名祝庆刚，卧游山庄主人，1962年生，先后就读于中央美术学院和北京画院。师从王镛、陈平、石齐、王文芳诸先生。现为中国美术家协会会员、中国书法家协会会员、中国山水画研究会会员、河南省书画院特聘画家。现居北京。

作品入选：“中国名家四条屏作品展”“第二届中国山水画艺术双年展。”

云移青峰动 49cm × 196cm

溪山清远图 68cm × 136cm

山水四条屏 196cm×49cm×4

山水四条屏 196cm×49cm×4

邹四青作品

年度收藏热点
Annual collection of hot spots

邹四青

1967年出生于皖南石台县，1995年寓居苏州张家港，作品先后三次入选，提名中国美术家歇会举办的展览。现为北京翰墨缘书画院展览部主任。江苏省美术家协会会员，张家港市美协副秘书长，研修于北京荣宝斋画院范扬工作室，出版专辑多种。

邹四青作品

邹四青作品

邹四青作品

邹四青作品

天府之源

年度收藏热点
Annual collection of hot spots

姚叶红

安徽巢湖人，1958年生于重庆。1983年师从“三峡画派”创始人岑学恭老师研习山水。多次随师三峡及全国各地名山大川写生，创作了大量的巨幅作品，并应邀为中央军委“八·一”大楼、国家和省、市政府会议大厅作画创作。中国美术家协会会员、中国诗书画研究院研究员、四川省美术家协会会员、省文史馆“巴蜀诗书画研究院”副院长、四川警察书画院特聘画师、空军“毓秀书画艺术苑”艺术顾问、成都画院画师、成都市美术家协会常务理事、市山水画会副会长、成都市政协书画院画师。

作品《松风雅韵》在日本展出收藏。作品《神女应无恙》获文化部、中国诗书画院主办“迎接97香港回归中国画大赛”铜奖；作品《三峡云开》获中国美协第二届西部大地情油画风景、国画山水大展“优秀奖”；作品《希望之光》入选中国美术家协会“纪念邓小平一百周年全国作品展”；作品《春洒都江堰》入选中国美协“感恩重建纪念5·12地震一周年全国美展”。出版《姚叶红国画选》《姚叶红山水卷》等。曾在四川省美术馆、日本、新加坡举办展览。央视网、“东方早报”等都有专题报道。

大江东去艺无尽
——读姚叶红山水画

文／陈荣

绘画艺术有“成教化，助人伦”之说，但除去这些功能外，最大的一点也应该是“悦其心而赏其目也”。好的艺术作品能带给人们无尽的感受。就如少年时代看齐白石的虾、秋蝉、小蝌蚪，徐悲鸿的奔马，张大千的泼墨山水，至今都在脑海中难以忘怀。

蜀中山水画名家姚叶红先生的作品以大气磅礴、色彩富丽、灿烂奔放、质朴率真而受到社会各界广泛的关注和人们的喜爱。他的画之所以有今天的成就，得益于恩师、著名山水画大家岑学恭先生的栽培。岑氏山水讲究的“博大精深、大气磅礴”深深地影响着他的艺术。谈到对色彩的认识，他说：“色彩的附着力求体现出快乐的感受，红、绿在中国传统是吉祥喜庆的象征，我多喜用之，其目的还是想带给大家快乐和美好的祝福。”

在姚叶红的青绿山水画《三峡云雾开锦绣》中，山崖林立、石壁千仞、重峦叠嶂、云雾缭绕，接天的江水与奔流的飞瀑穿插其间，在瞎逛的映照中“满目青山披彩霞，衣带江水秀中华”的诗意呈现在面前。雄强的画作透出艺术家朴实的本真，我们既能体会到大江东去的豪情，也能感受到青山绿水伴我们快意江湖的惬意，同时增加激流勇进的信心和勇气。

叶红说：“我在重庆生活过，巴山蜀水秀丽的风光和大山一样的豪情在我身上留下了深深的映迹。我崇尚山那样的胸怀，也许是个人原因吧，部队的同志都特别喜欢我的画。”他没有豪言壮语，有的只是脚踏实地的耕耘、对艺术的热爱和执著。

“ 大江东去浪淘尽，千古风流人物 ”苏东坡的《赤壁赋》令多少画家倾情描绘。姚叶红用独特的视角，个性化的构图将诗人的豪情尽显在作品中；近处山崖用焦、浓、干、湿、淡等变化丰富的墨色与朱砂色并用，刻画的赤壁雄姿投射出历史的厚重与沧桑；远水用中锋干笔勾勒，点以船帆，将滚滚长江东去的气魄尽显了出来。冲突交叠的墨色把我们的思绪拉回到金戈铁马的三国时代；看大江东去之浪潮，思历代古人之圣贤，感时光飞逝之哀叹，抒江山多娇之豪情。这些就是其山水画多为人们所喜爱之缘由吧。

姚叶红在技巧上追求传统与现代的结合，赋予水墨画更多的时代精神，在勾勒与转笔的应用上有所突破。他通过明快福利的设色，构建出别样的视觉图式。在《黄河之水天上来》中，画家将积墨撞水法通过含胶质的水，与墨，与色的冲撞运用得恰到好处；黄河口惊天的怒涛在画家的陛下仿佛发出震耳欲聋的吼声，远处从天而来的流水、飞瀑则揭示了生命不息的力量；使我们感悟到《怒吼吧！黄河》带给国人的精神力量。“黄河之水天上来，奔流到海不复还 ”

姚叶红的艺术来自与自然、来自于社会、来自于生活，所以充满了勃勃生机、今天的姚叶红，正驾驶着他的艺术方舟，奔向壮阔的彼岸。

2010年春于蓉

古堰瑞雪

天府胜境

黄河之水天上来

梅花图

年度收藏热点
Annual collection of hot spots

孔宪江

1968年生于天津宝坻，毕业于天津美术学院绘画系。作品多次入选全国及市级画展并有获奖，并在多家专业刊物及报纸上发表作品。

秋韵

恬意之秋

谁家庭院鸟啼声

清夏图

玉羽凌云

年度收藏热点
Annual collection of hot spots

舒大文

笔名（达文），毕业于山东师范大学美术系，2001年进修与中央美术学院国画系。现为中国美术家协会会员，济南市美协理事，济南画院专业画家，济南画院花鸟画创作室主任。其作品《飞人港》荣获2009年中国画作品展优　秀奖；《吉祥草》入选全军美展。参加第十届全国美展，全军美展及全国性重要大展。出版画集6种。并在《画苑》、《美术家》、《羲之书画报》、《美术大观》等杂志发表被编入全国大型丛书。2006年由亚洲环球卫视台录制《东方星辰》提名“中国画家世界华人杰出画家”大型系列片专集录制。同年在青州艺术城成功举办了“济南画院舒大文花鸟画精品展”。

和谐

舒大文先生作品追求自然，深入生活，重视写生。深山的竹林、花卉、鸟虫，池塘里的荷花，芦苇荡里的鸭、鹅、大雁，无不栩栩如生。师造化、师古人。对中国画根基深厚以近代李苦禅、郭味蕖、王雪涛、清任颐、八大、虚谷、明·林良，宋·崔白及元代诸家的花鸟画家做了深入研究，并有心得体会，技法精湛全面。有时钩线填彩，有时没骨渲染，有时积点成线，使画风淋漓奔放、浑厚、苍劲、俊秀、写实。在继承文人的传统基础上融入了自己对现实生活的体验。

祈君早展凌霄翼 金榜题名闺梦圆 136cm×68cm

年度收藏热点
Annual collection of hot spots

周伟钊

中国美术家协会会员、湖南省美术家协会理事、湖南省株洲市文联副主席、湖南省株洲市美术家协会主席、北京大学客座教授、广西师范大学客座教授。1952年出生于醴陵，湖南省师范大学美术学院毕业。

主要艺术活动：

1994年作品《儿女英雄传》参加全国第八届美展。1998年作品《红之鸟》入选国际美术家联合会韩国98世界美术大展。1999年作品《乌鸦换来五谷祭》参加全国第九届美展，获优秀作品奖。2002年作品《高秋对弈图》获联合国世界和平美术大展银奖。2004年作品《妙笔生花》参加全国第十届美展，获优秀作品奖。2008年作品《寒秋写荷图》参加“2008奥林匹克美术大会”作品展。出版个人画集六册。

碧天如水夜云清 莲台萧清月自明 136cm×68cm

不学黑蟹恁横行 心如清水不染尘 68cm×68cm

萧清梵音远 天空月又来 不圆也不缺 夜夜照莲台 68cm×136cm

济癫自有长生诀 天雨清风煮一壶 68cm×68cm

张兆明作品

年度收藏热点
Annual collection of hot spots

张兆明

1955年生于徐州，国家一级美术师，教授，进修于中央美术学院，鲁迅美术学院、中国美术家协会会员、中国版画家协会会员、中国工业版画研究院研究员、鸡西市群众艺术馆美术研究员、鸡西市美术家协会副主席，1993年文化部命名的“鸡西版画之乡”组织者之一。1983年创建张兆明画室，为全国美术学院培养输送了700多名美术人才，2003年出版《张兆明素描三小时》画集，2009年出版《张兆明山水画集》，并有多幅作品发表在《中国画》、《中国书画展览》、《中国书画收藏年鉴》、《中国画收藏》、《中国艺术报道》、《画苑》、《新中国美术家选集》、《美术界》、《当代名家》等刊物。

张兆明作品

雪情山水新探索

——解读《张兆明山水画集》

文/滕宗仁

素描给张兆明先生以艺术创作的激情，心境中的平和，画面上纯净，引领张兆明先生进入心向往之的艺术创作境界。《晨光》、《褐色的支柱》和《大梁叔》分别获得中国第三届、第四届、第五届中国工业版画金牌奖。《晨光》中的三个矿工具有雕塑般的凝重；《褐色的支柱》具有田园般的宁静；《大梁叔》具有钢铁般的沉稳。这三幅版画作品虽然都取材煤矿，但风格各异，也都充分透视出张兆明先生的素描功力与造型生动所呈现出的立体感的张力。

张兆明先生是一位不甘居于平庸的艺术家，在创作上他极富创新和探索精神，他经过几年的沉思、观察、面壁、实践之后，又推出了集中反映东北雪情的《张兆明山水画集》。这本画集构图简洁明快，充满浓郁的地域色彩，融东西方绘画技巧于一炉，充满艺术上的个性张力。

我反复揣摩品味他的山水画。我感到他的画有四个突出特点：

一是家乡山水孕画魂。张兆明先生是出生在江苏徐州，但他却长期生活在东北，他的心当然永远离不开他长期长于此的冰雪北大荒。冰雪北大荒才是他真正的故乡。他呼吸东北雪情的灵气，触摸北大荒记忆的鲜活。因此他要用笔描写故乡，用心贴近故乡。他的山水艺术因故乡而充满活力，故乡则因为他的笔而得到艺术的升华。《雪山下的小树》在雪压冬云白絮飞的严冬，小树的枝干自然舒展，凌空还有两只飞燕，飞燕喻义生命的存在，小树喻义东北人的顽强；《雪情》是东北山区的素描，民房的雪压着屋顶房盖，但雪山却施以重墨，有田地的沟垅，有满山的杂树，这是“高天滚滚寒流急、大地微微暖气吹”的写意；《东北雪乡石屋》这可以说是跨世纪的老屋，石屋的地基和墙围部分的石头裸露，石屋周围的篱笆只剩残垣，石屋房盖压上厚雪，但石屋后墙旁侧有一个自制的电视天线，那么这个石屋的主人仍然可以实现走进新世界的梦想；《雪松》中一棵棵挺拔玉立的青松，则像抗联老战士在极端艰苦的环境下继续在密林老营里和日寇展开殊死决斗。这四副山水画都离不开一个“雪”字，是故乡的雪情让他从心灵深处拥抱艺术，使他一生偏爱故乡的文化主题。这些写意山水，画面上的黑白、往与虚实、轻重、疏密有关，黑是重是密也是实，白是轻是疏也是虚。但落实在张兆明先生的画面上就有了千变万化。在黑白对比中，有时白显得分量重，黑倒显得分量轻，这种相互交错，关系万变，便使这些山水画妙趣横生，神韵连绵。这是故乡的风情赋予张兆明先生以一双独特的方式观察世界，反映世界的眼睛。

二是借象达意追真谛。写意是中国画的精神所在。擅长写意画的画家大多经历了“不似”的苦闷、“形似”的艰辛、“写意”的舒畅三个阶段。张兆明山水画有着相似的经历。“意在笔先”是艺术的规律，而“立意”是大写意的关键所在。“借象达意”是画家必用的手法，即通过有形的象，将意跃然纸上，立意画中。《暖冬》具象以虚墨呈现几珠粗枝树干，而以实墨勾勒一株细枝树干，零星点缀些红绿花朵。这是雪莱“冬天来了，春天还会远吗？”西风颂的写意；《三月黑龙江》具象中有雪山、群雁、江水、杂树，但画面的中心却是两只停泊的木船。这是杜甫的诗意图：“两个黄

张兆明作品

鹂鸣翠柳，一行白鹭上青天，窗含西岭千秋雪，门泊东吴万里船”。纵观张兆明先生的泼墨写意作品，立意狂放，博大高远，阅世俗、达天外，独树一帜，冲击人的视觉，震撼人的心灵。另外，他使用的泼墨技法达意准确，在“不似之似”的境界中达到写意的高度。

三是情到深处诗意浓。国画和西画最根本的不同点，就是国画当中有国学。一副山水画只有表现出诗的意境，那么它就能让人回味无穷，百看不厌。张兆明先生的山水画中所呈现出的诗意其质地纯洁，高尚而优美；其蕴含丰盈，浓郁而蕴藉；其情感色彩则与作品苍秀清新，恬淡宁和而又不失壮丽恢宏的总体风貌相契合。他的《远去的朋友》和《鸣春》仿佛是一组诗。前者是深秋肃杀的气象，群雁南飞，寻找它适合生存的故土；后者是春草萌生，万物复苏的景象，群雁的北归，又回到它东北的第二故乡。这两幅画充分体现出中国传统文化中“天人合一、民胞物与”人与自然相统一的思想。人与自然应该和谐共生，这才能体现生态文明。还有一幅《雪印》大雪封山，草树凋零，偏僻山村最显眼的具象是纵横交错的脚印。这是“人间的真情”，这是“生命的源泉”。如果画家不能体察和领略大自然内在的诗意，进而移情于笔下，哪能生发出那种动人的心魂、令人神往的力量！

四是中西交融新语汇。在表现方法上，张兆明的山水画在灵魂深处接受的是中国传统的思想和艺术观念，但他又善于

张兆明作品

把西画的影响化入中国画的形式笔墨之中。因而他的画风在画面的意境上蕴含着传统绘画的"弦外之音"，而在形式上流溢着抽象的、现代的意味。比如《雪地》、《东北风》和《晨光》就是他的探索性的作品，表现出开放型。《雪地》线条不规则的跳动、提按、游走的笔触暗示出画家内心的焦虑、困惑与不安；《东北风》看似墨色均匀，画面稳定，则实在平静中潜藏着压抑与躁动；《晨光》中你很难说明哪里是山，哪里是水，天在何方，地在何处。但是你可以感受到阳光，闻到土地的气息，也能够触摸到山川河流，一切都在似与不似，得与不得之间，这些作品更加具备"有意味的形式"。这些作品大多数表现出创作主体对人生、自然、宇宙的思考，画面上往往潜藏着某种暗喻，象征，充满了哲思。也许与人生历程相吻合，他的这些作品在情绪上非常饱满。从中往往能读到压力、矛盾、冲突甚至混沌，当然也有希望和热情，这些情绪恰恰构成了绘画真正的力量内容，体现出创作主体探索的峰值，正是这种新空间、新结构、新语汇，构成了这本山水画集的独特魅力。

白银世界无比美丽，冰雪画派自成一体。"北家严寒天乃大，方圆藏露见微茫"。一个有为的画家耕耘在这个世界里，只有不断地探索创新和拓展，他的绘画艺术才能日新月异。形式的创新意味着观念的转变，观念的转变预示着新的艺术征程的开始。祝张兆明先生在新的艺术征程中走得更加放达，更加开阔，推动雪情山水更加绚丽多彩！

向运江作品

年度收藏热点
Annual collection of hot spots

向运江

字向立、韵宇，号又生。书画家，诗人。1964年生，现居四川省成都市。

其艺术作品有传统的师承脉络，又溶入了现代的表现意识，追求传统与现代的完美结合。

山水画从蜀中已故大师陈子庄（石壶）入手，后学黄宾虹，上追清初四僧（石涛、髡残）、及元四家（王蒙），辅之以董其昌、龚贤、沈周等；花卉喜吴昌硕、赵之谦、齐白石、徐渭、金冬心等；书法初学《石门颂》，后学《张迁碑》《龙门二十品》，辅之以《散氏盘》《石鼓文》及《张黑女》《好大王》等。

认为笔墨是中国绘画的灵魂，没有笔墨就没有真正意义上的中国画。以行草笔法入画，强调绘画的书写意识，用笔灵动洒脱，狂放不羁、敦厚苍劲、洁净润朗、乱中有整、粗中带细，学古人而不被古人所囿，袭前法而不被旧法所拘，不落俗套、自成规模；喜画焦墨，并有其独到的理解；用墨随机点染、浓淡相依、趣味淳厚，笔与墨浑然一体，敷以雅淡丰富的色彩，画面苍茫古厚，气韵通透饱满。

画面构图自然天成，看似无序，实则秩序井然，深得自然妙理，多高远、深远境相。其画面组织来源于广泛深入的写生，将对大自然的感观与对现实生活的感受熔铸一体，不着意名山大川，倾心于农家胜景，亲切平易，情感充溢于一草一木，一房一树，一山一水之间，内蕴深厚，流露出悲悯苍生的人文情怀，保持着纯真的艺术精神。

其作品被《人民日报（海外版）》、《四川文艺》、《西南商报》、《天府周刊》、《民生民政》、《荣宝斋》、《艺术市场》、《中国收藏》、《世界知识画报》、《新视觉》、《中国画廊与艺术家》杂志、美

向运江作品

向运江作品

国《彼岸》、《艺术部落》、《艺术与繁荣》、《中国画风》，以及《中国绘画网》、《世界艺术品网》、《中国网络美术馆》、《四川书画网》、《艺术家展现》、《中国书画家联谊会》、《彼岸》等报刊杂志和网站作了相关的大量报道和登载，被收录入《20世纪中国书画艺术品鉴》和《新中国国礼艺术大师》及《2009书画家图典》等大型画册、并通过了ISQ9000A艺术体系资质认证；其作品在新加坡、日本、加拿大、新西兰及我国香港、澳门等地区展出并多次参加国内各类书画展，并多次参加抗震救灾义买。四川达州市电视台在黄金时段作了约十分钟的专题报道，其四尺中堂山水画在2008年东方国际拍卖公司秋季《金融与收藏》拍卖会上成功拍出，其3幅扇面又在2009北京远东国际拍卖会上成功拍出，而其大量的作品也被奥组委、人民日报、澳门特区政府以及美国、加拿大、日本、澳大利亚、芬兰、法国、新西兰、新加坡、及我国台湾等国内外的相关机构和爱好者收藏。现为中国国画家协会会员，荣宝斋唐辉工作室画家。

向运江作品

李一辰作品

年度收藏热点
Annual collection of hot spots

李一辰

曾用名李超，号佛辰居士，大朴草堂主人。1968年生于江苏徐州，师从张立辰先生，现就读于北京凤凰岭书院中国书画学精英班张立辰导师工作室。中国民主促进会会员，北京中国水墨研究院院士，江苏省美术家协会会员，江苏省书法家协会会员，江苏省教育学会会员，北京国画艺术家协会会员，徐州市书画家协会理事，南京金陵画院特邀画师，南京南唐画院特邀画师。《华人时刊》特邀美术编辑，现居北京。

曾出版《李一辰花鸟》《笔墨精神——李一辰写意花鸟》《李一辰画集》（系列一）《李一辰画集》（系列二）等多部书籍。

清雅高洁 妙趣天成

——读李一辰大写意水墨花鸟画

文／周益群

从事传统大写意花鸟画的画家，在传统中国画和中国画的创作中，在思想内涵和审美要求及实际操作等方面，都有着自己的特殊规律。需要广泛的传统文化综合性的修养，以及对人生、社会的深刻体验，这是成就一个画家的必备条件。

评价一个画家，固然需要和同时代的画家比较，然而对于一个继承传统的当代画家，更需要在历史的发展和艺术的演进中，结合这位画家所专精的画种来探讨。大写意花鸟画已有悠久的历史，它是与工笔花鸟画相对应的写意花鸟画的一支，在几百年的发展中，名家迭出，形成了独具特色的艺术传统。成为中国人认识自然，理解自然，表达人与自然审美关系的重要创造。

近几年，李一辰潜心专研大写意水墨花鸟画技法，他借经吴昌硕、任伯年，上溯八大山人、徐渭及石涛为代表的大写意花鸟画传统。多年来笔耕不息，广学博采，达到了一种自幻的境界。并逐渐形成了简洁、凝重、大璞不琢的独特面貌。他的创作往往构图疏简、饱满、笔法粗犷、朴厚，强化了大写意花鸟画的意象，同时把大写意水墨花鸟手法推向极致，让观者回味无穷。如果要比较李一辰和八大山人的作品，我们不难发现，李一辰主要是学习吸收了朱耷、徐渭阔笔大写意画法及技法，他经过长期写生观察，研究大师绘画的技法、构图、水墨变化，将自己的情感融入到绘画中。如他的《墨荷图》，把荷花的出淤泥而不染，酌清莲而不妖的君子品性及娇艳欲滴的形状、特征表达得淋漓尽致。

如《香远》，用传统画荷技巧浓墨写荷叶之法，使水墨写荷叶并几乎布满了整个画面。用减弱了色度的赭石在画的左上方点缀荷花两朵，一只蜻蜓落在用浓墨勾出的草梗上，这个画面给人雾中看荷的感觉，别有情趣。

《香清图》在构图上运用了现代构成的手法，先用淡墨将画面分割，苍劲松灵的线似荷塘中被微风吹动的水波，翠鸟别具匠心地安排在画面左下角，与画上的题款融为一体。画中大片空白给人无限的联想，给作品平添了些许诗意。

其它还有如《春意浓浓》《清风》《香雪图》等作品，都是在继承传统的基础上，又融进了现代意识，质构简约，自然天成。

举凡世间之物，其美之极势必不离两种：一为单纯、一为丰富。单纯之美必以丰富为底蕴，而丰富之美又必以单纯为高极，凡物纯粹，则近乎极致；凡物复合，则臻乎大方。李一辰先生的水墨花鸟取单纯之美，其选择大写意花鸟画的艺术特色是相吻合的，这也是他取得成功的重要途径。

无论从艺术观还是创作手法来讲，李一辰先生都是一位十分严肃的画家，他不搞盲目的创新，而是脚踏实地，根植于传统，在继承传统的基础上创新。我们祝愿并期待李一辰先生有更多的佳作问世，给我们带来美的享受。用他的大写意水墨花鸟画来美化我们的生活，美化我们共有的生存空间。

李一辰作品

李一辰作品

李一辰作品

李一辰作品

白云深处人家 136cm×68cm

年度收藏热点
Annual collection of hot spots

牛维平

1955年生于山西灵石，长期客居北京以画为业，自幼酷爱绘画，在近40多年的艰辛修炼中不断进取，曾先后数十多年学习研修于中央美院油画系，山西大学美术系，中央美院国画系，中国艺术研究院中国画高级研修班，北京画院中国画高级创作研究班等，博采众长，勇于探索，技艺精熟，风格高雅。数十多年来，作品多次参加各种展览、展出活动，引起业内外以及收藏界广泛关注。

2000年12月在山西太原晋宝斋画廊举办牛维平山水画个展，2006年国庆在北京琉璃厂荣宝斋画廊举办牛维平山水画个展，山水画作品《吕梁春醒》曾获2002年中国美协“西部辉煌”提名展铜奖。2004年10月作品参加北京第7届国际艺术博览会获金奖。

2008年8月作品参加大连第9届艺术博览会获金奖。作品亦先后在《东方艺术报》《山西日报》《太原晚报》《中国书画报》《北京日报》《中国收藏》《收藏家》等杂志报刊刊登发表，《中华名流》杂志2006年6月专刊号“牛维平——从太行吕梁走来的艺术巨臂”曾作了大篇幅报道引起业内外强烈反响。北京卫视BTV栏目2006年7月版《崇山峻岭任挥毫——中国山水名家牛维平》亦曾作专题采访报道。2008年底，文化部“影响中国的100位山水画大家”收录其作品。

2009年10月作品入编由河北美术出版社出版的《中国水墨60年》，12月作品入编文化部人才中心编纂的《60年60家》。

2010年5月作品入编天津人民美术出版社出版的《东方之子》，7月作品在《中国书画报》专版刊发，9月作品入编由河北美术出版社出版的《中国画收藏》一书，10月作品入编由长城出版社出版的《当代书画研究——中国山水画大家》一书，11月作品入编由中国文联出版社出版的《中国当代艺术大家》。

清韵 136cm×68cm

蹬高访友 136cm×34cm

云岭佳话 136cm×34cm

五岳独尊 120cm × 224cm

威震北天 120cm × 224cm

毕新作品

年度收藏热点
Annual collection of hot spots

毕新

贵州省贵阳市人，女，中国国画家协会会员、中国书画家协会会员、中华诗词学会会员。自幼酷爱诗书画，曾在中国美术家协会中国画高研班进修，后又于北京荣宝斋画院深造，先后结业于范扬山水画工作室和唐辉山水画工作室。曾得到刘大为、周尊圣、雷正民、吕云所、龙瑞、范扬、唐辉等老师悉心指点。擅长小写意山水、诗词。作品多次刊登、参展并获奖。被专门机构和有关部门及业界人士所青睐并收藏。

毕新作品

休闲

探求墨趣当休闲，放纵情怀绘大千。
画趣诗风提雅兴，遨游艺海醉其间。

贺《神州诗书画报》公开发行

诗书画报聚风流，翰墨飘香雅韵酬。
万里鹏程携墨客，弘扬艺术壮神州。

五一笔会感怀（新韵）

龙飞凤舞任淋漓，字字铿锵气势逼。
自古书家豪气在，挥毫泼墨写神奇。

寄情

书斋瓦砚去尘埃，绿水青山笔底来。
艺苑耕耘酬志趣，诗词绘画寄情怀。

翰墨情缘

书画清心生墨趣，诗词言志写精神。
愿将汗水连心血，洒在青山碧水间。

作画

心灵体验注豪端，笔墨生辉意韵传。
鸟语花香提雅兴，山青水秀任游玩。

秋日山行

秋山叠彩云烟渺，岚气袭人凉意生。
日照千峰寒林暖，寻芳觅景忘归程。

寻梦

只身北上赴津门，学艺从师长见闻。
境界拓宽提画趣，扬帆翰海将梦寻。

意趣驰骋

野草山花堪作伴，春秋冬夏总牵情。
风清日丽心沉醉，意趣驰骋纸上行。

毕新作品

书画情缘
痴将志趣寄山川，泼墨修身历苦寒。
缕缕诗风催入画，直将心血注豪端。

盛夏赴石林峡写生
不辞酷暑赴燕山，对景写生亲自然。
壮美山川皆入画，神仙境界系情缘。

思齐
书山翰海久沉迷，不计晨昏自奋蹄。
万里求学甘吃苦，挥毫泼墨望思齐。

雪野写生
鹅毛昨夜锁燕山，四野银装势壮观。
头顶飞花留墨韵，丹青励志胜严寒。

南太行写生有感
巍峨群山峰重叠，绵延起伏与天接。
怪石嶙峋松柏翠，白云环绕溪涧迭。
幽谷深深泉水唱，树影重重色彩列。
秋高日丽满目秀，野趣留人不忍别。
峰巅举目复远眺，此时才解东坡绝。

定风波。览景感怀
几缕烟云锁远村，山青水秀诱骚人。一叶轻舟乘旧梦，观景，撷来灵感意清新。古圣先贤遗范本，精品，沉酣翰墨久耕耘。师法自然求妙谛，寻觅，玄机参透悟迷津。

题画诗
朦胧月下静观山，景物深幽气韵传。
玉瀑姿清声放远，如来意境欲参禅。

毕新作品

毕新作品

水墨光色共染戏曲风神

——高永胜戏曲画赏析

文／刘振虎

国粹之菩提本心 2009年

年度收藏热点
Annual collection of hot spots

高永胜

1967年生于吉林省长春市，1992年毕业于东北师范大学美术系中国画专业。深圳南山画院画家，2002年出版《高永胜画集》，作品、评论文章入选《画苑——中国水墨60年》，作品参加全国、省、市各级画展。深圳市南山区美术家协会副主席，现居深圳。

高永胜近期的中国人物大写意作品《国粹》系列开创了中国当代水墨的全新型态，传统与现代的完美结合，具有“开宗立派”的风神面貌，在中国当代艺术领域独辟蹊径、特立独行，引起了全国较大关注。“其作品独具的特色和丰富的内涵震撼了观众，深厚的文化底蕴使其作品饱含人文精神和审美追求，他对线、墨、色的表现手法，都有创造性的突破，形成了自己独特的风格。他以现代的手法表达出完全中国化的感受，散发着浓厚的中国文化气息，激发了新的民族想象”（刘振虎——《中国艺术报道》主编）。

国粹之霏雨霁月两处春 2009年

国粹之吹来都作莲香 2009年

戏曲作为中国的国粹，曾吸引了不少绘画名家以其为题材进行艺术创作，比如关良，林风眠，韩羽等。他们均在各自的领域取得了巨大的成就。戏曲画本身由于结合了戏曲和国画这两项国画本身由于结合了戏曲和国画这两项国粹。应该说是极具表现内涵的题材。关良的戏曲画以表述戏曲舞台的真实形态为主要目的，记录了许多经典曲目的最精彩瞬间。林风眠的戏曲画在借鉴西方现代艺术的理念和风格方面具有显著的特色。漫画家出身的韩羽，则善于选取最能体现画家心中之“理”的戏曲人物形象与戏曲场景。他画戏曲画的目的是借画表达自己的一些想法。当代对戏曲画的创作中，有众多成绩斐然者。高永胜便是其中一位。近期，他的《国粹》系列引起了较大的关注。其独具的特色和丰富的内涵震撼了观众。

高永胜接受过系统的美术学院教育，具有扎实的传统绘画功底。并沉迷于中国传统文化，中西文化比较、艺术哲学和美学的研究。这些深厚的文化底蕴使其作品饱含人文精神和审美追求。《国粹》系列充分体现着他现代实验性的戏曲

国粹之青云青天直上 2008年

国粹之众里寻她千百度 那人却在灯火阑珊处 2009年

画创作。他对线、墨、色的表现手法都有创造性的突破。也可以看到他对传统固有笔墨程式的摒弃，创造性地借鉴了西方表现主义在线条上的运用。同时，他以西方艺术强调光色的观念为基点，开创性地完成了光色水墨化和水墨光色化，成功地解决了光、色、墨的冲突，革新并丰富了传统；以中国艺术为文化底蕴，创造性地移植并改造了西方近现代绘画的造型观，体量观，构成观，形成了自己独特的风格。

高永胜创新了中国画的表现方式，在研究表现戏曲人物这一传统题材的新手法时，借鉴了西方立体派解决二维平面上的时空矛盾的观念和手法。他将戏曲艺术的叙事空间与立体主义的时空观念创造性地相关联，利用戏曲这一同时具有时空连续性含义的舞台形象。实践立体派的时空矛盾在平面上的解决方式，在转换戏曲艺术的视觉式的同时融入了现代性。

他注重强调中国文人写意情怀，其笔墨率性自如，黑色莹润，但不失文人雅意。在此基础上他还融合西方现代抽象派的大气，破坏原则和规律、节奏、动感相整合，以画面的整体结构与黑色为出发点，讲究点、线、面的组合，取消线条与墨的独立意义，用一种看

国粹之至圣先师 孔子 2009年

国粹之把酒时看剑焚香夜读书 2009年

似极为随意的，漫不经心的手法与笔触，营造出画面的一种整体性感觉。

高永胜的戏曲画具有曲型的现代绘画意识，他注重通过戏曲人物形象进行新的绘画形式与观念的探索，以此表达自己内心强烈的情感体验。因此，他的戏曲画“戏味”并不十分深厚，更多的是借发挥，创作一种独特的戏曲画形式，以及这些形式中所蕴含的艺术家情感与灵魂。他用自己的方式去解读对象，用极为宽广的视野去面对描绘的对象，去创造新的形象；将传统的形象符号，通过现代的手法，使其获得新的意义，同时又激发新的民族想象。高永胜的绘画虽然在形式上大胆地综合中西方绘画观念和技巧，但他抓住了中国文化传统中的精髓——“意境”，在借鉴西方的手法表达出完全中国化的感受，从西方艺术理念的影响中得到解脱，他的画依然散发着深厚的中国文化气息。

高永胜将戏曲人物画这一中国传统的优秀艺术样式，通过借鉴现代艺术理念表现出来，使原有的形象产生了全新感受，对传统文化形象赋予新的时代生命。这是与时俱进的创作观念，他的这种探索与创新定会开拓出一条不同寻常的康庄大道。

孙玉明作品

年度收藏热点
Annual collection of hot spots

孙玉明

山东菏泽人，1956年生。主攻中国人物画。早年于南京军区政治部从事美术创作，作品多次参加全军美展。进修于南京博物馆，后为开封画院院长，开封大河画院从事美术教学组织活动，艺术成就被河南电视台专题报道。曾在山东、山西、湖北、安徽多次举办个人画展。作品被选入《纪念香港回归全国美术作品集》《世界华人艺术大奖作品集》《纪念张大千100周年作品集》《世界美术集》《全国画院院长作品集》等20多种画集。2005年被文化部中国国画家协会评为百杰画家；2005年广东《美术界》曾专刊介绍艺术成就；2006年《中国国画家》重点推出画家；2007年《艺术收藏》特别推出画家；2007年《艺术部落》重点介绍画家其作品；2007年《中国画廊2000家》特别推荐画家；2007年《中国美术》——走近经典特邀画家；2009年入选建国60周年“全国中国画名家学术邀请展”。现为中国国画家协会理事，山西太行国画院院长兼开封大河画院院长，一级美术师。出版有《孙玉明中国人物画》《中国书画百杰——孙玉明作品选》《孙玉明画集》。

孙玉明作品

孙玉明作品

孙玉明作品

孙玉明作品

孙玉明作品

孙玉明作品

山乡欲雨图 46cm×68cm

年度收藏热点
Annual collection of hot spots

申剑明

1970年出生。1999年毕业于中国矿业大学中国画专业，师承著名画家张仃、侯德昌、崔晓东诸先生。
1992年12月作品《秋恋》获河南省文化厅“群星奖”；
1997年9月作品《曙岚动乡关》获河南省“香江杯”跨世纪国画家优秀作品展一等奖；
1997年10月作品《脊梁》获“大陆、港、澳三地大学生联展”优秀作品奖；
1998年10月作品《山乡》获“第12届中韩美术大展”银奖；
2000年10月作品《秋染太行》获“亚亨杯全国美术书法大奖赛”铜奖；
2001年6月作品《苍岩如黛》获河南省“首届山水画大展”优秀作品奖；
2004年11月作品《太行风景线》入选“第四届河南省书画院双年展”同年被河南省书画院聘为画家；
2004年12月作品《飞雪迎春》获河南省“第三届中国书画展”最高奖佳作奖；
2005年10月作品《转战太行》入选河南省第四届中国画艺术展；
2009年9月焦墨山水《谭头近处有人家》在庆祝人民政协成立六十周年书画展中，获美术类二等奖；
2006年10月由“科学、文化、艺术”出版社出版发行了《申剑明山水画集》；
2006年11月由新乡市文联、新乡市书画院等五家机构，在新乡市文化中心举办“申剑明山水画展”暨“申剑明山水画研讨会”，省市多家媒体给予相关报道，引起各界广泛好评。从艺20年来，作品百余幅在国内外各界大展中展出、获奖、结集出版。作品多次被省、部委和众多收藏家收藏，被政府部门作为礼品馈赠于国际友人，是河南省美术界实力派青年画家。
现就读于荣宝斋画院程大利中国山水画高级研究生班。

太行紫团巍 68cm×68cm

古寺春来 68cm×68cm

焦墨山水 138cm×68cm

焦墨山水 138cm×68cm

幽意 70cm×70cm 2010年

年度收藏热点
Annual collection of hot spots

金兆韬

金兆韬又名兆涛，回族，1944年生，辽宁营口人。现为中国美术家协会会员。上海朵云特聘画家，江苏省国画院特聘画家，辽宁盘锦辽河画院专职画家。

妙境 96cm × 180cm 2009年

秀野 70cm × 140cm 2009年

意韵 70cm×140cm 2010年

沉吟北国梦乡

—— 金兆韬山水画说略

文／王林

不同的人看画有不一样的感受，我读金兆韬的山水画，就没怎么想到写生之类的理论问题。因为籍贯辽宁，和兆韬算是同乡，所以感觉和别人很有些不同。我长在四川，早已习惯天府之国的温暖与润泽，对于北方天寒地冻的冬季一直心存畏惧。即使偶返东北，也往往选择盛夏。北国的冬天和冬天的北国，我始终愿意让它停留在想象之中。偶读兆韬的北国山水，便有一种似曾相识的感觉。

这是梦中的北国，想象中的故乡。

金兆韬作品绝大多数描绘的是大雪覆盖的山村，溪桥、茅舍、树木全都笼罩在雪雾迷蒙的氛围里。作品往往以一种特殊的光感——似乎是雪花自己发出的、相互辉映的光，营造出一个温馨的超现实境界。这里的确有写生的生动与细致，也有情感的投入与表现，但真正让人沉浸其间的，却是画面上的模糊和迷茫，以及由此产生的梦境与幻觉。事物的区别变得含混，天地的界线正在消融，有些东西隐入其中，有些东西悄然浮出。似乎没有一定要去描绘的景物，也没有一定要去述说的事件，依稀可见的就是这一片魂牵梦绕的雪景，深而且静，没有寒冷只有诱惑；抹平一切，包括生与死、世俗与超脱。梦乡中的北国让你感觉温馨，是因为弥漫于画面的，只有风雪过后的痕迹，只有水墨造就的气氛。时光骤停，万籁俱寂，观者无言以对，只能凝神进入。

2006年1月于四川美术学院

润春 70cm × 140cm 2010年

素韵 70cm × 140cm 2010年

湖光山色共争春

年度收藏热点
Annual collection of hot spots

李菁华

（女），1973年生人，1996年毕业于河北师范大学美术系。2009年修于首都师范大学刘进安水墨工作室。现为河北美术出版社副编审，河北省美术家协会会员，河北省政协美术家联谊会会员，河北省国画院画家，北京翰海画院特聘画家。2007年6月作品《杜鹃声里斜阳暮》参加“盛世放歌·情满中原——第二届中国美术出版界书画家作品展”获金奖（郑州）；2007年9月山水作品参加“纪念辛弃疾全国书画名家作品邀请展”（山东历城），10月山水作品贺北京香山佛寺画院落成并被收藏，11月山水作品《雨后》参加“庆祝党的十七大胜利闭幕”河北省政协书画邀请展（石家庄）；2009年4月在江山美术馆举办山水画个展（深圳）；2009年8月山水作品《佛境》参加“笔墨融情——首届两岸美术出版界书画家作品邀请展”（台北）；2010年5月山水作品参加“庆祝河北省中国画研究会成立30周年中国画名家作品展”（石家庄）；2010年10月山水作品参加“纪念徐悲鸿诞辰115周年全国书画大赛暨名家名作邀请展”获银奖（重庆）；2010年10月作品《大山深处蕴神工》入选由中国美术家协会主办的“和谐燕赵·红色太行——中国山水画展”（石家庄）。作品入编《影响·2008女性艺术家创作实录》、《画苑·中国水墨60年》、《画苑系列丛书》（一）、《佛教与艺术》（一）等出版物。出版个人专集《2008名片·李菁华》。

大山深处蕴神工

桃花居图

春江

回家 68cm×68cm

年度收藏热点
Annual collection of hot spots

杨天佑

1947年生于上海，浙江余姚人。1988年毕业于上海轻工业专科学校美术系。中国美术学院国际美术教育交流委员会委员。

1990年《牧笛》入选上海市中国画展。1992年中国画《东坡行吟》入编《科艺神韵》大型画册。同年，拜中国人物画大师黄胄先生为师。1993年参加北京《吴昌硕、齐白石、黄宾虹、潘天寿四大家研讨会》，论文《论潘天寿作品中的冷抽象》入编《四大家研讨会文集》，1997年此文列入研究潘天寿的主要著作，编入大型画册《潘天寿》。1993年作品《芭蕉情深》入编香港《华夏千家书画集》，并赴台北展出。1994年水墨人物画《观荷图》入选“中国新闻界美术作品展览”在山东潍坊展出。1998年6月19日中国画《边疆名珠》参加“当代书画家名家作品展”。1998年《心愿图》被香港石景宜、刘紫英伉俪文化艺术馆永久收藏。

2002年《春晖》被上海图书馆收藏，2004年《牛》被选入“全国书画家小品邀请展”。2011年在祖籍家乡余姚美术馆举办“杨天佑水墨人物作品展”。

新疆风情 37cm×2123cm（局部一）

新疆风情 37cm×2123cm（局部二）

蓝色月光 68cm×138cm

范永兵作品

年度收藏热点
Annual collection of hot spots

范永兵

笔名冥石，1969年生，毕业于哈尔滨师范大学美术系中国画专业，并获学士学位（1989－1993）。现为中国美术家协会黑龙江省分会会员，黑龙江省书法家协会会员，黑龙江省艺术类职称评审委员会评委，黑龙江省高等院校书法协会理事，中国艺术教育促进会教师工作委员会委员，中国艺术研究院文化艺术市场创作委员，国际艺术教育与人生发展学会理事，首届中国国际科技成果博览会特邀委员，黑龙江省级教学能手，哈尔滨市级教学能手，中国教委艺术教育贡献奖。现为哈尔滨市幼儿师范学校美术教研室主任。2007年全国书画院《中国画廊2000家》特邀书画家等。国画《白荷》获国家人事部书画人才研究院中国艺术人才金奖，国画《栖息寒江畔》获第二届徐悲鸿美术奖百佳书画家，国画《山水四则》获黑龙江省首届山水画展铜奖，国画《月夜》获黑龙江省首届中国画大展优秀奖，作品赴俄罗斯、日本、新加坡、加拿大等国展出，书画作品被国际、国内友人及单位机构收藏。大中专院校《书法教程》副主编(中国科技出版社出版)，黑龙江省《幼儿教育专业设置》编委，作品入编《中国书画导师百佳》、《中国书画收藏名典》、《中国收藏》、《当代书画艺术大典》、《画苑》、《龙江画坛百杰》、《全国美术名家作品集》等辞书，并在《中国书画经营报》、《黑龙江日报》、《生活报》、《新晚报》等多家报刊杂志发表美术作品。论文20余篇在国家及省市杂志发表并获奖。出版《范永兵国画集》等。

范永兵作品

缘物寄情 情景交融

——中国山水画创作感悟

文／范永兵

山水画在中国绘画上占有极其重要的地位，它凝聚着中华民族丰富的智慧和感情，也体现着东方艺术崇高的审美理想，把描绘大自然的画称为“山水画”，而不叫“风景画”，是有其独特含义的，“河山”“山河”“江山”都是“祖国”的同义语，因此山水画可以说是爱国主义精神在中国艺术中的具体反映。

山水画借自然景物表达作者情感，借景抒情。寄情寓意、缘物寄情、意与景汇、景与情通、情景交融而产生“意境”，这便是中国山水画的灵魂。写形传神，“形神兼备”，是中国山水画艺术创作的最高准则，也是一条规律，写形是传神的手段，传神是写形的目的。

中国山水画的表现是意境，我在从事美术教学近20年中，体悟到山水画的描绘注重“境”，山之气势尤为重要，董源之“三远法”，体现“平远、深远、高远”是源泉，历览古今之名家山水在山水意境中表现上甚为突出，笔墨当随时代，“师古不泥”，“搜尽奇峰打草稿”在表现山水画的笔墨技法中，我运用了勾、皴、擦、染、罩之基本技法，灵活运用，在皴法上打破传统的“牛毛皴”“荷叶皴”“折带皴”“斧劈皴”等技法，在皴擦上利用宣纸的特性，以淡墨皴、中墨擦、层层皴擦，表现山石肌理效果及意境，体现浓淡变化中产生的意境。

要画山水画首先心中有山、有树、有水。我游黄山、峨眉山、华山、剑门山、桂林、张家界等名山大川时，甚感山之气势之雄伟。

我热爱大自然，我常亲近大自然，我更敬畏大自然的伟大，山山水水无不蕴含着人类赖以生存的巨大宝藏。

宇宙之浩瀚，人类是大自然之产物，面对自然表现时，我尽量忘却自我，落笔却有意无意间流淌出我对大自然的崇尚。有人说没有看到过你这种皴法，“应物象形”“随类赋彩”，谢赫的“六法论”中已说的很明确，运用中国画特有的工具——毛笔，利用其笔毫使转产生山山水水，草树云雾，顿觉意境深远，画面的氛围不觉跃然纸上，此时的心情豁然开朗。

世界著名画家毕加索曾说过：“绘画就是一项思维活动”，大山大水在心中，无需草稿，直接笔墨挥洒在纸上，“任情恣性”着实让你在画大幅山水画的过程中体验心境的豁然。我在画山水画时特别注重整幅画的山水气势，而绝非是局部。然而大山大水的气势是细节决定，所运用的笔墨细节决定了山势的气魄，决定了山水画的意境。

范永兵作品

范永兵作品

范永兵作品

刘凤林作品

年度收藏热点
Annual collection of hot spots

刘凤林

内蒙古赤峰市人，副高职称，中国国画家协会会员，北京市国画艺术家协会会员。

1993年毕业于哈尔滨师范大学美术教育系，获学士学位。师从我国著名画家卢禹舜先生、高卉民先生，在校期间，国画山水一幅被学校收藏。1995年创作《草原梦》获“'95中国体育书画展优秀奖。1996年国画山水写生在“国际八卦杯书画大赛”中获优秀奖。2009年入中国国家画院高研班黄格胜工作室学习。2010年《苗乡秋晚》在中国国家画院美术馆展出，由北京国画艺术家协会组织并出画集。2010年7月作品《苗寨晚秋》在中国国家画院美术馆展出。

现深造于卢禹舜工作室，作品多次参展，并出画集多种。

刘凤林作品

刘凤林作品

彝家春集 180cm×95cm

年度收藏热点
Annual collection of hot spots

栾长征

1972年生于山东。自幼受家父熏陶，研习书画。现为中国美术家协会会员、文化部全国青联委员、中国工笔画学会会员、现就读于国家画院刘大为工作室。

栾长征在多年的艺术探索和学习过程中，道法自然，师法古今。对大中国画观念有深刻理解。在构建自己独特的绘画语言的同时博采众长，逐渐形成自己别具特色的风格特征。对传统文化的敬仰与痴迷，也体现在每一个绘画元素中。能充分的利用现代审美情趣和意向来充实自己的作品，在针对不同体裁的创作中，能比较完善的运用各种手段技法，来达到意境的完美体现。追求无止境，好运送喜悦。多年来，创作的作品多次在文化部、中国文联、中国美术家协会举办的展览中获奖。其中，在纪念邓小平诞辰一百周年全国美展中获银奖；在第四届中国美协会员精品展中获优秀奖；入选“中华情”全国中国画展；入选“红船颂”全国百名知名

嘉绒小姐妹 180cm×95cm

中国画家邀请展；入选第二届中国美术金彩奖；入选第二届人物画展；在“海潮杯”全国中国画展中获优秀奖；在第二届“菜乡情”全国中国画展中获优秀奖；在第三届菜乡情全国中国画展中获优秀奖；在2004年全国中国画展中获优秀奖；2005年全国中国画展中获优秀奖；2006年全国中国画展中获优秀奖；在第四届、第五届中国美协会员精品展中获优秀奖；入选“盛世和谐、情系奥运”工笔人物画展；在第十四届全国花鸟画展中获学术奖等等，有作品不断在《北京华辰拍卖公司》《上海中天拍卖公司》《香港富得拍卖公司》《北京翰海拍卖公司》等大型拍卖公司拍卖，获奖单幅作品最高拍卖到十二万元。同时作品也被中国外交部、国务院办公厅、中国美术馆等国家机构收藏。

好运是一棵长着金叶子的树，需要辛勤耕耘和浇灌方成正果，我们祝愿他创作出更多更感人的作品，在艺术的道路上走得更远！

山高水长

年度收藏热点
Annual collection of hot spots

王庆新

号了石，1945年生于辽宁，满族。中国美术家协会会员，中国书法家协会会员，一级美术师。陕西书画院院士，兼东方书画院和上海民族画院副院长，新加坡新神州艺术院高级顾问。中国、日本、韩国、新加坡书画家友好联盟理事。

其幼承家教，习字作画，先后承师沈延毅，鲁迅美院老师方济众、何海霞等。继承并发扬了方济众大师的揉纸山水和何海霞大师的青绿山水，兼工书法、牡丹、葡萄和过滤纸山水，偶有人物创作。曾游历大江南北，写生稿累积盈尺。

1993年书法《沁园春・雪》被录入由江泽民等党和国家领导人题词的纪念毛泽东诞辰100周年大型画册中，被文化部收藏。

1995年作品在日本、韩国、新加坡参展，同年十月，国画作品在纽约联合国总部参加庆贺联合国成立五十周年大展。

1996年获“辽河杯”全国书画大赛金奖，先后数十次获全国各类展事金银铜奖，被载入画册和名人辞典近百部，出版邮政明信片等。

1997年接受中央电视台采访，并先后有国内省市电视台和其他媒体作过专题报道。

2000年由香港华泰出版社出版个人画册，启功题签。

近年应邀到祖国各地和国外（西欧、东南亚）采风、办展、笔会和交流讲座等，广交天下朋友。

淡泊明志

古刹秋风

刘松江作品

年度收藏热点
Annual collection of hot spots

刘松江

1954年出生。山西师范大学美术学院副教授，硕士生导师。中国美术家协会会员、中国版画家协会会员、山西美术家协会理事，山西省版画藏书票协会副会长。曾就学于山西师范大学、中央美术学院版画系。作品入选由文化部、中国美协联合举办的第八届、第九届、第十届全国美术作品展；第三届全国体育美展；第八届、十一届、十四届、十六届全国版画展；21世纪首届黑白木刻展；四次参加日本国际画展。多次获得全国、省美展一、二、三等奖；第六届全国高校版画教学年会学院奖。被上海美术馆、神州版画博物馆、青岛美术馆、中国美术家协会、安徽省美术家协会、西南大学、哈尔滨艺术宫版画博物馆等单位和美国、日本、俄罗斯、中国台湾个人收藏。先后于《美术》、《美术观察》、《文艺研究》、《中国版画》、《中国美术》、《中国书画》、《当代中国版画名家藏珍集》、《山西省百年书画名家作品集》等多种专业杂志发表作品，结集出版由《刘松江作品集》。2003年随中国美术家协会艺术家代表团出访俄罗斯。

刘松江作品

秋云新雨后 家居此山中

春满绿野

年度收藏热点
Annual collection of hot spots

赵伟东

1966年生于辽宁省凤城市，作品多次在全国美术作品展中获奖入选。现为中国美术家协会会员，辽宁省美术家协会会员，丹东市美协理事，凤城市美协副主席，香港国际画院油画艺委会副主席，丹东中山画院特聘画师。

主要作品：《生息乐土》入选第二届中国北京国际美术双年展序列展“中国中青年艺术家精品展”，并被中国美协收藏；作品《乐土》获首届“风景风情”全国油画展优秀作品奖，并被上海刚泰文化发展有限公司收藏；作品《土地》、《一方净土》入选中国美协第二十次新人新作展；作品《写意故土》入选中国油画学会举办的中国油画写生作品汇展；作品《梦境山居》获黎昌第五届青年中国画年展铜奖；作品《秋》获日本富山国际水墨画展优秀奖；作品《雪润大地待春归》入选纪念黄道周全国中国画作品提名展，并被中国国家画院收藏；《苏醒》入编中国水墨60年；作品《春潮》获第十一届全国美展辽宁展区优秀奖。

艺术业绩被多种媒体报道，作品先后在《美术》、《美术大观》、《美术报》、《魅力中国》等刊物发表。作品并被国内、国际艺术机构及个人收藏。2008年油画作品《抽象风景》在日本国际艺术拍卖会上当场拍卖成交。2009年接受新华社采访。

树林生叶凉 风泉满山谷

水天一色

年度收藏热点
Annual collection of hot spots

许献廷

字晓光，河南洛阳人。授业于漆光、贾宝珉两位教授。其作品荣获迎澳门回归全国书画大赛一等奖；纪念王羲之诞辰1700周年当代书画作品邀请展金奖；入选首届《国画家》中国水墨小品精品展。全国名家中国书画小品邀请展；第十二届全国当代书画家邀请展。作品被人民大会堂、天安门、江门博物馆、吴昌纪念馆等收藏。现为中国美术家协会会员，中国国画家协会会员，中国工艺美术家协会会员，中国榜书协会会员，中国国画院花鸟画创作委员会副主席，中国人民解放军国防大学书画学院特聘画家，北京人文大学书画学院客座教授。

秋塘诗韵

荷塘月色

许献廷的画作多次参加国际、国内书画大赛，先后数十次获得大奖，其中的奥妙就在于画家本身用笔用墨，气韵与意趣之妙，使他能始终坚持以灵性驾驭笔墨，在灵动、飘逸、率意、洒脱中体现出一种非常高雅的智慧。我对他的人品、画品总体评价是："既有大海的品格，又有大海的禀性。画品即人品，画到某种高度实际上就是一个人的素质与修养，他展现给读者的不仅仅是一幅画，而是一种体现精神再现灵魂，有着强烈精神感染力的作品。只有怀着对大自然的热爱对美好生活向往的人，方可饱蘸激情，描绘出令人振奋不已激情荡漾的作品。许献廷的绘画是泼辣的、浓郁的，对大自然的无比热爱，就像他本人画上的色彩一样浓烈，艳而不俗，雍容典雅。他画的牡丹、竹子、荷花、飞鸟朴实自然，生动新鲜。他为天安门城楼画的《国色天香》和人民大会堂的《秋趣》就是一个有力的证明。我始终认为许献廷的花鸟画是中年画家中的中坚力量，值得艺术界，书画界，收藏界必须关注的一位潜力十足的花鸟画家。

文／吴高龙（中华书画报总编）

赏春图

大山无语溪流有声

年度收藏热点
Annual collection of hot spots

王洪涛

（红涛），1976年生，河南禹州人，结业于清华大学中国画高研班。现为中国国家画院黄格胜工作室画家、中国画家协会理事、中国美术家协会河南分会会员、中国吴道子国画院理事、许昌市青年美协副主席、禹州市美术家协会副主席。2009年8月于河南许昌博物馆成功举办个人画展，作品曾多次参加国际及省市大展并获奖，多幅作品载入大型画册并被纪念馆、单位、个人收藏，日本三重县电视台、许昌电视台、美术报、中国书画报、许昌日报等媒体作过专题报道。出版有《王洪涛·国画精品集》《当代中国画名家·王洪涛精品鉴赏》。

山魂

太行风骨

夏日情愫 136cm×68cm

年度收藏热点
Annual collection of hot spots

崔新江

字树轩，斋号藤香居，1963年3月出生，1996年毕业于山东曲阜师范大学美术教育专业。中国传媒大学美术传播所研究员，山东省美术家协会会员，山东画院画师，东营市美术家协会副主席，东营市政协书画研究会副主席。

木落识岁秋 68cm×68cm

岁久终蔓延 68cm×68cm

董明江作品

年度收藏热点
Annual collection of hot spots

董明江

1963年生于西安，国家一级美术师，2010年入中国国家画院黄格胜导师工作室高研班。中国美术家协会陕西分会会员，长安书画院秘书长。中国文化艺术研究中心理事，陕西省慈善书画研究会研究员，西安市文史艺术研究院研究员，西安市工艺美术学会理事，西安市慈善会书画艺术理事会副秘书长、陕西养生书画院常务理事。

艺术历程：《钟声》《牧羊女》在中国美术馆展出并获得优秀奖；荣获“长安杯”中国画电视大奖赛青年组优秀奖；1986年荣获全国青年美术书法摄影“长安”金牌大奖赛优秀奖；全国推广普通话形象大使艺术类绘画优秀园丁奖；纪念毛主席诞辰115周年美展中作品获一等奖。世界客属陕西当代书画名家作品展中获“文化优秀艺术家”称号。第二、三届陕西省清明公祭轩辕黄帝海峡两岸名家书画展，陕西省美协陕西省纪念改革开放

董明江作品

30周年美术作品展，隆重纪念改革开放30周年全国名人名家书画邀请大展获得优秀奖；“全球华人首届‘切尼斯杯’书法美术大赛” 国画类获金奖。庆祝新中国成立60周年陕西“华德诚”杯书画展《华岳龙脊图》获银奖。“庆祝中华人民共和国成立六十周年——中国书画家作品赴美交流展”。2010年国际美术家联合会、西安市文史艺术研究院共同举办的“东方杯”书画大赛三等奖。纪念毛泽东在延安文艺座谈会上的讲话发表68周年“西部书画名家精品展”。2010年12月17日《南疆载物》作品入选“山与海”漓江画派防城港采风创作美术作品展并在中国美术馆展出。在西安、兰州、济南、莱西市等地举办个人画展。其作品被多家网络、报刊、杂志刊登。如：《当代画坛》《陕西日报》《西安晚报》《羲之书画报》《中建在线》《陕西安全》《汉唐书画网》《名家书画鉴赏与收藏网》《炎黄艺术网》等。

终日看山不厌山

年度收藏热点
Annual collection of hot spots

靳文艺

祖籍山西，生于内蒙古，先后就学于内蒙古师范大学艺术系、南京艺术学院国画系、中国国家画院书法高研班、中国国家画院范扬工作室高研班、内蒙古自治区美协理事、乌海市书画院院长、乌海市美协名誉主席、乌海市政协委员、乌海市文联委员，作品入选“海潮杯”中国画大展（中国美协主办）、作品入选“纪念毛主席在延安文艺座谈会讲话发表60周年全国画展”（中国美协主办）、作品入选“西部风韵——中国画名家邀请展”（中国美协主办）并获优秀奖，作品三次获内蒙古自治区美展一等奖，先后两次应邀赴法国、德国、荷兰、比利时等国进行学术交流与考察，应邀参展“欧洲国际艺术博览会”。现为中国国家画院范扬工作室课题班画家。任中国宋庄国画院副院长。

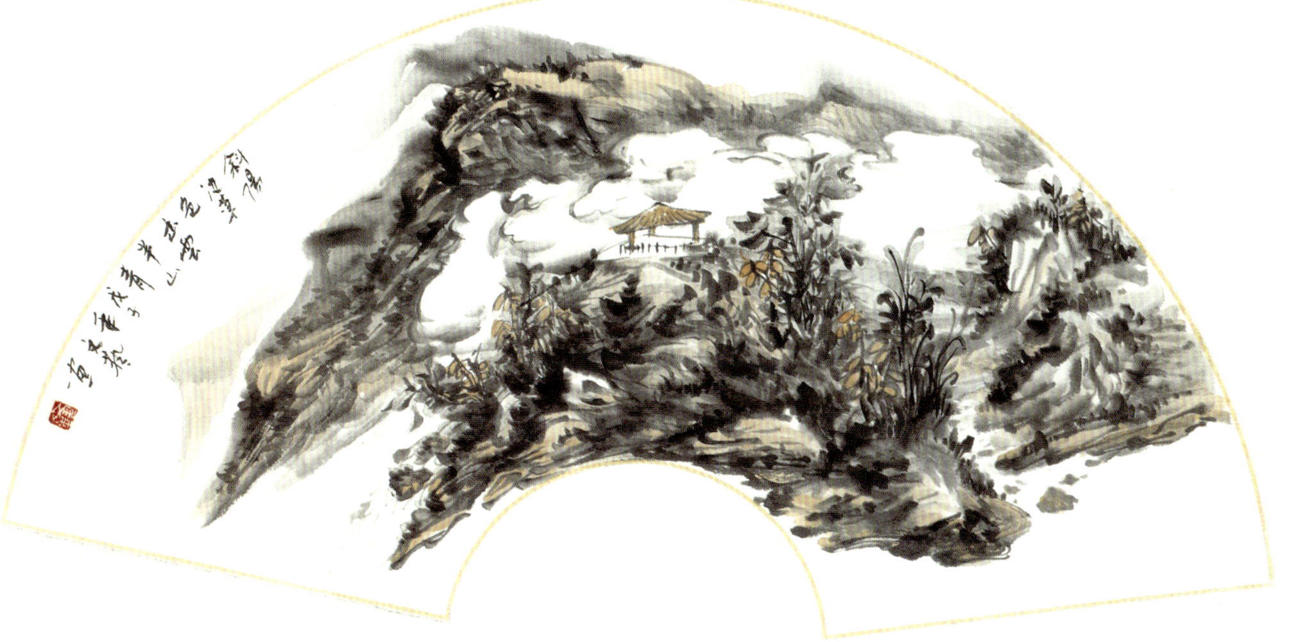

秋山白云

武陵雨山

雁山印象 40cm×40cm

雁山秋色 40cm×40cm

年度收藏热点
Annual collection of hot spots

尚文光

浙江乐清人。少时曾受著名画家施公敏（其舅公）熏陶，后得上海著名画家林曦明先生亲授，得大写意水墨之神韵。1986年毕业于北京齐白石艺术函授学院。1982年参加在杭举办的省美协——山水画学习班，深得著名画家孔仲起、童中焘、姜宝林等先生亲临教授，得益匪浅，画风大进。作品多次参加全国、省市展览并获奖。现系杭州江南书画院特聘画师，江苏省国画院特聘画家、浙江省美术家、浙江省中国花鸟画家协会会员、温州市美协理事、政协乐清雁荡诗书画院副院长。出版有《尚文光画选》、《尚文光画集》、《中国当代画家——尚文光画选》等。作品《山乡净土》入选首届青岛艺术博览会2003年全国中国画家提名展，获提名奖；《雁荡山村》获全国第二届画院作品展百佳书画家奖；《山乡晴雪》获2005年全国中国画展优秀奖；《雁荡山居》、《楠溪泛舟图》入选《人文浙江美术解读浙江文艺精品作品集》。

雁山烟岚 220cm×50cm

灵山抱水水护田 220cm×50cm

夏木垂荫 198cm×90cm

琼台仙谷 220cm×60cm

西递印象 240cm×65cm

李宽作品

年度收藏热点
Annual collection of hot spots

李宽

名同茂，山东临朐人，现居北京。曾问学于中央美院国画系，中国艺术研究院研究生院贾又福山水画工作室硕士研究生班。受教于何宝森、贾又福、李铁生等诸位先生，曾应邀参加“北京大学中国书画名家邀请展”“第二届永乐雅集书画展”“中国美术馆贾又福从艺50周年回顾展暨苦行探道学生优秀作品展”。在山东潍坊陈寿荣诗书画印陈列馆举行“苦行探道——李宽山水画展”。《人民网》、《山东新闻网》、《潍坊日报》、《潍坊新闻网》等媒体予以多次报道。作品多次发表于：《中国画》、《国画家》、《美术报》等专业性画刊。《泰岱雄姿》被山东潍城区政府收藏，《锦锈江山》陈列于中南海办公楼。现为清华大学美术学院老教授书画院光墨专业客座教授，清华大学美术学院老教授书画院特聘画家，中国画光墨画学研究院院长，《中国商人国艺·书画经典》栏目编辑。

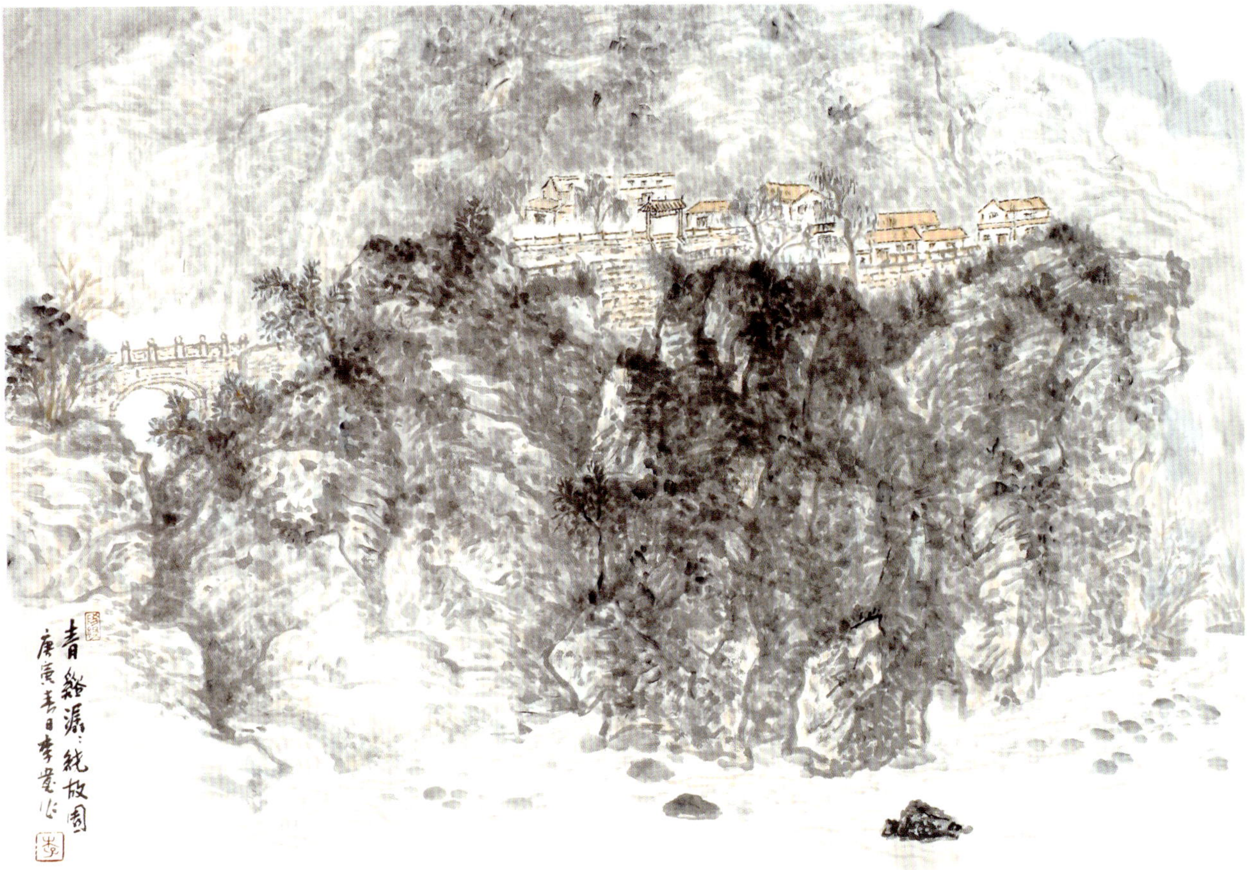

李宽作品

李宽作品

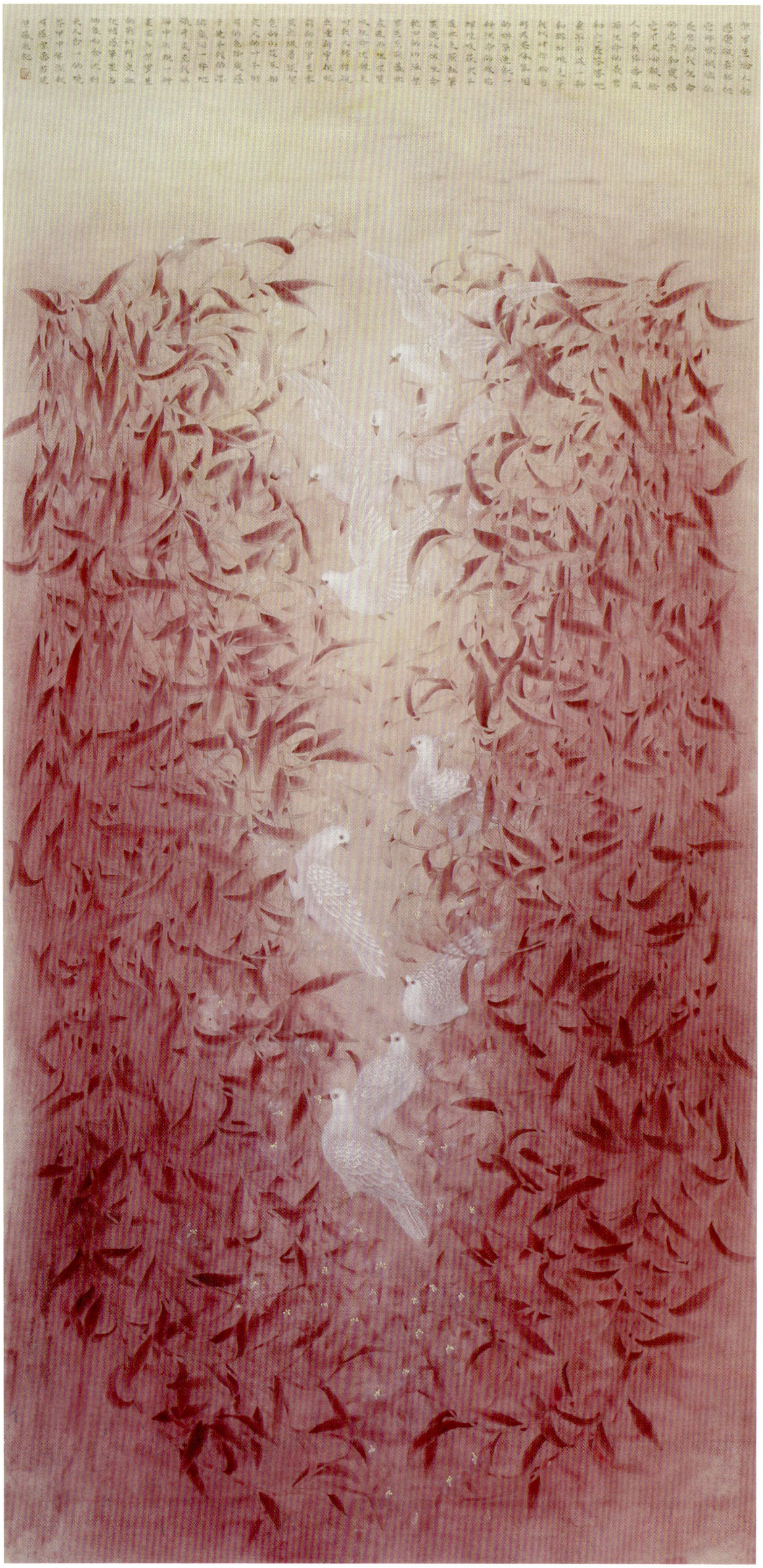
盛世之二 212cm×106cm

年度收藏热点
Annual collection of hot spots

马紫薇

中国美协河北省分会会员。北京工笔重彩画会会员。1992年毕业于河北师范大学美术系国画专业获文学学士。1999年结业于中央美术学院国画系花鸟助教研究生课程班。师从郭怡孮、赵宁安、张立辰、贾广健、姚舜熙。2009年毕业于河北大学艺术学院获文学硕士。现任教于保定学院美术系副教授。作品被国际友人、河北省首届红蜻蜓拍卖会、政府部门、画廊、个人收藏。多幅作品在专业核心刊物《美术》《美术观察》《国画家》《艺术界》《东方艺术》《美术向导》发表。出版专著《意·趣——当代工笔花鸟画创作研究》《花鸟画稿》。1992年作品《导引图》入选河北省第三届体育美展（中国石家庄）。1993年作品《清气》入选河北省纪念毛泽东同志诞辰一百周年大型书画展览，并作珍品收藏（中国石家庄）。1994年作品《舞》荣获“庆祝建国45周年书画展”壹等奖（保定）。1994年作品《红》荣获 “浙江神农奖”国画展览佳作奖（杭州）。1997年作品《清韵》荣获《迎接香港回归美术作品展》二等奖（石家庄）。1998年作品

《朦》入选中国美协举办的“中亨杯”全国书画大展（郑州）。1999在保定举办个人画展。2001年作品《憩》“首届河北艺术联展”中获二等奖（石家庄）。2002年作品《伊拉克枣——十月》入选纪念毛泽东《在延安文艺座谈会上的讲话》发表六十周年全国美术作品展览（石家庄）。2002年作品《紫罗兰系列——魂》入选中国美协举办的《奇迪杯·全国第五届工笔画大展》（北京）。2003年作品《盛世》入选中国美协举办的首届中国北京国际美术双年展序列展《全国当代花鸟画艺术大展》（北京）。2003年作品《寂静的山谷》荣获《法国巴黎——首届当代中国艺术精品展》新人奖（法国巴黎）。2008年 “全国九人女画家作品邀请展”，展出作品十幅（深圳）。2009年作品《朱之瑜》参加“孔子诞辰2560周年”大型展览并被收藏（北京）。2009年作品《成长礼赞》入选庆祝建国六十周年河北省美术作品展览暨第十一届全国美展河北省送选作品展览 （石家庄）。2010年作品《细语》《婉啭》参加北京工笔重彩画会学院工笔深圳特展（深圳）。

春之情怀 66cm×66cm

春动 74cm×72cm

高尚勇作品

年度收藏热点
Annual collection of hot spots

高尚勇

毕业于湖北艺术学院（现湖北美术学院），湖北美术家协会会员，现就读于中国国家画院黄格胜工作室。

高尚勇作品

高尚勇作品

两两飞来借一枝 46cm×70cm

年度收藏热点
Annual collection of hot spots

张桂丽

生于河北，毕业于河北师范大学美术学院，获文学学士学位。主攻中国花鸟画，师从霍春阳先生。后研修于天津美术学院中国画系。现为河北省美术家协会会员，河北画院特聘画家。曾举办回乡二人展，创办三耕书画艺术工作室。有多件作品参加各级美展、入选画集、报刊杂志或被收藏。

傲骨不依人 80cm×50cm

王斌作品

年度收藏热点
Annual collection of hot spots

王斌

字子夏，1960年生于江苏太仓。自幼酷爱书画艺术，早年拜同邑著名山水画家邢少兰先生为师，学习山水画。现为中国国家画院黄格胜工作室画家。其作品多次入选省、市级书画作品展。现为江苏省美术家协会会员、太仓市美术家协会副主席、太仓市书画院院务委员、太仓市书法家协会理事、宋文治艺术馆特聘画师。

1998年6月在深圳美术馆举办个人画展、2010年7月应邀赴台湾国父纪念馆举办画展、2010年9月在宁波美术馆举办个人画展。多幅作品被美术馆、艺术馆、政府机构、画廊及个人收藏，出版于《娄东山水画家——王斌》画册。

王斌作品

年度收藏热点
Annual collection of hot spots

杜云峰

1963年生，河南开封人，现居北京，毕业于河南大学美术系，进修于中央美院国画系。中国艺术研究院书法班和冰雪山水班教授，中国艺术研究院通州校区副主任，北京翰林职业学院客座教授，中国美术家协会会员。山水画创作委员会副主任，北京好友画会执行副主编。他擅长中国山水写生。走进生活，以山川之美创造出一幅幅精美的图画，在他的许多山水作品中，人们既可以感受到北国山水的雄浑和博厚，又可以感受到江南山水中的山秀，水美的生活气息，有着传统的山水之美学研究和学术价值。近年来杜教授以学术研究教育培养人才为己任。多次出国讲学，作品被多国首要政治家、博物馆展览收藏，在海内外艺术交流中多次获大奖。

百米长卷江山苍翠局部-1 作者杜云峰、周靖

百米长卷江山苍翠局部-2 作者杜云峰、周靖

百米长卷江山苍翠局部-3 作者杜云峰、周靖

周靖

号聚仙楼主，出生于湖南长沙，现定居北京。中国国家画院黄格胜工作室山水民居画课题组成员；中国艺术研究院研究生院通州校区创作委员会副主任；中国书画学会副主席；中国工艺美术家协会会员；先后毕业于湖南师大美术学院，中国艺术研究院硕士研究生课程班；山水作品入编《中国水墨60年——水墨百家》大型画册。出版有《水墨风骨——周靖画卷》《走进广西——周靖民居写生辑》。作品《水轮石碾房》入编《中国美术选集》第2000年至2005年卷；山水作品发表于《美术界》《书画中国》《书画报》等数十家专业报刊杂志。艺术传略被收录于《中国书画名人大辞典》。作品多次被多家拍卖公司成功拍卖：作品多次参加国家重大展览，山水作品参加2007年第四届中国东盟博览会全国名家邀请，并被中国艺术研究院、中国国家画院等多家国内外学术机构收藏。

田明兴作品

年度收藏热点
Annual collection of hot spots

田明兴

1978年毕业于新疆师范大学美术系；2008年毕业于中国艺术研究院研究生院，山水画研究创造工作室，中国美术家协会新疆分会会员，中国书法家协会新疆分会会员，副教授职称，现为中国国家画院黄格工作室画家。

田明兴作品

田明兴作品

吉从天降 138cm×69cm

年度收藏热点
Annual collection of hot spots

白燕君

辽宁国画院院长，辽宁省政治协商委员会第八、九届委员，著名国画家、鉴赏家、收藏家。世代书香门第，自幼受家庭熏陶，习熟文学、艺术、古玩字画鉴赏。1949年出生于北京，2005年开始定居北京。绘画功底深厚，自成一体、别具匠心、脱俗超凡，因此白燕君先生的作品备受海内外收藏家青睐。

白燕君是辽宁省文化产业的领军人物，从省市各级领导到国家领导人曾多次为白燕君的作品题字，并收藏。中央电视台、人民日报论坛、新华社通讯、中国贸易报、中国书画报、美术报、等海内外各媒体也争相报道其绘画经历及作品。白燕君的作品不仅在国内“瀚海”等大中型拍卖会上屡创佳绩，而且还受到国内外的广泛关注，常被邀请赴国内外进行艺术交流。

吉利图 138cm×69cm

陈振新作品

陈振新

笔名澍坡、春雨，号不舍。1944年生于北京，现为中国美术家协会会员、中国工艺美术学会理事、北京湖社画会理事、中国公共关系协会艺委会委员、国际羲之书画院副院长、中国书法美术家艺术创作中心终身荣誉教授、中国书画研究艺委会委员、厦门市优必德有限公司艺术顾问。

师从当代著名画家齐白石传人卢光照先生，成为光照老师的入室弟子。几十年来，苦心研学，笔耕不掇，多画花鸟兼画山水，卢光照老师对其作品多有鼓励赞许之词，便常与其合作，其简历及作品入选“北京中国书画收藏家协会”，出版的《当代书画家荐览》以及作品曾多次在《北京晚报》、《北京日报》、《光明日报》等省市国家级报刊发表。

陈振新作品

陈振新作品

陈振新作品

欲穷千里目 化境更久远

—— 记当代著名画家陈振新

文／岳倩

初识陈老师，是在一个朋友的画廊里，当时无意中看到了他名片上一只气宇昂轩的雄鸡，那线与墨、线与色彩之间的巧妙运用，显示出了娴熟的艺术功力，于是翻开他递过来的作品专集，一个童话般的世界便跃然纸上，由陈老师刻画的伊甸园里有上窜下跳的金丝猴，还有绿荫下河塘里窃窃私语的戏水鸳鸯，我仿佛听到了鸟儿唧唧喳喳的歌唱，几只松鹤绅士般优雅地漫步，雄鹰在蓝天中展翅飞翔，鱼翔潜底鲜花怒放，更有那梅兰竹菊在风雪中傲然挺立……

那笔墨的酣畅、色彩的柔和、意境的幽远、构图的奇特无不尽显出他深厚的艺术功底和丰富的生活内涵。他在传统的基础上，大胆创新，又博采众长，融其神韵，他的笔墨简洁流畅，意蕴深远隽永，体现了激情与灵感的自然流露，反映出生活表象中更加博深的意象之本。

几十年的笔耕不辍使陈老师对艺术的真谛有了更为深刻的理解与领悟，他于是得出结论：书画是人的精神素质与人格力量最真实的反映，书品折射出的是人品。因此他不为利益所驱动，不为取悦市场而创作，他的作品因此始终格调高雅、纯正，他也自始至终践行着自身学画、作画的理念：“画欲高、晓人理，通自然、溢心境、意在先、势在取、起于形、发于笔、笔之枝、贯于峰、水墨纸、三要记、墨随水、水润笔、干浓淡、水墨比、笔驭墨、出痕迹，无捷径、若练习、常摹研、多变异、师古人、莫拘泥、有法度、无常理、悟个性、出新意、实砚牛、虚名誉、思无穷、艺无涯、画到老、仍学习、老未画，未尽意。”

绘画生涯的历练，唯一没有改变的是他对艺术的纯真、至诚、执迷。带着这份孜孜不倦，他始终跋涉在艺术的征程中。

陈振新作品

陈振新作品

张祖全作品

年度收藏热点
Annual collection of hot spots

张祖全

1965年生于重庆，现为国家画院黄格胜工作室画家，重庆市美术家协会会员，重庆市政协书画院画家，重庆市文史书画研究会会员，重庆市巴南区美协秘书长，重庆嘉华书画院院长。

2007年作品《土家三月》获重庆市群星奖优秀作品奖。2008年作品《穿越》参加重庆市第三届中国画展获三等奖，2009年国画《保障》参加全国第二届“鱼水情”双拥书画展获二等奖。2009年《东溪探幽》参加重庆市三峡库区书画展获二等奖。2010年《古镇春晓》参加重庆市群星奖获三等奖。2010年《苗乡青山闻清音》入选全国第二届山水画双年展，《列阵以待》参加在中国美术馆展出的“山与海”漓江画派走进防城港美术作品展。

张祖全作品

张祖全作品

漠阳古塔

年度收藏热点
Annual collection of hot spots

谢鼎铭

1939年生，广东省阳江市阳西县人，艺名红木山人，山水画家，教育家。现为广州诗书画院院长、中国艺术鉴定委员会理事、世界文化艺术研究中心研究员、亚太国际文化艺术交流促进会理事、加拿大中国文化中心名誉主席、阳江市书画家学会名誉主席、阳西县政协委员、中国书画名家研究会副会长、中国老年书画研究院名誉院长、中国艺术家学部理事委员。

艺术成果简述：

被中国艺术鉴定委员会授予“中国艺术鉴定委员会艺术家学部理事委员”。

被评为“纪念开发改革30周年28位实力派艺术家之一、中华实力派艺术大家”。

被评为“2009－2012年中国书画名家研究会主席团委员”。

2008年被新中国国礼艺术大师编委会评为“新中国国礼艺术大师”称号。

2009年被中国民族艺术家协会聘为“名誉主席”。

2009年被评为“中华文艺标志人物”称号。

2009年被中国艺术促进会聘并授予“当代中国首席民间艺术家”称号。

2009年被中国国画院艺术创作专家委员会聘为“艺术创作专家委员会副主席”。

2010年被中国人物传记学会聘为“中国人物传记学会终身荣誉理事”称号。

2010年被中国书法美术家协会授予“中华人民共和国杰出书画大师”称号。

故乡的小船

乡间小路

重见天日

东水风情

丝绸古道

混茫太古

年度收藏热点
Annual collection of hot spots

俞文杰

1960年生于河北赞皇，毕业于河北大学工艺美院。现就读于中央美术学院贾又福山水画创作高级研究班，1981年起至今从师贾又福先生，现为东方美术学院绘画系教授，中央电视台《艺传天下》艺术指导，《东方美术》编委等，现居北京。1989年在新加坡举办“太行风情”画展，1993年应邀参加在香港举办的“黄河大峡谷”——中国画家十人作品展。1994年国画《残雪》入选第八届全国美展，并获河北省一等奖。1996年国画《出太行》获全国交通美展二等奖。1997年国画《大野雪霁图》获燕赵群星奖一等奖。1998年国画《野雪》入选全国第二届山水画展。2002年在国内举办“走近太行”画展。2004年出版《俞文杰速写情缘》。2006年应邀参加中国美术全国名家年度21位画家提名展，并出版画集。2006年国画《苍茫浩荡》入选北京第三届双年展资格提名展。2007年举办“三友画展”。2007年出版《俞文杰画集》，2008年出版《传说赞皇》插图，2009年国画《天明关》参加故宫金秋招待会当代书画名家作品大展，2009年在北京人民大会堂参加“中国美术家协会成立60周年庆典”艺术活动。《中国美术》《艺术收藏》《西部美术》《当代人》《中国青年报》《中国文化报》《大众美术报》香港《大公报》《文汇报》《星岛日报》等均有大量作品评介。诸多作品被美术馆、博物馆、艺术机构、知名人士收藏。

镶金璞玉

冯涛作品

年度收藏热点
Annual collection of hot spots

冯涛

泰安中山画院副院长，泰山画院艺术鉴赏委员会副主任（政府画院）、收藏家。擅长写意花鸟画。

1989年《国色天香》获“庆祝建国四十周年全国书画大赛联展”佳作奖。

1990年《春满乾坤》被第十一届亚运会组委会收藏。

1991年《暮霭》获“泰山杯”全国书画大赛二等奖。

1994年《凝霜》获“中华民族书画艺术大展”创作奖。

1999年作品《无题》获“澳大利亚第四届澳洲翁真如艺术杯中国名家水墨画大赛”创作奖。

2000年《初春》被云南省政府世博会组委会收藏。

2004年作品《无题》获“里能杯”纪念人民代表大会五十周年画展佳作奖。

2005年《荷韵》获“民族之光”纪念抗日战争胜利60周年大型美术书法作品展佳作奖。

2005年作品参加中韩国际文化交流展。

2007年由天津杨柳青画社出版《中国画技法丛书——写意花鸟画法》。

2008年“花鸟画研究”杂志做专题介绍。

2009年入选中国文联出版社《建国60年60强》画集。

冯涛作品

冯涛作品

年度收藏热点
Annual collection of hot spots

山湘子

1954年生于怀来，本名邢富，笔名：山湘子，字：天一，号：逍遥人。